GLOBAL GOVERNANCE SERIES ｜全球治理丛书｜

丛书主编 陈家刚
执行主编 闫 健

全球劳动治理

Global Labor Governance

主编◎鲍传健

中央编译出版社
Central Compilation & Translation Press

目　录
Contents

总序　陈家刚 / 1

导言　探索全球劳动治理　鲍传健 / 1

第一部分　全球劳动治理：概念与结构

全球劳动治理体制的演化　［德］安科·哈塞尔　著　聂子涵　译 / 3

全球劳动治理：一个新兴视角的潜力与局限
　　［英］古列尔莫·米尔蒂　［英］保罗·马金森　著　宋微　译 / 27

第二部分　全球劳动治理：机制与执行

能力通向权利？发展中国家的国家能力和劳工权利
　　［美］丹尼尔·柏林　［美］安妮·格林里夫　［美］弥黎·莱克
　　［美］珍妮弗·诺维克　著　冯毅　译 / 45

全球劳动治理中的工会和集体谈判权
　　［德］西格丽德·科赫－鲍姆加滕　［德］梅兰妮·克里斯特　著
　　鲍传健　译 / 79

国际劳资关系中的全球工会联合会：一个批判性评论
　　［澳］米歇尔·福特　［澳］迈克尔·吉兰　著　孙宁　译 / 101

互补还是替代？私人准则、国家管制与全球供应链中的劳动标准执行

　　［美］理查德·洛克　　［美］本·瑞思恩　　［美］梯米亚·帕尔　著

　　鲍传健　译／126

特定的准则：国家、市场和公民社会如何促进全球劳动标准得到遵守

　　［美］迈克尔·托费尔　　［美］乔迪·肖特　　［美］梅丽莎·奥莱特　著

　　段　蕾　译／160

第三部分　全球劳动治理：问题与前景

全球化与集体劳动权

　　［美］罗伯特·布兰顿　　［美］林德赛·布兰顿　著　　严若婷　译／193

劳动标准的探底竞赛？一个实证检验

　　［爱尔兰］罗纳德·戴维斯

　　［印度］克里希娜·切塔尼亚·范德拉曼娜提　著　　冯毅　译／223

全球经济中的强迫劳动治理

　　［英］尼古拉·菲利普斯　　［英］法比奥拉·米耶雷斯　著

　　王潇锐　译／261

总　序

陈家刚

全球化是人类历史深刻变化的过程，其基本特征是，在经济一体化的基础上，世界范围内产生一种内在的、不可分离的和日益加强的相互联系。随着全球化这种相互联系、相互影响的加深，诸多复杂的全球性问题也随之出现，例如国家间、国家与非国家行为体之间，以及各类非国家行为体之间的相互关系变化，全球经济金融危机、全球卫生和健康问题、全球性能源危机，以及气候环境问题等。全球问题的增加和积累使全球治理变得日益必要和迫切。虽然人们对"全球治理"的认识还存在分歧，并且用诸如"国际治理""世界范围的治理""全球秩序的治理"等不同概念来表述，但一般而言，"全球治理"是"治理"理念在全球层面的拓展与运用，二者在基本原则和核心内涵上是一致的，人们总是通过理解"治理"的理念来理解"全球治理"。全球治理的兴起，是全球化发展的必然趋势，也是应对全球性挑战、发展与转型的重要政治选择，是包括中国在内的所有国家必须面对的现实。

全球治理的兴起，既表明全球化所诱发的全球性问题的不断累积和威胁，也反映出既有全球性体制的局限和不足。全球化进程的加速及其对传统国家主权的冲击，是全球治理变得日益重要的主要原因。当武装冲突、人权问题、资源短缺、能源危机、粮食危机、生态恶化、贫困与饥荒、毒品与跨国犯罪、金融危机、传染病等越来越直接地变成全球性问题时，各个国家、机构或组织内在地需要通过采取联合的、共同的行动，通过具有约束力的国际规则或是各种非正式的安排解决全球性的问题，维护全球性的公共利益。全球问题反映了人类社会生活中共同内容，全球问题所带来的挑战就是人类面临的共同挑战，它所关涉的利益就是人类的共同利益。全球治理的主要目的是要避免全球体系内的危机和动荡。同时，加速发展的全球化带来的跨界和全球性问题，无法仅仅依赖具有自身利益诉求的民族国家得到解决，而是需要国家间以新形式的"超国家治理"为基础通过政治合作加以应对。全球治理中的国家、国际组织、区域组织、非政府组织等将以平等关系，共同承担对于全球性问题的责任。目前的国际体制难以有效解决当前的全球性问题，全球治理需要一系列多层次、多领域、多主体的制度安排。

全球治理超越传统的国际政治、国际关系解释模式，能够有效解决人类所面临的许多全球性问题，确立面向未来的、真正的全球秩序。全球治理超越了传统民族国家的界限，将民族国家与超国家、跨国家、非国家主体有机结合在一起，形成了一种新的合作格局。一些重要的国家集团、国际组织、国际非政府民间组织、非政府社团、无主权组织、政策网络和学术共同体等越来越多地影响全球治理规则和治理机制。全球治理在尊重差异的基础上，日益建构起"和而不同"的价值取向。有效的全球治理既要求各国遵循人类的共同价值，又要求尊重各国的文化传统和多样性需求，从而使人类因为全球化的发展而面临的共同问题有了新的解决路径。

全球治理需要创造一个包容性的结构，以应对各种不确定的预期和挑战。全球治理最大的一个挑战，就是民主超越了民族国家边界而拓展到全球层面后，如何能够更好地得到实践。其次，变革现有治理机制，完善和发展出一套新的全球治理机制，如何赢得越来越多的人们的认同？再则，全球性的治理合作面临着巨大的挑战，有效解决紧迫的全球性问题，还需要不同的行为主体进行合作，采取集体行动，不断完善治理能力。最后，全球治理的理想与现实之间的紧张关系依然存在，国家之外的其他行为者依然受到限制、全球和区域治理机制变得极其脆弱，全球性的公民参与对所有公民团体和政府都是挑战。因此，建构全球治理的长效机制，就需要在国家内的民主与全球民主之间建立起联系；推动全球范围内不同行为的透明度、责任与效率；建构具有公共协调与行政能力的新制度；在共同面对的全球性问题方面推动达成基本共识；重视协商、对话等有效协调机制和方式。推动全球治理发展，需要创造一个包容性的全球治理结构。

全球治理既是当代中国改革发展面临的严峻挑战，也是中国参与全球化进程、塑造大国形象的重要机遇。党的十八大报告明确提出"加强同世界各国交流合作，推动全球治理机制变革，积极促进世界和平与发展"。这是官方对于全球治理问题的最新理论概括和战略判断，它表明，中国正在成为全球治理的重要参与者和治理机制变革的推动者，明确了中国积极参与全球治理的战略选择。全球化的加速推进、全球问题的日益凸显，以及中国国家利益的实际需要，作为一种内在动力和外在诱因，都逻辑地要求中国积极参与全球治理。

全球治理，是一种民主的治理，国家、国际组织、区域组织、非政府组织等将以平等关系，共同承担对于全球性问题的责任；全球治理，是一种规则的治理，全球性规则是治理过程的权威来源，规则的制定与施行是各国及不同组织共同参与的结果；全球治理，是一种诉诸共同利益与价值的治理，维护全球利益是全球治理主体的共同责任；全球治理，是一种协商与合作的治理，维护全球秩序和利益必然是超越暴力和冲突，依赖于协商、对话和合作的治理。

长期以来，中央编译局世界发展战略研究部、中央编译局全球治理与世界发展战略研究中心，立足于中国特色社会主义现代化建设的实际，密切跟踪国际哲学社会科学前沿议题，深入研究全球治理和世界各国发展道路、发展战略，在诸如全球化、全球治理、社会资本、协商民主、风险社会等国际学术前沿领域，以及国家治理、廉政建设、生态文明、党内民主、基层民主、政党政治等重大现实论题等方面，始终处于学术研究前沿并发挥着引领的作用。

《全球治理译丛》总共包括8卷，出发点是结合全球治理理论的最新发展,选择若干重点领域,比较全面地收集整理重点研究成果,汇集成册,以为学术界开展深入研究提供基础性资源。本丛书的各卷主编既有中央编译局全球治理与发展战略研究中心的青年研究人员,也有合作网络的专家学者。他们系统梳理和研究全球社会组织、全球冲突与安全治理、全球金融与经济治理、全球劳动治理、全球互联网治理、全球生态治理、全球资源治理等领域,这既是他们基于自身学科实际选择的重点研究领域和方向,同时也符合研究中心密切跟踪国际学术前沿、积极拓展学术合作交流的特色。本丛书汇集的成果大部分是已经翻译并发表的成果,有些成果是各位主编联系作者获得的最新研究成果。当然,有些高质量的成果因为联系不上作者等原因未能收录,也是非常遗憾的事情。作为学术界的青年研究人员,由于水平、能力和经验的不足,在编选、翻译,以及编辑过程中存在这样那样的不足,也请学术前辈谅解并不吝批评。感谢中央编译出版社贾宇琰女士的统筹协调,以及各卷责任编辑的辛苦工作。

陈家刚
2016 年 12 月 20 日于北京

导言　探索全球劳动治理

鲍传健*

一、引言

全球化带来的国际公共品短缺和政府间利益冲突，表现在劳动领域，就是著名的北—南"社会条款"（social clause）之争与南—南"探底竞赛"（race to the bottom）之忧。工业化国家通过贸易治理促进劳动标准得到遵守的提议，在发展中国家看来可能是贸易保护主义的托辞，甚至会使工人的状况更糟（Brown, Deardorff & Stern, 2004；Stern, 2000）。南方国家（Global South）关于执行国际劳动标准损害比较优势的推理，在北方国家（Global North）看来可能是缺乏政治意愿的借口，理论上劳工条件改善与经济增长可以共赢（Brown, 2001；Palley, 2004）。围绕是否应该在世界贸易组织谈判与其他贸易协定中加入保护劳工权利的"社会条款"，南北双方难以达成妥协。

另一方面，南方国家为在全球供应链上获得竞争优势，其所面临的劳动成本压力将会导致劳工工作环境的恶化。由于具有更好的全球流动性，资本相对于劳动具有更强的讨价还价能力，导致地方政府执行劳动标准的激励受到负面影响（E. Lee, 1997）。为了短期经济利益，南方国家之间容易形成导

---

* 鲍传健，中央编译局全球治理与发展战略研究中心助理研究员。

致劳工工作条件不断恶化的"探底竞赛"（A. Chan & Ross，2003；Davies & Vadlamannati，2013）。从北方国家来看，由于来自低工资国家商品的大量涌入，本国的就业受到负面影响，其国内保护主义政策将会获得更大动力。

由于信息不完全和经济周期等原因，各国尤其是南方国家的劳动法规在实际执行中遇到越来越多的阻力。跨国公司及其全球供应链超越了不同的文化与政治边界，传统的以国家"硬法"（hard law）为工具、以政府为中心的劳动监管越来越难以应对全球化时代劳工权利面临的挑战（Blanton & Blanton，2016）。国际层面的劳动机构如国际劳工组织（International Labour Organization，ILO），在处理国际劳动问题时也面临困难。国际劳工组织虽然通过公约的形式设定了保障劳动者权利的国际标准，但一国是否批准这些公约受到多种因素的影响①，且国际劳工组织缺乏制裁出现遵守缺口（compliance gap）的公约批准国的权力（Krueger，1997；Standing，2008）。世界贸易组织可以通过贸易制裁施加更强大的影响力，但由于社会条款的巨大争议，至今未能取得实质性进展。面对社会条款矛盾和探底竞赛冲突，许多学者从不同视角探索私人治理主体及其与公共管制的协作对于改善劳动标准的影响（Cradden & Graz，2016；Locke，2013；Vogel，2010）。

全球化打破了单一国家之间治理的界限，自 20 世纪 90 年代兴起的全球治理已经演变为经济、环境、安全和劳资关系等多个领域的政策选项之一（Elliott & Freeman，2003；Nye & Keohane，2000；Weiss & Wilkinson，2014；Wilkinson & Hughes，2000；俞可平，2002；周长征，2007）。作为全球治理在跨国劳资关系领域的延伸，全球劳动治理为如何保障劳动者权利、缩小国家间劳工状况差距提供了新思维（Meardi & Marginson，2014）。本世纪初伴随着自愿和私人治理模式（如标准认证和行为准则）的兴起，全球劳动治理是否可以成为解决北南双方"社会条款"之争的"第三条道路"，引起了学术界和政策圈的广泛关注。作为新兴的治理范式，全球劳动治理也面临结构碎片化

---

① 例如，巴奇尼和科尼格－阿奇布吉（Baccini & Koenig-Archibugi，2014）的实证研究表明，一国是否批准国际劳工组织公约的决策受到其贸易竞争国相关决策的影响。

等局限性，在诸如治理主体的激励和协调等方面还存在不同的理解。兴起于西方特别是欧洲学术界的全球劳动治理，会对我国这样的劳动力大国带来何种机遇与挑战，也是亟待探讨的话题（C. K. -C. Chan & Nadvi，2014）。

本文介绍和述评国内外已有的全球劳动治理的代表性文献。文章结构安排如下。第二部分介绍全球劳动治理和劳动标准的概念，第三部分探讨全球劳动治理"三方共治"的行为主体及相应的治理执行机制，并着力考察自愿治理主体参与劳动治理的激励与优势。第四部分检视我国的劳动跨国管制体系仍然存在的问题，并试图厘清全球劳动治理如何为我国执行国际劳动标准、构建国家"劳动治理优势"提供了一个机遇窗口。第五部分简述了本书的内容和结构。

二、全球劳动治理和劳动标准：概念界定

如果一个概念是重要的，对其属性的良好界定是进一步研究的基础。本部分界定全球劳动治理与劳动标准两个概念。[①] 目前学界对于全球治理的概念仍然缺乏共识。文献中，治理至少有四种含义，即一种结构、一种过程，一种机制或一种战略（Levi-Faur，2012；Pierre & Peters，2000）。霍福博思（Hefferberth，2015）将全球治理概念视为一个"浮动的能指"（floating signifier），认为没有必要给全球治理下单一的定义。作为全球治理在劳资关系跨国管制的延伸，全球劳动治理的概念面临不同的解读，也就不足为奇。

全球劳动治理的目标是国际劳动标准得到广泛执行，劳动者的福利水平稳步提升。全球层面上劳动管制的思维最早可以追溯到国际劳工组织的成立，国际劳工组织公约所体现的国际劳动标准，特别是核心劳动标准，已逐渐成为各国劳动管制和私人治理的主要参照框架，不过，对国际劳工组织标准的进一步界定仍然必要，因为全球化可能对不同类型的标准产生不同的影响（Neumayer & de Soysa，2006）。

[①] 概念被良好定义之后，我们还可以更进一步去量化它。不过，对量化全球劳动治理绩效的详细讨论超出了本文的范围。

（一）"全球劳动治理"还是"全球劳工治理"？

全球劳动治理的英文对应词是"global labor governance"或者"global governance of labor"。国内对于"global governance"这两个词的译法，可以说已经存在广泛共识。[①]由于 labor 在英文中既可以指"劳动"，也可以指"劳工"，国内学者也有"全球劳工治理"的提法。[②]本文认为，"global labor governance"既不是对劳工的治理，也不是完全借由劳工的治理，译其为"全球劳动治理"更为合适。

首先，劳工是不可治理的（ungovernable）。治理意在通过规则的制定与调整影响行为主体所面对的激励，达到改善社会福利的目的。一般来说，治理并不致力于改变行为主体的"偏好"，或者说这些偏好是结构性的，短期内难以改变。全球劳动治理并不致力于"治理"劳工这一行为主体，而是意图治理劳工所面临的工作环境和规则。这正如经济治理致力于规范和调整经济规则和秩序，进而影响经济参与者行为。

其次，劳工及工会只是全球劳动治理多方参与行为体之一。全球劳动治理的典型特征是非国家行为体（包括工会、非政府组织、跨国公司、公民社会等）的自愿倡议及其与国家权威的共治，而不是限于劳工对其自身权利和福利的诉求和维护。[③]

因而，全球劳动治理中的劳动也可以理解为"劳动规则"（rules for work）、"劳资关系"（industrial relations）或"劳动关系"（labor relations）。[④]

[①] 本世纪初国内学者将 governance 译为"治理"时，还存在一些争议，但这一译法很快得到了广泛接受，参看伯恩斯（Burns, 2010）和俞可平（2000）。

[②] 参看汪仕凯（2015）。

[③] 汪仕凯（2015）认为全球劳工治理的核心议题之一是"不断推动劳动力的商品化"，发挥的作用包括"巩固资本统治"等，主要机制包括"资本转向金融"及"建立国际霸权"等，尤其前者是"全球劳工治理中能够对劳工产生最大杀伤力的机制"。本文所述全球劳动治理在概念、核心目标和实现机制等方面与汪仕凯（2015）研究的"全球劳工治理"存在显著差异。

[④] 作者感谢德国马尔堡大学西格丽德·科赫-鲍姆加滕（Sigrid Koch-Baumgarten）教授的有益讨论。

（二）全球劳动治理是规则制定过程和监督过程的总和

哈塞尔（Hassel，2008）最早运用全球劳动治理这一概念来描述一种新的强调通过自愿协议和自我管制来执行国际劳动标准的努力①，这种努力并不是要替代国家科层的管制，而是自愿和自我治理为解决当前的劳动标准利益僵局提供了新视角。哈塞尔总结了影响全球劳动治理机制形成并发展的五大主体，即政府、企业、社会运动、联合国及其附属机构、全球工会。这五大主体在布洛克等（Block et al.，2001）概括的四种劳动标准治理模式中分别发挥了主导或参与的作用。显然，全球劳动治理建立在已有的全球劳动关系和劳动标准管制实践的基础上。讨论工会在劳动治理中的作用时，科赫-鲍姆加滕和克里斯特（Koch-Baumgarten & Kryst，2016）将全球劳动治理阐释为"不同政策领域和不同层次上的多样化和碎片化的规则、框架和治理形式的大杂烩"，其显著特征是"各种治理形式互相交织混合"，治理成效依赖于"国家参与者与非国家参与者的复杂多样的沟通和联系"。更多的文献则通过全球劳动治理的目标、激励和机制暗含地界定了其内涵。

综合现有文献，本文定义全球劳动治理为：民族国家、政府间组织和私人治理主体自上而下或自下而上制定一系列旨在维护劳工权利改善工作条件的法律、规则、倡议的过程及确保国际劳动标准得到有效执行的监督过程的总和。②

全球劳动治理的主要目标是促使国际劳动标准得到有效遵守和执行，硬规则（有约束力的法律和贸易社会条款）和软规则（包括行为准则、自愿倡议、游说等）的制定、协商、履行、监督和强制执行是其主要实现机制。全球劳动治理强调了自愿与私人倡议的作用，而传统的政府干预更多依赖于负

---

① 曼德维尔（Mandeville，2004）的论文题目中包含了全球劳动治理，不过并未引起太多注意。
② 本文的私人治理类似于沃格尔（Vogel，2010）定义的"民间管制"（civil regulation），其主体包括了阿伯特和斯内达尔（Abbott & Snidal，2009）所论"治理三角"中的企业与非政府组织。私人治理规则以"软法"形式呈现，其合法性并不是来自于公共权威，其约束性通过社会或市场反映而不是法律制裁来体现。

向激励，如对违规行为的惩罚。虽然私人治理与政府管制都强调利益相关方的激励，但也存在二者目标并不一致的情形，私人治理因而可以弥补政府的管制赤字。超国家机构与政府直接干预是一种自上而下的科层式管制，而非政府组织和行业自我管制则体现了一种自下而上的政策影响力。我们将全球劳动治理视为一种过程，意在聚焦于全球劳动治理多重参与的可行性与操作性。从政府决策角度，全球劳动治理亦可被视为一种机制和战略，借此发挥国家的"劳动治理优势"。① 全球劳动治理并不致力于提供一系列实现最优劳动管制的政策处方，最优的治理战略取决于不同的社会背景、文化和历史。

（三）劳动标准是治理工作环境和劳资关系的规范和准则

工业化国家面临的就业压力，导致其国内要求贸易公平竞争的声音越来越强；现代发达的媒介技术，使得发展中国家发生的劳工悲剧迅速传播。这些促使人们对于劳动标准（labor standards）投以越来越多的关注。劳动标准是"治理工作环境和劳资关系的规范和准则"（OECD，1996，p. 25）或者"治理人们在工作环境中的待遇的准则"（Asian Development Bank，2006，p. 10）。② 国家层面的劳动标准，如法律和政府规章，其约束力体现在政府有能力敦促其得到实施或者对不遵守行为实施处罚。特定国家或区域共同遵守的国际劳动标准具有一定的法律效力，一般只对成员国具有约束力，且可以对违背劳动标准的行为进行制裁。由国际劳工组织条约和联合国相关决议所规定的国际劳动标准则具有接近于全球范围的适用性，通过"点名指责"（naming and shaming）等机制具有有限的约束力，但一般对不遵守行为缺乏有力的制裁措施。

经合组织和亚洲开发银行的劳动标准定义强调了劳动者法律上的

---

① 本文将在第四部分简要探讨这一概念的政策含义。
② 对于"labor standards"，国内文献中同时使用"劳动标准"和"劳工标准"两种提法（周长征，2004，2007）。这两个不同的"能指"（signifier）具有同样的"所指"（signified），并不致引起歧义。本文将沿用"劳动标准"这一提法。

(de jure) 应有权利和待遇，但并不必然反映劳动者事实上 (de facto) 的权利和福利水平。当我们说一国的劳动标准高于另一国或者提升一国的劳动标准时，我们往往是在比较这些规则的执行和遵守情况。菲尔兹 (Fields, 1990) 将劳动标准区分为两类：一类涉及劳动关系过程 (labor relations process)，另一类涉及劳动市场结果 (labor market outcome)。前者如自由结社权和集体谈判权，后者如工资水平、最小工作年龄等。①劳动市场结果标准更强调劳动者事实上的福利，在一些最不发达国家劳动者可能更重视这类标准。事实上，劳动过程标准与劳动结果标准并不具有显著的正向关系，或者说过程标准并不是结果标准的前提条件，政府也可能对于过程导向的标准并不积极 (Aggarwal, 1995; Brown, 2001)。全球化对于部分国家的结果标准可能具有负向影响，但对于发展中国家的过程标准可能产生正向影响 (Neumayer & de Soysa, 2006)。因此，全球劳动治理不同参与方促进劳动标准得到有效执行的努力可能面临不同的着力点。

三、全球劳动治理：结构、激励与监督

布洛克等 (Block et al., 2001) 总结了经济全球化背景下确保国际劳动标准得到有效遵守的四种模式，即立法模式、贸易制裁模式、多边执行模式和自愿标准模式。立法模式通过颁布规则和签订协议来决定劳动标准。②贸易制裁模式将贸易与劳动标准挂钩。③多边执行模式依赖于区域内国家间各自遵守劳动标准的承诺，而自愿标准模式下由私人治理主体通过认证、监督和行为准则等方式影响企业的劳动标准。

---

① 最低工资、工作时间、安全和卫生条件等又被称作"现金标准" (cash standards)，因为这些标准会直接影响劳动成本 (Elliott & Freeman, 2003, 第 13 页)。
② 例如欧盟法令对于其所有成员国具有约束性，而国际劳工组织的劳动标准公约和建议则只对其批准国有约束。
③ 例如，美国 1974 年贸易法案创立了普惠制度 (General System of Preferences, GSP)，美国的贸易伙伴必须满足关于劳动标准的特定条件如赋予劳动者自由结社权和集体谈判权等，才能享有这一贸易待遇，否则会被拒绝或终止享有这一优惠制度，贸易社会条款也反映了这一思维。

亨德里克斯等（Hendrickx et al., 2015）也识别了类似的劳动治理机制。基于国际劳工组织的政府间合作治理，其执行主要依靠"点名指责"。面向跨国公司的政府间合作治理，其主要依据是国际劳工组织《关于多国企业和社会政策的三方原则宣言》（Tripartite Declaration of Principles concerning Multinational Enterprises and Social Policy）以及《经合组织跨国企业准则》（OECD Guidelines for Multinational Enterprises）。私人和自愿治理项目主要包括企业行为准则、标准设定等。

上述治理模式的划分具有启发性，但对于公共管制与私人管制如何协作以达到更好的治理结果所述甚少。以下从激励和监督两个维度分析全球劳动治理的动态演化。通过梳理和介绍现有全球劳动治理体制的代表性参与者，我们着力考察：（1）不同的治理主体为什么参与全球劳动治理，以及（2）公共与私人治理如何约束不遵守劳动标准的行为。这样的视角有助于厘清全球劳动治理的优势及其面临的主要问题。

（一）全球劳动治理的参与主体

按照其对劳动标准执行的约束性强弱，本文界定全球劳动治理的三大主要参与方为民族国家、政府间组织和私人治理主体，前两者为传统的治理相关方，后者包括了工会、企业、公民社会、非政府组织、社会运动等多种行为体。[①]

1. 民族国家及其"科层阴影"

国家层面的劳动治理，如专门的劳动法律法规所规定的劳动标准及其监督执行机制，是一国劳动标准得到遵守的最直接约束。菲尔兹（Fields,

---

① 在讨论跨国管制和"管制标准设定"（Regulatory Standard-Setting）时，阿伯特和斯内达尔（Abbott & Snidal, 2009）考察了"治理三角"即国家、企业与非政府组织的能力空间与协作模式，本文的劳动治理主体划分参考了这一框架。

1995）认为劳动标准应该由一国自行决定，政府提升劳动标准有两种基本方法，即通过劳动法和劳动市场政策进行直接干预，以及通过经济增长间接使得劳工的福利水平得到提升。这种"推动"或"牵引"的二分法实际上强调了国家能力的重要性。埃利奥特和弗里曼（Elliott & Freeman，2003，p.11）认为"低劳动标准问题通常是由于缺乏执行劳动准则的能力"。

在发展中国家，单纯强调国家能力建设对劳动标准的正向影响忽视了两个问题。一方面，政府的直接推动面临巨大的成本。政府的信息不完全和管制对象的异质性都可能引致管制效率的低下。另一方面，经济增长与劳动标准提升具有双向的因果联系，事实上全球化进程中较高劳动标准可以通过影响人力资本积累等渠道吸引外资更多流入，从而促进经济增长（Kucera，2002；王晓荣，2006）。此外，劳动标准对于改善一国的收入不平等状况也具有潜在的影响（Bazillier & Sirven，2008）。柏林等（Berliner et al.，2015）基于面板数据的实证研究表明，国家能力与政治意愿的结合将更有助于改善劳工权利。

国家影响劳动标准的另外一种渠道是通过"科层阴影"促使企业进行自我管制。所谓"科层阴影"（shadow of hierarchy）是国家对行业或企业进行立法管制与直接干预的威胁。其逻辑是行业或企业不偏好国家干预，当企业预期政府的干预威胁可信时，将自发进行自我管制，以避免国家的干预。反过来，国家也会预期到企业的反应，因而可以利用"科层阴影"来影响企业行为，而不必真的进行漫长的立法过程，由此节约了干预成本，实现了社会整体福利提升。不过，还很少有文献从劳动权利和劳动标准层面对这一逻辑进行探讨。此外，已有的文献对"科层阴影"是否可以引致自我管制或公私合作共治（co-regulation）意见不一。赫里杰和埃克特（Héritier & Eckert，2008）以两个产业的自愿协议为例，认为科层阴影是引致企业自我管制的前提条件，而迈耶（Meyer，2013）关于欧洲联合运输产业标准化的案例研究认为，欧盟的干预威胁并没有促进企业的自我管制，甚至导致了已有管制的放松。

2. 政府间组织及其全球网络

联合国及其下属机构在全球治理中发挥了特殊重要的作用,国际劳工组织的核心劳动标准和联合国全球契约组织的建立尤其有助于全球劳动治理各利益相关方达成共识(Hassel,2008)。国际劳工组织的三方性(tripartism)和"社会对话"(social dialogue)机制是国际劳工组织提升社会正义与公平劳动关系、实现体面工作议程的主要治理范式。

1919年国际劳工组织成立的动因之一就是通过协调国际合作改善全球劳工工作条件(ILO,2010),这是全球劳动治理的首次重要努力。国际劳工组织每年一次的国际劳工大会将政府、雇主和工人聚集在一起,三方讨论的结果反映在大会的报告中。1944年国际劳工大会发布的《费城宣言》,重申了"劳动不是商品"等基本原则。休会期间,国际劳工组织由治理委员会管理,治理委员会由28位政府成员、14位雇主成员和14位工人成员组成。

1946年国际劳工组织成为联合国的首个专门机构。目前,拥有186个成员国的国际劳工组织共有189条劳动标准公约,204条劳动标准建议。治理委员会将其中八条公约定义为"基本公约",这些公约所规定的四项基本劳工权利,即自由结社和集体谈判权(第87和98号公约)、消除受迫性劳动(第29和105号公约)、非歧视性就业(第100和111号公约)以及避免使用童工(第138和182号公约),被称为核心劳动标准(Core Labor Standards,CLS)。1998年6月,第86届国际劳工大会上通过了《国际劳工组织关于工作中基本原则和权利宣言及其后续措施》,提出所有成员国都有义务尊重、促进和实现核心劳动标准。[①]目前共有139个国家批准了国际劳工组织的所有八条基本公约,另外有18个国家批准了七条基本公约。[②]经合组织(1996)将核心劳动

[①] 美国国家科学研究委员会(National Research Council,2004)从法律框架、政府执行与整体结果探讨了一国遵守核心劳动标准的情况。

[②] 数据来源于国际劳工组织网站 http://www.ilo.org/dyn/normlex/en/f?p=NORMLEXPUB:10011:0:NO:10001:P10011_DISPLAY_BY,P10011_CONVENTION_TYPE_CODE:2,F,访问日期:2016年3月16日。

标准视为基本的人权范畴，同时核心劳动标准也是其他劳动标准得以有效执行的框架条件。① 图 1 描述了国际劳工组织制定国际劳动标准的过程。

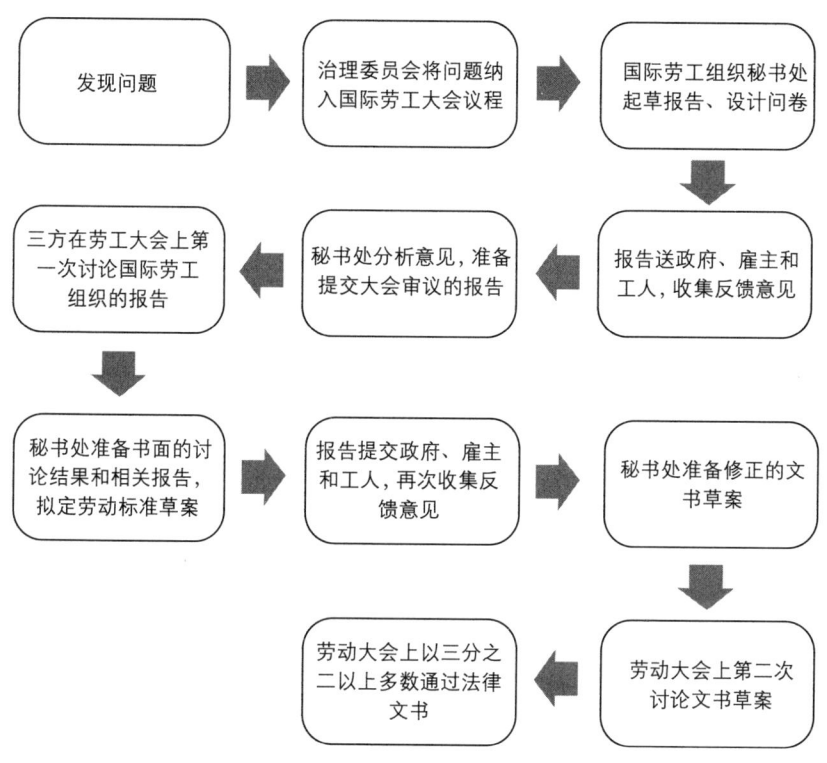

图 1　国际劳动标准的制定过程

资料来源：International Labour Office（2009，第 17 页）。

国际劳工组织在全球劳动治理中的作用还体现在其社会对话机制上。社会对话是国际劳工组织的创办原则之一，它是指工人、雇主和政府介入就业和劳动议题决策的过程，包括三方代表在经济、劳动和社会政策共同利益上

---

① 国际劳工组织公约还包括四条治理公约（第 81、122、129 和 144 号公约），主要涉及劳动监察、就业政策和三方咨询等，国际劳工组织鼓励其成员国优先批准这四项公约。国际劳工组织的国际劳动标准还涉及就业提升、职业导向与培训、就业安全、社会政策、工资、工作时间、职业安全与健康、生育保障、移民工人和船员等（International Labour Office，2009）。

所有形式的协商、咨询和信息交换。社会对话既是实现社会和经济进步的手段，其本身也是一种目标（ILO，2013，chap.1）。雇主和工人之间的两方对话形式包括集体谈判以及其他形式的协商、合作和争端预防等，加入政府之后的三方对话涉及影响工人和雇主利益的公共政策等。

尽管存在将劳动标准问题纳入WTO机制的呼声，但国际劳工组织作为国际劳动标准的制定者和维护者，仍然并将继续发挥其超国家劳动协商平台的作用。托费尔、肖特和奥莱特（Toffel，Short & Ouellet，2015）发现，批准国际劳工组织公约更多的国家，其供应商更可能遵守国际劳动标准。

联合国全球契约（United Nations Global Compact，UNGC）是由联合国前秘书长安南1999年1月在达沃斯论坛上正式提出、2000年7月在纽约联合国总部正式启动的自愿倡议项目，广义上全球契约可以被视为一种思想或战略，实践中其已经演变为一个全球网络（Kell & Levin，2003）。全球契约的目标是促进各利益相关方的合作与对话，通过其商业参与者联合非政府组织、联合国机构和政府的力量推动实现联合国目标以及涵盖人权、劳动、环境和反腐败四个方面的十大原则，其中，涉及劳动的四项原则对应了国际劳工组织的核心劳动标准。①

全球契约网络包括四类核心参与者。首先是联合国体系，包括其专门机构。全球契约办公室负责行政框架与战略导向，联合国六大机构（包括联合国人权事务高级专员办事处、国际劳工组织、联合国环境署、联合国开发计划署、联合国工业发展组织、联合国毒品和犯罪问题办公室）分别在不同专业领域为联合国与企业伙伴关系提供咨询。其次是企业，参与企业每年要提交进展报告（Communication on Progress，COP），说明企业执行十大原则的情况。政府通过在国家层面和超国家层面设立管制框架和立法来促进十大原则的实施。最后，公民社会组织和工会对于实际问题有更准确的信息，国际工

---

① 全球契约的十大原则中，关于人权的两项原则来源于《世界人权宣言》，劳动四项原则来源于《国际劳工组织关于工作中基本原则和权利宣言及其后续措施》，环境三项原则来源于《里约环境与发展宣言》，反腐败一项原则来源于《联合国反腐败公约》，参看 https://www.unglobalcompact.org/what-is-gc/mission/principles，访问日期：2016年3月16日。

会运动可以为四大劳动原则的执行提供独有视角（Rasche，2009）。

绝大多数企业、公民社会和其他非商业组织都可以申请加入全球契约。根据全球契约网站的统计，目前共有来自167个国家和地区的8922家企业和机构是全球契约的积极参与者。① 全球契约组织之所以能够持续发挥影响，与其创建理念密不可分，即将联合国价值内化于企业文化中，使得企业获得更大的市场可持续能力，与本世纪初相比，今天这一理念仍然具有迫切性。此外，持续的制度支持与联合国成员国政府的政治支持，以及其操作可行性，都是全球契约组织得以发展的重要因素（Kell，2013）。不过，全球契约促进企业遵守十大原则的有效性存在争议。伯恩哈根和米切尔（Bernhagen & Mitchell，2010）以及库尔蒙和贝特洛（Coulmont & Berthelot，2015）发现参与全球契约的企业更可能遵守准则，并获得了更好的绩效评价；另一方面，柏林和普拉卡什（Berliner & Prakash，2015）发现全球契约的成员企业得益于成员身份的商誉的同时，却没有在劳动权利和环境等方面相应增加投入，即企业存在战略性偷懒（strategic shirking）和寻求"蓝色外衣"（bluewashing）的现象。

《经合组织跨国企业准则》在1976年首次通过，2011年进行了第五次更新。准则的"就业和劳资关系"部分响应了国际劳工组织的核心劳动标准，这一准则得到了所有34个经合组织成员国和12个非成员国的支持，是目前最全面的政府支持的负责任商业行为建议文书（经合组织，2013）。准则加入国有义务设立国家联络点（National Contact Points，NCP），用于调解和斡旋，投诉与解决他人不遵守准则规定的相关问题。在这个意义上，《经合组织跨国企业准则》是目前唯一设立投诉机制的国际公司责任文书。这一准则还强调了其自愿性质，声明遵守国内法是企业的首要义务，政府也不应将其用于贸易保护的目的。总体来看，准则的监督机制只是一种软法机制，国家联络点解决争端的能力有限（Oldenziel & Wilde-Ramsing，2010）。

---

① 全球契约的参与者总数达到21257家，其中被除名的有7668家，没有按时向全球契约组织报告年度进展的处于无沟通（Non-Communicating）状态的有4667家。数据来源于 https://www.unglobalcompact.org/what-is-gc/participants，访问日期：2016年3月16日。

美国、加拿大和墨西哥三国于 1993 年达成的《北美劳动合作协定》（North American Agreement on Labor Cooperation，NAALC）是在劳动领域对《北美自由贸易协定》（North American Free Trade Agreement，NAFTA）的补充协议，这一协议意味着三国将确保各自现有的劳动标准立法得到完全贯彻执行，签约国的国家行政办公室负责评估另外国家未有效执行劳动标准的投诉，由三国劳工部长参与的劳动合作委员会负责监督。

此外，代表雇主利益的国际雇主组织（International Organization of Employers，IOE）等也在全球劳动治理中发挥结构性作用。

3. 私人主体及其自愿标准

私人治理主体，如工会、企业、标准认证机构与专业性社会运动等，通过游说、行为准则、标准认证、监督倡议等直接或间接影响全球劳动标准，是全球劳动治理的定义性特征。

工会介入了政府间组织的管制和消费者驱动的私人治理手段，是全球劳动治理体系的重要力量。通过游说以及国际组织的非正式或制度性渠道，工会可以对全球劳动标准的议程设定施加影响，尤其全球工会联合会（Global Union Federation，GUF）是决策、战略协作和信息交换的极为重要的网络（Koch-Baumgarten & Kryst，2016）。

全球工会联合会由各国特定行业或职业的工会组成，与国家工会相比，全球工会联合会具有国际范围的代表性。目前九大全球工会联合会在全世界约有 1.4 亿会员。[①] 全球工会理事会（Council of Global Unions，CGU）是一个

---

① 这九大全球工会联合会分别是：国际建筑及林木工人工会（Building and Wood Worker's International，BWI）；教育国际（Education International，EI）；IndustriALL 全球工会（IndustriALL Global Union）；国际运输工人联合会（International Transport Workers' Federation，ITF）；国际食品、农业、酒店、餐馆、饮食服务、烟草暨同业工人协会（International Union of Food, Agricultural, Hotel, Restaurant, Catering, Tobacco and Allied Workers' Association，IUF）；公共服务国际（Public Services International，PSI）；国际艺术和娱乐业联盟（International Arts and Entertainment Alliance，IAEA）；国际记者联盟（International Federation of Journalists，IFJ）；UNI 全球工会（UNI Global Union）。会员数量估计来源于福特和吉兰（Ford & Gillan，2015）。

全球工会联合会合作和协商的平台,其成员包括所有的全球工会联合会,以及国际工会联合会(International Trade Union Confederation,ITUC)[①]和经合组织工会咨询委员会(Trade Union Advisory Committee to the OECD,TUAC)。全球工会理事会各成员的权利与分工由《米兰协定》约束。国际工会联合会与国际劳工组织和其他联合国专门机构保持密切联系,发起了许多劳动标准倡议运动,并为贸易与劳动标准相联系进行游说。

全球工会联合会通过多种方式与跨国公司建立联系,并为欠发达国家的工人运动和工会组织提供帮助。福特和吉兰(2015)梳理了全球工会联合会的主要行动手段:出版发行报告,促进知识传播;教育和培训,提高工会代表争取权益的能力;参与国际组织磋商和游说;帮助成员将局部性问题"国际化",提升成员工会的动员能力以及与跨国公司签署国际框架协议等。

国际框架协议(International Framework Agreements,IFAs)是由跨国企业与全球工会联合会协商制定的确保企业在所有国家执行同样劳动标准的规范,主要优势是其可以将世界范围内的工人与工会联系起来,是在企业层面建立全球社会对话的重要形式(Hassel,Hensen & Sander,2009)。国际框架协议并不致力于替代企业与工人的直接协商,而是提供了一个建设性磋商的框架(Niforou,2012)。通常国际劳工组织的核心劳动标准是国际框架协议的默认条款,对于现金标准等不同的协议可能有不同的规定,内部申诉及年度报告是监督国际框架协议实际效能的主要形式。国际食品、农业、酒店、餐馆、饮食服务、烟草暨同业工人协会同法国达能集团(当时为BSN公司)和雅高酒店集团分别于1988年和1995年签署的国际框架协议是世界上最早的此类协议(Hammer,2008)。本世纪以来,国际框架协议的数量不断增长。根据全球工会理事会网站的统计,目前国际工会联合会与各类跨国企业共签署了

---

① 国际工会联合会由国际自由工会联合会(International Confederation of Free Trade Unions,ICFTU)与世界劳工联合会(World Confederation of Labour,WCL)于2006年11月合并组成,是世界最大的工会联合会,代表了来自162个国家和地区的333个国家工会的1.8亿工人。参看http://www.ituc-csi.org/,访问日期:2016年3月16日。

110多项国际框架协议。① 加林（Gallin，2008）认为国际框架协议的目标应该是成为一种全球动员工具，其对全球劳动战略的积极影响要以可衡量的结果来体现。

近年来欧洲工厂会议（European Works Council，EWC）得到了越来越多的关注，其被认为是劳动关系欧洲化的关键支柱（Hassel et al.，2009）。欧洲工厂会议是代表企业中欧洲员工的组织，对于欧盟国家内雇用超过1000人的企业，且该企业在两个及以上欧盟成员国分别有150名以上雇员，则需要建立欧洲工厂会议。两个国家100个以上员工申请或者雇主直接倡议，就可启动建立新的欧洲工厂会议的进程。截至2015年6月，有1071个活跃的欧洲工厂会议机构，建立欧洲工厂会议最多的三大行业分别是钢铁、服务和化工业（De Spiegelaere & Jagodzinski，2015）。由欧洲工厂会议推广的世界工厂会议（World Works Council，WWC）目前还处于起步阶段，除了在欧洲层面外，还不存在建立世界工厂会议的法律基础。

企业行为准则（codes of conduct）和认证（certification）都采取了自愿标准的模式。企业行为准则通常是企业社会责任（Corporate Social Responsibility，CSR）的一部分。例如，在服装行业，李维斯、锐步和耐克等企业先后将供应链劳动标准问题纳入企业社会责任中。除了企业对于自身声誉的重视和维护，非政府组织如清洁服装运动（Clean Clothes Campaign，CCC）等的游说和消费者运动都对企业形成了压力。此外，企业应用行为准则还可以改善供应商关系，更好地遵守劳动标准也降低了企业面对消费者诉讼和政府管制的风险。因而，行为准则也是一种减少声誉风险的市场战略（Hassel et al.，2009）。

企业接受全球苏利文原则（Global Sullivan Principles）意味着企业承诺尊重员工结社意愿、协助种族间包容、给予员工平等机会、训练弱势劳工、建立安全健康的工作环境等。考克斯圆桌商业原则（Caux Round Table Principles for Business）致力于推动"道德资本主义"，强调尊重所有劳工的人格尊严和

---

① 参看全球工会理事会网站http：//www.global-unions.org/+-framework-agreements-+.html，访问日期：2016年3月16日。

权益。国际标准化组织的社会责任指南 ISO 26000 是一个自愿标准,不仅适用于企业,也适用于医院、学校、慈善组织等各种非营利组织,劳动实践是其七大核心内容之一。经济优先委员会认证机构（Council on Economic Priorities Accrediting Agency）创立的审计认证标准社会责任（Social Accountability）SA8000 以"赋予市场经济以人道主义"为宗旨,从童工、受迫劳动、自由结社、歧视、工作时间和工资等方面评价企业是否遵从了国际劳动标准。全球报告倡议组织（Global Reporting Initiative, GRI）的第四代可持续报告指南（G4 Sustainability Reporting Guidelines）是具有全球影响力的企业报告书编制标准,企业或其他组织根据这一指南编制的可持续发展报告类似于企业社会责任报告,报告中人权范畴包括了遵守国际劳工组织的核心劳动标准情况。

（二）全球劳动治理的激励和监督

在全球劳动治理中,公共和私人治理结合的混合治理模式越来越成为主流,自愿治理行为体可以与正式立法等传统的政府干预手段相互补充,共同提升劳动治理的稳定性与效能（Kolben, 2007; Locke, Rissing & Pal, 2013; Yu, 2007）。尽管这一观点取得了类似于共识的认可度,但"硬法"和"软法"在不同社会环境下如何协作仍然是一个开放的问题。特定的条件下不同的管制方法可能会互相牵制,从而削弱而不是增强整体的治理效能（Bartley, 2011）。为此,我们有必要深入探究不同治理主体参与全球劳动治理的激励或动因。

民族国家借助于国际组织的集中管理和独立性可以实现单个国家难以实现的目标,国际组织为国家间分权下的合作提供了重要的补充（Abbott & Snidal, 1998）。按照这一逻辑,合理假设每一个国家在其他条件不变的情况下,政府都有政治意愿提升本国的劳动标准,则国际劳工组织和经合组织的《准则》理应在协调全球劳动治理方面发挥更积极的作用。民族国家的"硬法"在强制执行上具有比较优势,而国际劳工组织的"软法"标准具有全球认可度,一个自然的结合就是将国际劳工组织的标准内化于本国的劳动法律法规中,这要求发展中国家具有相适应的国家能力和政治意愿确保法律得到遵守；另一方面，发达国家可以通过"科层阴影"引导行业自我管制或与国家共同管制（co-regulation），并利用消费者运动和社会压力惩罚不遵守行为（Fransen & Burgoon，2012）。

虽然劳动标准可能会让位于经济目标，但在目前的国际政治经济体系中，社会条款仍然是一个"坏主意"（Bhagwati，1995），部分是因为全球劳动治理可以在一定程度上"替代"社会条款的功能。洛克等（Locke et al.，2013）发现，国家执行劳动标准能力强时，私人倡议通常会充当补充政府管制的角色，而当国家管制执行无力时，私人努力可能会替代国家的法律与管制起作用。

全球化进程中私人治理主体越来越受到重视。从需求层面来看，相对于政府的直接干预，私人治理主体有更完全的信息和更专业的技能。政府干预的法律基础有可能需要漫长的多方博弈才能达成共识，而私人治理主体具有更好的适应性。此外，相对于政府偏好可能的变化，私人治理规则一般更具有连续性和可预见性。从供给层面看，私人治理主体除了可以塑造自身的声誉优势（Gjølberg，2009），其在治理过程中与包括政府决策机构在内的多层治理和网络治理参与方的接触与互动，也可以实现自身的相关利益如信息交换等（Héritier & Eckert，2008）。

具体到企业社会责任与劳动标准的遵守，坎贝尔（Campbell，2007）基于制度视角，提出了企业承担社会责任的一系列命题。经济方面，当企业在相对不健全的经济环境中运行、对自身利润预期不高时，或者市场竞争太多或太少时，企业履行社会责任的可能性会降低。制度方面，当国家管制的执行力度高，或者在国家"科层阴影"下行业具有良好运行的自我管制体系，或者非政府组织和社会运动积极介入监督企业行为，或者当工会等利益相关者与企业进行积极社会对话时，企业都更可能履行社会责任。不难得出，三方性与广泛参与的社会对话可带来预期的制度红利，即企业提升劳动标准的"自觉性"会增强。

尽管我们对全球劳动治理的效能持乐观态度，私人治理缺乏对不遵守行为的有力约束也是诸多倡议面临的现实难题（Locke，2013）。区分基于规范的（norm-based）倡议与基于激励的（incentive-based）倡议可能是必要的。

前者如联合国全球契约，塞西和施珀斯（Sethi & Schepers, 2013）认为其未能促进企业社会责任的改善，企业的逆向选择和搭便车问题可能会引起对全球契约的信任危机。后者如SA8000，企业认证带来的经济预期正向影响了企业遵守劳动标准的选择。如何改进治理倡议的监督机制、减少企业的搭便车现象仍然是一个开放的问题。

洛克等（2013）认为必须从具体案例入手，才能更准确把握不同治理方式的执行与互动机制。本文从宏观视角探讨治理主体的激励，很大程度上忽略了不同治理主体在不同社会环境上表现出的异质性。针对具体企业和倡议的案例研究是检验全球劳动治理效能的重要环节。

四、全球劳动治理与中国

加入WTO以来，许多学者探讨了如何将国际劳工组织核心劳动标准引入中国的问题，其核心命题是引入国际劳动标准要考虑到我国的法律原则和国情特点（周长征，2004；常凯，2002；田野、林菁，2009；张冬梅、沈建峰，2012）。

我国是一个区域发展不平衡的劳动力大国，当前面临着劳动标准执行不到位的突出问题，"劳动关系矛盾已进入凸显期和多发期"[①]。国际工会联合会2015年全球权利指数（Global Rights Index 2015）将我国列为世界上工人所处环境最恶劣的十个国家之一。另一方面，随着我国经济转入"新常态"，经济增长面临出口驱动向消费驱动转变。同时我国人口老龄化进程加快，传统的劳动力成本优势面临挑战，国内外不乏对中国是否有能力跃过"中等收入陷阱"的担忧。考虑到印度正迎来人口红利机遇期，中国制造面临印度制造的激烈竞争。

全球劳动治理可以给我国的劳动标准与经济发展战略带来何种启示？

首先，进一步发挥私人治理主体的作用，积极构建内嵌核心劳动标准的

---

① 引文来自2015年3月发布的《中共中央 国务院关于构建和谐劳动关系的意见》。

和谐劳动关系。我国还未批准涉及核心劳动标准的国际劳工组织相关条约，如受迫劳动、自由结社和集体谈判。但我国的国内法立法过程中参考了相应的国际劳动标准，并在立法内容上与核心劳动标准具有相当的对应性，例如《劳动法》对于受迫劳动、童工、就业歧视和集体谈判等都做了规定和约束（田野，2014）。以集体谈判为例，我国基于"国家主导"的集体协商，本质上是党政联合工会与资方的博弈（吴清军，2012），但这种"自上而下"的行政性推动要与"自下而上"的社会权利建构结合才会使工资集体协商取得实效（冯同庆，2012）。近年来我国的集体谈判制度正在成型，工会可以借国家力量改善就业条件（C.-H. Lee, Brown & Wen, 2016），我国的工会对劳动者会员的工资、养老保险等都有正向影响（Yao & Zhong, 2013）。有学者认为，我国"距批准98号公约的差距在逐渐缩小，将来条件成熟时是可以加以批准的"（刘文军、王祎，2009，第234页）。

《中共中央 国务院关于构建和谐劳动关系的意见》也提出要"推行集体协商和集体合同制度"和"健全协调劳动关系三方机制"。我国具有以"硬法"执行劳动标准的国家能力，但以往政府的过多干预抑制了私人治理主体参与劳动治理的激励。全球化时代我国应将转型能力（transformative capacity）纳入国家治理能力之中，通过协商民主（Fung, 2003）和局部试点等制度创新发挥全球劳动治理的专业性和成本优势，维护我国各类劳动者的合法权益。[①] 当前中国和美国分别只批准了国际劳工组织的26项和14项公约，国际劳工组织要在全球治理中发挥更大作用，中美两国的姿态将具有导向性的作用。

在全球劳动治理的"三方共治"实践中，我国应有意识发挥"劳动治理优势"，并以此制度性优势应对经济结构转型过程中的阵痛。劳动治理优势是相对于劳动成本优势而言的，长期以来我国依赖劳动成本的比较优势发展成为世界工厂，但随着我国成为中等收入国家和人口老龄化的加剧，劳动成本

[①] 赫尔曼（Heilmann, 2008）将中国的中央和地方政策互动称为"科层下的试验"（experimentation under hierarchy），闻效仪（2011）所考察的温岭羊毛衫行业工价集体谈判是这种实验在劳动治理领域的一个新尝试。

优势在不远的将来必然不可持续。作为全球治理的积极参与者和负责任大国，我国通过全球劳动治理提升劳动标准不仅可行，也是应对劳动成本提高对经济不利影响的制度性安排。美国长期以来致力于推动社会条款，对批准国际劳工组织公约并不积极，我国批准更多国际劳工组织劳动标准公约，可以为我国的"劳动外交"奠定良好的基础，提升我国的国际劳动话语权。[①]在当前我国大力构建和谐劳动关系的背景下，可以说我国面临着一个发挥"劳动治理优势"的机遇窗口。

通过贸易框架提升劳动标准的"社会条款"谈判出现僵局，跨国企业的逐利行为有可能形成南方国家间的"探底竞赛"，此种背景下，全球劳动治理作为一种新兴的考察全球化进程中跨国劳动关系和提升国际劳动标准的视角，引起了学界越来越多的关注。全球劳动治理既可以被理解为一种治理劳动关系的过程，也可以作为国家构建和谐劳动关系和实现"劳动治理优势"的一种机制和战略。

全球劳动治理的基本主体是民族国家，以国际劳工组织为代表的政府间组织以及私人治理主体。包括工会、企业和公民社会在内的非国家行为体参与跨国劳动治理是全球劳动治理的定义性特征，但国家能力及国家"科层阴影"仍然在"三方共治"结构中起主导作用，政府间组织的优势是其规范或标准具有接近于全球共识的认可度。全球劳动治理如何为提升全球劳动标准提供自上而下与自下而上相结合的制度框架？全球化对不同的标准，如核心劳动标准与现金标准，影响是否不同，从治理的角度如何有针对性地做出响应？这些都是亟须回答的理论问题。自愿倡议和自我管制在何种程度上能够克服激励不足的缺点，也需要更进一步的微观研究和案例分析。我国要实现从依赖劳动成本优势到发挥劳动治理优势的转变，需要相应的制度安排，如通过战略性批准更多国际劳工组织公约进一步促进国际劳工组织在全球劳动治理中发挥建设性作用，同时，"科层下的试验"也为我国在局部地区的劳资

---

① 2015年11月，我国正式批准被称为海上劳动者"权利法案"的《2006年海事劳工公约》，这是我国最新批准的国际劳工组织公约。

关系制度创新提供了洞见。

五、本书内容和结构

本书分为三大部分，分别从全球劳动治理的概念与结构、机制与执行、问题与前景着手，引介了当前全球劳动关系和劳动治理领域的代表性文献。

第一部分"概念与结构"由两篇论文组成。本部分是在总结以往文献的基础上，对全球劳动治理的一个综述。第一篇论文考察了全球劳动治理体制的演化，作者认为，在全球层面，过去十年里企业和政府处理劳动和社会问题的方法发生了根本转变。通过引进新的治理参与者和治理形式来规制劳动，劳资关系正在迅速国际化。尽管存在诸如缺乏全球监管的法律框架和执行等问题，但地方性自律监管、规范设定和国际准则让人们对跨国公司的行为产生了更高期望，同时也形成了一种间接的监管模式。因而，国际劳工组织核心劳动标准的采用以及联合国全球契约组织的建立尤其有利于形成共识。许多自愿倡议组织对劳动标准形成的共识，促进了全球劳动治理制度的转型。第二篇论文探讨了全球劳动治理的潜力与局限性，作者认为，"全球劳动治理"在政策领域的影响力日增，也因为政治和理论等原因（包括被用于意识形态争论的风险）而受到批评。虽然如此，劳动研究应从理论上和实证上与"全球劳动治理"这一议题和视角建立联系。这不仅是因为其政治重要性日益凸显，还在于它引起了人们对尚未有完善研究的"多层"动力学、"网络"和"反身性"等话题的关注。系统性分析各种治理方案是必要的。传统的劳动社会学以及产业关系研究详细阐述了非正规性、行业差异和集体行动等问题，并对"有效性"这一概念提出质疑，这些都将有助于对治理的分析研究。

第二部分"机制与执行"由五篇论文组成。《能力通向权利？发展中国家的国家能力和劳工权利》探讨了发展中国家国家能力与劳工权利的关系。作者认为，国家能力建设经常被号称能够解决发展中国家的所有问题，并且与人权水平的提高、经济发展以及产权的实施联系起来。另一方面，较低的国家能力一直被看作是影响劳工权利和其他社会公正提高的主要障碍之一。作者考察了 85 个发展中国家以及 34 个"供应链相关"国家中国家能力和劳工权利保护的关系，发现国家能力的变化仅仅与某些特定国家中的劳工权利变化相关，在这些国家中工人的利益能够更好地被用左翼政党的权力、民主、工会密度以及潜在的劳工权利等指标所衡量的政治制度所代表。作者的发现强调了国家能力和政治意愿的结合在引领提高全球供应链条中工人权利方面的重要性。《全球劳动治理中的工会和集体谈判权》讨论了从集体谈判权视角考察工会在全球劳动治理中的作用。作者认为，工会是新的全球劳动治理体系的重要力量。劳动管制缺乏一个全球国家权威或制度框架，大量已有的和新的非国家参与者参与到公共和私人劳动治理当中，全球劳动治理的显著特征是各种治理形式互相交织混合，依赖于国家参与者与非国家参与者的复杂联系。工会介入了政府间管制的发展，例如通过国际劳工组织；通过国际框架协议和独特的跨国集体谈判体系，工会介入了劳动者驱动的跨国自我管制模式；通过与非政府组织的联合，工会还介入了所谓的消费者驱动的私人治理手段。为更好更完整地理解全球层面劳动治理的演化，需要综合考虑公共治理、公私合作治理和私人治理各组成部分的相互联系，这其中工会是一支重要的力量。

《国际劳资关系中的全球工会联合会：一个批判性评论》着重探讨全球工会联合会。作者认为，近几十年来，由于生产与服务交付的跨国性特点日益突出，发展新的代表形式、活动方式和机构参与模式成为工会普遍面临的挑战。为了应对这一挑战，各国工会需要将关注焦点从国内转移到国际范围，进而跳出传统劳资关系体系的范畴。全球工会联盟由各基础产业的国家性行业联合会构成，在推动劳资关系全球化进程中发挥了重要作用。几十年来，全球工会联盟一方面通过政策推广和全球框架协议谈判等多种方式与跨国企业建立联系，另一方面为身处不同国情的工人和工会组织提供支持，例如为在南半球国家兴起的工人运动提供帮助。作者分析了全球工会联盟在调节国际劳资关系方面所面临的机遇，以及限制其影响范围和达成战略目标能力的主要障碍，如资源约束和对其他规模工会组织的依赖等。《互补还是替代？私人准则、国家管制与全球供应链中的劳动标准执行》一文考察了私人准则和国家管制在全球供应链中的互补与替代关系。作者认为，公共与私人干预的混合对于在全球供应链中改善工作条件和环境标准必不可少。但在实践中这些不同形式的管制如何互动，文献还甚少论及。通过对全球领先电子企业惠普的供应商的比较，作者考察了这些互动形式。使用独有的惠普供应商历年审计数据，结合在墨西哥和捷克的两家供应商的定性调查，文章研究了私人和公共管制如何以不同的方式互动：有时互为补充，有时互相替代，取决于国家环境和考察的具体议题。分析表明，私人干预并不存在于真空中，这些执行劳动和环境标准的努力受到国家和非政府参与者的影响。《特定的准则》考察国家、市场和市民社会如何促进全球劳动标准得到遵守。作者认为，诸如认证体制和行为准则这些民间自愿性机制传播了全球标准，通过它实施的跨国商业管制越来越常见，然而关于企业在何种条件下会遵守这些标准却鲜为人知。作者分析了何种国际、国内、公民社会和市场机制促进了供应链企业对全球劳动标准的遵守，该劳动标准包含在由跨国买家施加的行为准则中，发现当企业所在国积极地参与国际劳工组织公约，有严格的国内劳动法律，有高水平的新闻自由，企业更有可能遵守全球劳动标准。此外，当供应商企业服务的买方所在国消费者富裕且有亲社会意识时，企业更有可能遵守全球劳动标准。这些发现表明，由国家、公民社会和市场管理组成的多重机制对于有效的跨国管制有重要意义。

第三部分"问题与前景"由三篇论文组成。《全球化与集体劳动权》探讨了全球化对集体劳动权的影响。作者认为，就全球化和劳动权利而言，尽管对潜在的"探底竞赛"情况存在争论，但这些联系的实证结果仍然是不明朗。此外，虽然全球化有多重特征，但这个领域内的现有文献仅仅集中在经济全球化的几个特定方面，例如贸易和外商直接投资。文章专注于全球化的另外两个方面：社会和政治一体化以及一个广义的经济全球化的度量，并检视1986年至2002年间它们如何影响发展中国家的集体劳动权利（包括劳动法及其在实践中的执行情况）。作者发现，这三个方面的全球化进程与劳动权利之间是负相关的。具体而言，社会、政治与经济全球化，与劳动实践从现有劳动法中的分离存在相关性，也就是说，劳动条件恶化了，但劳动法很大程度上未受影响。《劳动标准的探底竞赛？一个实证检验》实证分析了探底竞赛是否存在。作者认为，全球化过程中令人关注的一个问题是随着各国为吸引投资而产生的竞争，他们会放宽劳动标准来吸引企业的投资。利用 135 个国家超过 17 年的面板数据的空间估计，文章发现一个国家的劳动标准和其他国家的劳动标准正相关（即其他国家劳动标准的降低会导致本国劳动标准的降低）。和劳动法规相比，这种相互依存的关系在劳动实践（即执行）中更加明显。此外，虽然在发达国家和发展中国家中均发现了相互竞争的证据，但是这种现象在劳动标准较低的发展中国家最明显。《全球经济中的强迫劳动治理》探讨了全球化背景下对强迫劳动的治理。作者认为，治理措施的有效性取决于从根本上理解强迫劳动问题的根源。文章在全球治理讨论中探讨了全球生产网络中强迫劳动的根源是如何构建的。针对国际机构运用的主要框架，同时关注同等的国家级和公司治理战略，作者明确了对此问题占主导地位的解释存在一些局限，这些解释源自"剩余"性质，它们相应地忽略了强迫劳动的根源以何种方式深入到全球生产网络组织，同时明确了作为整体的剥削的形式，以及剥削与贫困的关系。作者建立了一种替代方法，即"不良掺入"这一概念基础上全球生产网络中关于强迫劳动根源的"相关性"视角，并思考了对于当代治理框架这一视角的理论意义。

参考文献

1. Abbott, Kenneth W. & Snidal, Duncan, "Why States Act through Formal International Organizations", *Journal of Conflict Resolution*, 1998, 42 (1), 3–32.

2. Abbott, Kenneth W. & Snidal, Duncan, "The Governance Triangle: Regulatory Standards Institutions and The Shadow of the State", in Walter Mattli & Ngaire Woods (Eds.), *The Politics of Global Regulation*, Princeton, NJ: Princeton University Press 2009, pp. 44–88.

3. Aggarwal, Mita, "International Trade, Labor Standards, and Labor Market Conditions: An Evaluation of the Linkages", *US International Trade Commission*, *Office of Economics Working Paper* 1995, No. 95–06–C.

4. Asian Development Bank, *Core Labor Standards Handbook*, Manila, Philippines: Asian Development Bank, 2006.

5. Baccini, Leonardo & Koenig-Archibugi, Mathias, "Why do States Commit to Interna-

tional Labor Standards?" Interdependent Ratification of Core ILO Conventions, 1948 – 2009, *World Politics*, 2014, 66 (03), 446 – 490.

6. Bartley, Tim, "Transnational Governance as The Layering of Rules: Intersections of Public and Private Standards", *Theoretical Inquiries in Law*, 2011, 12 (2), 517 – 542.

7. Bazillier, Rémi & Sirven, Nicolas, "Is There a Social Kuznets Curve? The Influence of Labour Standards on Inequality", *Journal of Development Studies*, 2008, 44 (7), 913 – 934.

8. Berliner, Daniel, Greenleaf, Anne, Lake, Milli & Noveck, Jennifer, "Building Capacity, Building Rights? State Capacity and Labor Rights in Developing Countries", *World Development*, 2015, 72 (0), 127 – 139.

9. Berliner, Daniel & Prakash, Aseem, "'Bluewashing' the Firm? Voluntary Regulations, Program Design, and Member Compliance with the United Nations Global Compact", *Policy Studies Journal*, 2015, 43 (1), 115 – 138.

10. Bernhagen, Patrick & Mitchell, Neil J., "The Private Provision of Public Goods: Corporate Commitments and the United Nations Global Compact", *International Studies Quarterly*, 2010, 54 (4), 1175 – 1187.

11. Bhagwati, Jagdish, "Trade Liberalisation and 'Fair Trade' Demands: Addressing the Environmental and Labour Standards Issues", *World Economy*, 1995, 18 (6), 745 – 759.

12. Blanton, Robert & Blanton, Shannon Lindsey, "Globalization and Collective Labor Rights", *Sociological Forum*, 2016, 31 (1), 181 – 202.

13. Block, Richard N., Roberts, Karen, Ozeki, Cynthia & Roomkin, Myron J., "Models of International Labor Standards", *Industrial Relations : A Journal of Economy and Society*, 2001, 40 (2), 258 – 292.

14. Brown, Drusilla K., "Labor Standards: Where Do They Belong on the International Trade Agenda?", *Journal of Economic Perspectives*, 2001, 15 (3), 89 – 112.

15. Brown, Drusilla K., Deardorff, Alan V. & Stern, Robert M., "The Effects of Multinational Production on Wages and Working Conditions in Developing Countries", in Robert E. Baldwin & L. Alan Winters (Eds.), *Challenges to Globalization : Analyzing the Economics*, Chicago, IL: University of Chicago Press, 2004, pp. 279 – 330.

16. Burns, John P., "Western Models and Administrative Reform in China: Pragmatism and the Search for Modernity", in Jon Pierre & Patricia W. Ingraham (Eds.), *Comparative*

Administrative Change and Reform: *Lessons Learned*, Montreal: McGill-Queen's University Press, 2010, pp. 182 – 206.

17. Campbell, John L., "Why Would Corporations Behave in Socially Responsible Ways? An Institutional Theory of Corporate Social Responsibility", *Academy of Management Review*, 2007, 32 (3), 946 – 967.

18. Chan, Anita & Ross, Robert J. S., "Racing to the Bottom: International Trade without A Social Clause", *Third World Quarterly*, 2003, 24 (6), 1011 – 1028.

19. Chan, Chris King-Chi & Nadvi, Khalid, "Changing Labour Regulations and Labour Standards in China: Retrospect and Challenges", *International Labour Review*, 2014, 153 (4), 513 – 534.

20. Coulmont, Michel & Berthelot, Sylvie, "The Financial Benefits of a Firm's Affiliation with the UN Global Compact", *Business Ethics : A European Review*, 2015, 24 (2), 144 – 157.

21. Cradden, Conor Gerard & Graz, Jean-Christophe, "Is Transnational Private Regulation Potentially an Effective Means of Promoting Collective Industrial Relations?", *Global Labour Journal*, 2015, 7 (1), 3 – 19.

22. Davies, Ronald B. & Vadlamannati, Krishna Chaitanya, "A Race to the Bottom in Labor Standards? An Empirical Investigation", *Journal of Development Economics*, 2013, 103, 1 – 14.

23. De Spiegelaere, Stan & Jagodzinski, Romuald, *European Works Councils and SE Works Councils in 2015 : Facts and Figures*, Brussels: European Trade Union Institute, 2015.

24. Elliott, Kimberly Ann & Freeman, Richard B., *Can Labor Standards Improve under Globalization?* Washington, D. C.: Institute for International Economics, 2003.

25. Fields, Gary S., "Labor Standards, Economic Development, and International Trade", in Stephen Herzenberg & Jorge F. Pérez-López (Eds.), *Labor Standards and Development in the Global Economy*, Washington, DC: United States Department of Labor, 1990, pp. 19 – 34.

26. Fields, Gary S., *Trade and Labour Standards : A Review of the Issues*, Paris: Organisation for Economic Co-operation and Development, 1995.

27. Ford, Michele & Gillan, Michael, "The Global Union Federations in International Industrial Relations: A Critical Review", *Journal of Industrial Relations*, 2015, 57 (3), 456 – 475.

28. Fransen, Luc & Burgoon, Brian, "A Market for Worker Rights: Explaining Business Support for International Private Labour Regulation", *Review of International Political Economy*, 2012, 19 (2), 236 – 266.

29. Fung, Archon, "Deliberative Democracy and International Labor Standards", *Governance*, 2003, 16 (1), 51 – 71.

30. Gallin, Dan, "International Framework Agreements: A Reassessment", in Konstantinos Papadakis (Ed.), *Cross – border Social Dialogue and Agreements : An Emerging Global Industrial Relations Framework*, Geneva: International Institute for Labour Studies, 2008, pp. 15 – 41.

31. Gjølberg, Maria, "The Origin of Corporate Social Responsibility: Global Forces or National Legacies?", *Socio – Economic Review*, 2009, 7 (4), 605 – 638.

32. Hammer, Nikolaus, "International Framework Agreements in the Context of Global Production", in Konstantinos Papadakis (Ed.), *Cross – border Social Dialogue and Agreements : An Emerging Global Industrial Relations Framework*, Geneva: International Institute for Labour Studies, 2008, pp. 89 – 111.

33. Hassel, Anke, "The Evolution of a Global Labor Governance Regime", *Governance*, 2008, 21 (2), 231 – 251.

34. Hassel, Anke, Hensen, Henni & Sander, Anne, *Global Labor*, SSRN: http://ssrn.com/abstract=1416225 or http://dx.doi.org/10.2139/ssrn.1416225.

35. Heilmann, Sebastian, "Policy Experimentation in China's Economic Rise", *Studies in Comparative International Development*, 2008, 43, 1 – 26.

36. Hendrickx, Frank, Marx, Axel, Rayp, Glenn & Wouters, "The Architecture of Global Labor Governance", *International Labour Review*, Jan. 2015.

37. Héritier, Adrienne & Eckert, Sandra, "New Modes of Governance in the Shadow of Hierarchy: Self-regulation by Industry in Europe", *Journal of Public Policy*, 2008, 28 (01), 113 – 138.

38. Hofferberth, Matthias, "Mapping the Meanings of Global Governance: A Conceptual Reconstruction of a Floating Signifier", *Millennium-Journal of International Studies*, 2015, 43 (2), 598 – 617.

39. International Labour Office, *Constitution of the International Labour Organization and Selected Texts*, Geneva: International Labour Office, 2010.

40. International Labour Office, *Social Dialogue: Recurrent Discussion under the ILO Declaration on Social Justice for a Fair Globalization* (*International Labour Conference*, 102nd Session, Report VI), Geneva: International Labour Office, 2013.

41. International Labour Office, *Rules of the Game: A Brief Introduction to International Labour Standards* (Revised ed.), Geneva: International Labour Office, 2009.

42. Kell, Georg, "12 Years Later: Reflections on the Growth of the UN Global Compact", *Business & Society*, 2013, 52 (1), 31–52.

43. Kell, Georg & Levin, David, "The Global Compact Network: An Historic Experiment in Learning and Action", *Business and Society Review*, 2003, 108 (2), 151–181.

44. Koch-Baumgarten, Sigrid & Kryst, Melanie, "Trade Unions and Collective Bargaining Power in Global Labor Governance", in Axel Marx, Jan Wouters, Glenn Rayp & Laura Beke (Eds.), *Global Governance of Labor Rights: Assessing the Effectiveness of Transnational Public and Private Policy Initiatives*, Cheltenham, UK: Edward Elgar, 2016, pp. 150–169.

45. Kolben, Kevin, "Integrative Linkage: Combining Public and Private Regulatory Approaches in the Design of Trade and Labor Regimes", *Harvard International Law Journal*, 2007, 48 (1), 203–256.

46. Krueger, Alan B., "International Labor Standards and Trade", In Michael Bruno & Boris Pleskovic (Eds.), *Annual World Bank Conference on Development Economics 1996*, Washington, D.C.: World Bank, 1997, pp. 281–302.

47. Kucera, David, "Core Labour Standards and Foreign Direct Investment", *International Labour Review*, 2002, 141 (1–2), 31–69.

48. Lee, Chang-Hee, Brown, William & Wen, Xiaoyi, "What Sort of Collective Bargaining Is Emerging in China?", *British Journal of Industrial Relations*, 2016, 54 (1), 214–236.

49. Lee, Eddy, "Globalization and Labour Standards: A Review of Issues", *International Labour Review*, 1997, 136 (2), 173–190.

50. Levi-Faur, David, "From 'Big Government' to 'Big Governance'?", in David Levi-Faur (Ed.), *The Oxford Handbook of Governance*, New York: Oxford University Press, 2012, pp. 3–18.

51. Locke, Richard M., *The Promise and Limits of Private Power: Promoting Labor Standards in a Global Economy*, New York: Cambridge University Press, 2013.

52. Locke, Richard M., Rissing, Ben A. & Pal, Timea, "Complements or Substitutes? Private Codes, State Regulation and the Enforcement of Labour Standards in Global Supply Chains", *British Journal of Industrial Relations*, 2013, 51 (3), 519–552.

53. Mandeville, Elizabeth A., *Silences in Global Labor Governance in the Case of the Sex Worker*, Wellesley College, 2004.

54. Meardi, Guglielmo & Marginson, Paul, "Global Labour Governance: Potential and Limits of an Emerging Perspective", *Work Employment and Society*, 2014, 28 (4), 651–662.

55. Meyer, Niclas, "Political Contestation of Self-Regulation in the Shadow of Hierarchy", *Journal of European Public Policy*, 2013, 20 (5), 760–776.

56. National Research Council, *Monitoring International Labor Standards: Techniques and Sources of Information*", Washington, DC: The National Academies Press, 2004.

57. Neumayer, Eric & Soysa, Indra de, "Globalization and the Right to Free Association and Collective Bargaining: An Empirical Analysis", *World Development*, 2006, 34 (1), 31–49.

58. Niforou, Christina, "International Framework Agreements and Industrial Relations Governance: Global Rhetoric versus Local Realities", *British Journal of Industrial Relations*, 2012, 50 (2), 352–373.

59. Nye, Joseph S. (Jr.) & Keohane, Robert O., "Introduction", In Joseph S. (Jr.) Nye & John D. Donahue (Eds.), *Governance in a Globalizing World*, Washington, DC: Brookings Institution Press, 2000, pp. 1–44.

60. OECD, *Trade, Employment and Labour Standards: A Study of Core Workers' Rights and International Trade*, Paris: Organisation for Economic Cooperation and Development, 1996.

61. OECD, *OECD Guidelines for Multinational Enterprises 2011 Edition* (Chinese version), Paris: OECD Publishing, 2013.

62. Oldenziel, Joris & Wilde-Ramsing, Joseph, "10 Years on: Assessing the Contribution of the OECD Guidelines for Multinational Enterprises to Responsible Business Conduct", Available at *SSRN*: http://ssrn.com/abstract=1641036 or http://dx.doi.org/10.2139/ssrn.1641036.

63. Palley, Thomas I., "The Economic Case for International Labour Standards", *Cambridge Journal of Economics*, 2004, 28 (1), 21–36.

64. Pierre, Jon & Peters, B. Guy, *Governance, Politics and the State*, New York: St. Martin's Press, 2000.

65. Rasche, Andreas., "'A Necessary Supplement': What the United Nations Global Compact Is and Is Not", *Business & Society*, 2009, 48 (4), 511–537.

66. Sethi, S. Prakash & Schepers, Donald H., "United Nations Global Compact: The Promise-Performance Gap", *Journal of Business Ethics*, 2013, 122 (2), 193–208.

67. Standing, Guy, "The ILO: An Agency for Globalization?", *Development and Change*, 2008, 39 (3), 355–384.

68. Stern, Robert M., "Labor standards and trade," In Marco Bronckers & Reinhard Quick. (Eds.), *New Directions in International Economic Law: Essays in Honour of John H. Jackson*, The Hague, Netherlands: Kluwer Law International, 2000, pp. 425–436.

69. Toffel, Michael W., Short, Jodi L. & Ouellet, Melissa, "Codes in Context: How States, Markets, and Civil Society Shape Adherence to Global Labor Standards", *Regulation & Governance*, 2015, 9 (3), 205–223.

70. Vogel, David, "The Private Regulation of Global Corporate Conduct: Achievements and Limitations", *Business & Society*, 2010, 49 (1), 68–87.

71. Weiss, Thomas G. & Wilkinson, Rorden (Eds.), *International Organization and Global Governance*, London & New York: Routledge, 2014.

72. Wilkinson, Rorden & Hughes, Steve, "Labor Standards and Global Governance: Examining the Dimensions of Institutional Engagement", *Global Governance*, 2000, 6 (2), 259–277.

73. Yao, Yang & Zhong, Ninghua, "Unions and Workers' Welfare in Chinese Firms", *Journal of Labor Economics*, 2013, 31 (3), 633–667.

74. Yu, Xiaomin, "Impacts of Corporate Code of Conduct on Labor Standards: A Case Study of Reebok's Athletic Footwear Supplier Factory in China", *Journal of Business Ethics*, 2007, 81 (3), 513–529.

75. 常凯：《WTO，劳工标准与劳工权益保障》，载《中国社会科学》2002年第1期。

76. 冯同庆：《近年来工资集体协商取向的正误分析——是自上而下还是自下而上结合》，载《马克思主义与现实》2012年第2期。

77. 刘文军、王祎：《国际劳工标准案例评析》，北京：中国劳动社会保障出版社2009年版。

78. 田野：《国际政策扩散与国内制度转换——劳资集体谈判的中国路径》，载《世界经济与政治》2014年第7期。

79. 田野、林菁：《国际劳工标准与中国劳动治理——一种政治经济学分析》，载《世界经济与政治》2009 年第 5 期。

80. 汪仕凯：《全球劳工治理：议题，机制与挑战》，载《世界经济与政治》2015 年第 8 期。

81. 王晓荣：《劳工标准水平与外商直接投资流入——基于国别数据的实证研究》，载《中国工业经济》2006 年第 10 期。

82. 闻效仪：《集体谈判的内部国家机制 以温岭羊毛衫行业工价集体谈判为例》，载《社会》2011 年第 1 期。

83. 吴清军：《集体协商与"国家主导"下的劳动关系治理——指标管理的策略与实践》，载《社会学研究》2012 年第 3 期。

84. 俞可平：《全球治理引论》，载《马克思主义与现实》2002 年第 1 期。

85. 俞可平：《治理和善治》，北京：社会科学文献出版社 2000 年版。

86. 张冬梅、沈建峰：《全球治理背景下的工会法律参与——以工会参与核心劳工标准的实现为重点》，载《中国劳动关系学院学报》2012 年第 4 期。

87. 周长征：《我国劳动立法与基本国际劳工标准的比较》，载《中国劳动》2004 年第 5 期。

88. 周长征：《从探底竞赛到全球治理——公司社会责任中的劳动标准问题探析》，载《中外法学》2007 年第 5 期。

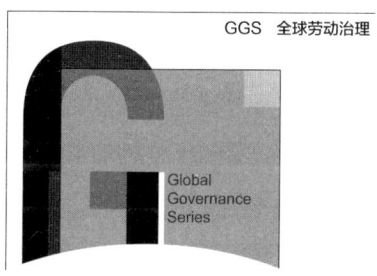

第一部分 | 全球劳动治理：概念与结构

全球劳动治理体制的演化[*]

［德］安科·哈塞尔 著　　聂子涵 译[**]

一、引言

在过去的十年里，企业和政府应对劳动和社会问题的办法经历了根本性的转变。通过发展新的治理主体和治理形式来应对各种劳动法规，劳资问题迅速地国际化。国际劳动法已经得到了重塑，从国际劳工组织的公约转向了核心劳动标准的原则。公司的行为准则不仅通过消费者运动得以发展，还通过联合国的全球契约以及经济合作与发展组织（经合组织）的跨国公司指南得到发展。企业已经开始为它们的供应商在劳资关系中的人事政策承担责任。机构投资者已经采纳了各种社会、环境和伦理原则。全球工会联盟已经同跨国公司进行了国际框架协议谈判。任何在全球范围经营的公司都无法忽视企业的社会责任问题。

本文关注国际劳动标准争论中自律监管标准的演化。其关键在于，尽管存在缺乏全球监管和执行的法律框架的问题，地方性自律监管模式、规范制定和国际准则不仅带来了对跨国运营公司行为的更高的期望，还带来了一种

---

[*] 本文原载《治理》（*Governance*）杂志2008年第21卷第2期。

[**] 作者简介：安科·哈塞尔（Anke Hassel），柏林赫尔梯行政学院公共政策教授。译者简介：聂子涵，荷兰瓦赫宁根大学（Wageningen University）博士候选人。

间接的监管模式。本文认为，国际劳工组织采纳核心劳动标准以及联合国全球契约的建立尤其起到了汇合点的作用。它们定义了有关商业策略的可接受的行为标准的核心。因而，各种繁多的志愿倡议组织逐渐对劳动标准形成共识是全球劳动治理制度转型的一部分。

和国家监管相比较，自律监管本质上的非约束性使其仍然显得无力。虽然20世纪40年代到50年代构想的国家社会契约（national social contract）理论使得许多国家的社会支出水平达到GDP的30%，还导致了高度受管制的劳动力市场，国际劳动标准并不一定意味着综合性的劳动保护。对于某些国家来说，全球化的自愿监管还存在变成一种用来调和本地活动家意愿以及国际组织需要的花招的风险。这些组织希望通过自愿监管来增强其在这个快速变化的世界中的正当性。因此，问题仍然在于这种新体制的有效性。

本文为一个私人治理体制为何能有助于有效地提高国际劳动标准提供了两个理论上的原因：第一个原因是国际协调为企业带来的正外部性，第二个原因是高标准的企业有意愿将这些标准施加于其他企业。这使得企业有动力监督其他企业的行为，因此使得这一体制稳固。

此外，本文认为，低标准国家的劳动监管可能会面临分配性的权衡取舍，从一个以政府为基础的监管体制向一个私人监管体制的转型摆脱了这种权衡取舍，使得全球劳动标准得以发展。本文并非认为在全球层面上私人治理体制要优于基于政府的治理体制，而是指出，从基于政府的体制向私人治理体制的转变为解决监管僵局提供了机遇。这一结论是与直觉相反的，因为来自企业的反对力量通常被认为是阻碍劳动标准进步的。

本文安排如下：第二部分给出了理论论证；第三部分提供了对劳动标准的转变、1998年国际劳工组织的软法律方法以及主流行为准则制度和公私合作关系的出现所进行的叙述；第四部分讨论了软监管和硬监管的关系；而第五部分进行了总结。

二、理论框架

全球劳动治理的演化过程是多中心的，而且在其实现之前并没有大量的事先计划。没有哪一个单独的参与者掌控着制度构建设计的过程以及整个全球劳动治理演化的过程。企业和公民社会倡议组织在劳动标准的法律途径变化的背景下相互影响，然后反馈到新的公私合作关系中。

这些不同的过程发生在许多不同的领域，囊括了很多参与者，但是它们一起建立了国际劳动标准体制，促成了一套新的全球劳动治理模式的产生。在原则上，新的国际劳动标准体制是基于与国际劳工组织和欧盟（Block et al., 2001）发展的传统劳动标准尤其是核心劳动标准的立法模式相同的准则，但是其在参与者、准则的应用以及"在工作场所落实社会权利和公民权利的制度机制"（Dombois, Hornberger & Winter, 2003, p.422）方面和传统标准有所不同。

这种新型的"非政府市场驱动治理体制"（Cashore, 2002）已经在许多政策领域同时出现，例如全球环境政策，以及对互联网的监管。这一机制可以由以下一些特征来概括（见 Busch, Jörgens & Tews, 2005；Cashore, 2002；Knill & Lehmkuhl, 2002）：市场导向、基于激励和信息而非禁令、大体上的自愿性、在包括公共政策和公民社会组织在内的许多部分重叠的网络中实行，以及同企业的合作。在劳动治理方面，新的责任主要被归于企业而非政府：企业，作为全球化的驱动力量，承担了在民族共同体（national communities）和全球经济体之间构建桥梁的作用（Ruggie, 2003, p.3）。传统体制和新体制的差异在表1中有详细说明。

表1 两种劳动标准监管体制的特点

传统劳动监管体制	新兴的全球劳动治理体制
硬性法律规定严厉的制裁	软法律规定了激励信息
由政府遵守	由企业遵守
私人部门的参与受到管制：雇主协会和工会	私人部分参与不受限制：企业、非政府组织和工会
政府导向	市场导向

正如有关"非政府市场驱动治理体系"（Cashore, 2002）以及国际私人权威机构（Cutler, 2003；Cutler, Haufler & Porter, 1999；Hall & Biersteker, 2002）的文献所论证的，国家正在将"市场导向"的私人志愿策略

（private voluntary strategies）作为对传统监管的一种替代或补充。企业已经在制定规则、设立国际标准和推动知识产权方面起到了作用（Braithwaite & Drahos, 2000；Genschel, 1997）。回应性监管同样可以为资源不足的政府部门的工作提供支持和补充。各种合规检测通常认为，自我监管的正当性和有效性都在不断提高（Ayres & Braithwaite, 1992）。这些过程可能也导致了监管的螺旋式上升，即被监管的企业向监管者施压，使他们同样要监管其他企业（Fung, O'Rourke & Sabel, 2001）。

另一方面，我们也有原因质疑监管是否真的限制了企业。自愿的、市场导向的私人监管可以被视为是一种公关活动，其目的在于将注意力从有关执行机制和立法的讨论上转移开。在国际市场上竞争的压力还可能促使企业牺牲劳动者权利以削减成本。实际上，莫斯利和宇野（Mosley & Uno, 2007）表明，虽然资金流提高与劳动标准提高相关，但贸易竞争加剧有着相反的效果。在这种意义上，创建国际标准意味着克服竞争带来的降低劳动标准压力。

对新的全球劳动体制演化的评估应该从分析企业在全球劳动标准体制中的根本利益入手。大量有关企业为什么加入国际组织的文献认为，当直接达成协议的成本高于成立和维持国际组织时，国际组织就会形成。阿伯特和斯内达尔（Abbott & Snidal, 1998）认为，集中和独立性是减少交易成本的两个主要因素。当企业打算从协调中获益时，将促进合作的功能集中起来，可以通过实现规模经济以及提高执行机构的权威来提高效率。国际组织的独立性同样可以通过保证组织的中立性来降低交易成本。类似地，正如卡特勒、豪夫勒和波特（Cutle, Haufler & Porter, 1999）所指出，公共机构也可以提高私立机构的独立性和权威性，因为公共制度对私人企业不关心的领域仍然负有责任。

在他们关于私人国际权威的研究中，卡特勒、豪夫勒和波特（1999）强调，企业可能会寻求在全球范围内协调他们的行为以巩固它们的地位。他们认为，由于当今的企业在全球市场上竞争的压力增强，减少交易成本以及在国际舞台上将企业的影响制度化的动机可能随时间逐渐增强，因此这些理由强调企业加入国际组织的动机从根本上在于效率考量、权力政治和结构性因素。

获得有关遵守的数据也比较困难，因为对劳动标准的理解大体上是开放性的，而且工会和集体谈判权尤其难以在威权政体国家内确立。当独立的工会被公民社会组织取代时，支持维护劳动标准的集体行动难以实现（Esbenshade 2001；O'Rourke 2000）。

在国际关系文献中，一些作者认为，为了加强遵守劳动标准，国际组织必须拥有制止滥用以及惩罚违规者的权威。然而，在设计惩罚机制时，国际组织必须对每个参与者各自的需要保持敏感，并保证暂时的违规不会妨碍违规者在长期内的参与（Milner & Rosendorff, 2001）。因此，我们可以假设，监督劳动标准的遵守要求国际组织有很广泛的资源以及高度的权威。

然而，国际组织自身不是唯一对企业遵守劳动标准感兴趣的团体。那些容易通过声誉风险和政治压力而受到消费者运动损害的企业对社会标准的态度通常更加积极，以图借此抵挡公共批评。当竞争者没有像它们一样遵守相同的标准时，这些企业就会受损，因此这些企业对整个行业的监管程序有兴趣。和有关政府遵守私人治理体制的文献（Dai, 2002, 2007）相一致的是，不合规行为的受害者很可能倾向于监督和规制。因此，可以预期，高标准的企业会和非政府组织以及高标准国家的政府形成联盟，以期向其他企业施加更高的标准，并监督他们的合规行为。

因此，在劳动标准方面，企业对迫使其他企业提高其劳动标准的偏好大体上取决于企业自身的劳动标准相对于其他企业的强度。布朗、迪尔多夫和斯特恩（Brown, Deardorff & Stern, 1996）研究了一个竞争性进口企业被迫提高其劳动标准的案例。如果这些新的规制是双向施加的（例如，来自于在该国做生意的大企业的压力），那么竞争性的进口企业就面临着更高的成本，却无法将这些成本外部化到消费者身上。然而，如果这些新的标准是单边施加在所有国家的，全球的产品供给会减少，由此提高价格并保持竞争性进口企业的竞争力。

但是，在这种情况下，竞争性进口企业选择的并不是是否执行劳动标准本身，而是有多少企业需要遵守更高的劳动标准。企业确实保有对较低劳动标准的偏好，因而只会有动机将其他企业提到和他们相同而非更高的标准上。就其本身而言，如果企业从一开始就可以避免这种压力，企业实际上会偏好降低现有的标准，以在国际贸易中获得竞争力或实现在国内市场上的目标

（Bagwell & Staiger，2000）。因此，企业支持更高的劳动标准的激励仍然取决于企业与这些标准的相对位置。

总的来说，如果国际组织和公民社会组织的活动存在，同时有足够多的企业愿意参与和支持劳动标准私人治理体制，这种体制就能够发展。如果（1）这些企业可以从国际层面上的集中和协调中获益，并且（2）不合规竞争的受损者能够利用这一体制惩罚不合规的企业，这种发展就可能会发生。不是所有的企业都会参与，因为企业的偏好很可能会有不同。

三、全球劳动标准的转变

劳动标准的争论长期以来被描绘成南方和北方的分配冲突。其中，北方的经济利益集团，特别是美国工会，寻求保护他们的国内利益，而让企业在国外遵守劳动标准仅仅极小地提高了劳动成本。[①] 贸易体制的社会条款尤其将来自发展中国家的企业置于不利的地位（Evans，2000）。这些以南方国家为代价来强化北方国家利益的分配效应导致关于劳动标准的讨论在过去的几十年中陷入僵局。然而，这一冲突已经被过去十年左右的各种发展重新诠释了。这些发展包括对核心劳动标准的采纳、贸易争论的新主题、公司准则，以及全球公共政策中的伙伴关系的兴起。

（一）国际劳工组织的核心劳动标准

存在于"内嵌自由主义"的黄金时期的国际劳动治理体制主要形成于国际劳工组织的公约。作为联合国的一个专门机构，国际劳工组织是一个以公约和建议书的形式建立劳动标准的政府间机构。国际劳工组织公约的地位和条约相同，对自愿批准它们的成员国有约束力（Block et al.，2001，p.168）。

[①] 有关将贸易和劳动标准相联系的影响的非常广泛的讨论，见埃利奥特和费里曼（Elliott & Freeman，2003），布朗（Brown，2000）以及罗德里克（Rodrik，1996）。

多年以来，国际劳工组织设立了156个公约（此外还有25个过期的公约），这些公约不同程度地被其成员国批准了。美国始终是一个不太合作的成员国，只批准了12个国际劳工组织公约并退出了一些公约。直到20世纪90年代，这一过程的特点是政府间的高级别外交活动，伴随着来自于穷国（以及美国）对可能干预他们本国劳动关系体制或提高劳动成本的公约进行抵制的压力。

在1998年6月的第86届会议上，国际劳工组织根本性地改变了其方法，通过了《关于工作中基本原则和权利宣言》。① 这一文件提出了随后成为核心劳动标准基础的四项基本权利：（1）结社自由和有效承认集体谈判权利；（2）消除一切形式的强迫或强制劳动；（3）有效废除童工劳动，以及（4）消除就业和职业方面的歧视。这些基本原则应该得到国际劳工组织所有成员国的尊重、促进以及实践，即使他们没有批准相关的公约。通过此举，国际劳工组织在理论上将重要的劳动标准的覆盖范围扩展到了其所有成员国，但这些权利的质量和国际劳工组织公约相比仍然在较低水平上。核心劳动标准被明确地从构成其基础的公约中解放出来，而一整套新机制被建立起来用以执行这些标准（Alston，2004，p. 467）。

国际劳动律师，例如菲利普·阿尔斯顿（Philip Alston），将1998年的宣言称为"一个革命性转变的预兆，其程度一直被其支持者低估，而同时许多劳动权利的传统支持者显然忽视了这些转变已经铸成的后果"（Alston，2004，p. 458）。阿尔斯顿将他的批评集中在以下事实：对核心权利的强调在不同的劳动权利之间建立了一种规范性的等级；权利的概念被原则替代了；软推广技巧替代了传统的执行机制；对这些标准的监督被分散化了。

从国际劳工组织的角度看，采纳核心劳动标准不仅可以作为面对全球化时的一种灵活工具，还有助于转移来自于各方特别是在共产主义倒台之后的批评。雇主和政府对国际劳工组织对设立标准的强调以及强制执行的方法的不满日益增加：标准太多而收效太小，② 尤其是在鼓励东欧转型国家对解除劳

---

① 1998年6月日内瓦第86届大会，国际劳工组织《关于工作中基本原则和权利宣言》。
② Frances Williams, "Soft Bark and Not Much of a Bite——ILO", *Financial Times*, 1993 - 6 - 2。

动力市场管制采取强硬立场的时期。此外，与联合国其他组织采取的办法相比，国际劳工组织发起的反对使用童工的运动被认为是无效的。虽然国际劳工组织批评所有的国家都没能接受集体谈判权利，但是其自身也承受着定义一个新议程的巨大压力。然而，在一个日益不利的环境中提高国际劳工组织的合法性的行动只是导致这一立场转变的一个因素。另一个因素是，国际劳工组织采取软法律途径以及对一系列核心劳动标准的定义也与将贸易和劳动标准相联系的争论有关。

（二）劳动标准和贸易

直到十年前，关于劳动标准的争论都只在贸易谈判的背景下进行。美国始终都在不同程度上将劳动标准和贸易联系起来（Arthur，2001，p.286）。特别是，美国工会使用贸易制裁作为保护本国工作岗位的手段，并且游说美国国会在新的贸易体制中维持这些机制。

劳动标准条款曾经被单边或双边地包含在贸易条例之中，要么以禁止进口强迫劳动或童工劳动生产的产品的形式，要么在给予某些产品和国家关税减让的普惠制（Generalized Systems of Preferences）之下。在美国，《1984年贸易与关税法案》将取得资格以尊重"国际承认的工人权利"为条件（Tsogas，2000，p.352）。这些机制大体上是单边措施。给予一个较穷国家的产品优惠条件的国家期望穷国在劳动标准实践方面展现出一些信誉。

在20世纪90年代早期，关于贸易和社会条款的争论随着世贸组织谈判获得了一些势头。① 劳动标准是乌拉圭回合的主要议题，而美国政府声称要拒绝批准乌拉圭回合的部长级宣言，除非宣言中提及要提早考虑贸易体系和"国际承认的劳动标准"的关系。② 当这一企图失败，并且世贸组织拒绝将劳

---

① Frances Williams,"World Trade News—US Waves Flag for Workers Rights in WTO", *Financial Times*, 1994 – 3 – 30.

② "The Good Company: A Survey of Corporate Social Responsibility", *The Economist*, January 22: 3, 2005.

动标准整合到它们的贸易体系中时，发展一套"国际承认的劳动标准"的强烈动机仍然存在。

如果可以成功地把坚持国际劳工组织的一系列公约作为获得成员国身份的一个条件，美国不仅可以将国际劳工组织的影响扩大到其他国家，还可能同样扩展其自身的边界（Arthur，2001，p. 285）。尽管美国政府没有批准很多国际劳工组织公约，特别是那些即将构成核心劳动标准基础的公约（见后文的讨论），却对采纳作为相同劳动标准规范的一部分却有不同法律地位的一系列原则有强烈兴趣。然而，这些标准需要足够灵活，使得它们可以根据情况被重新定义。"但是，美国提议的宣言及其软监督体系提供了一个理想的途径，使美国可以在自身不批准关键公约的同时，对其他违反核心劳动标准的国家在本国法律体系下施加制裁并在世贸组织层面寻求制裁"（Alston，2004，p. 467）。

因此，1994年国际劳工组织总干事米歇尔·汉森（Michel Hansenne）的报告（Hansenne，1994）展示了美国政府将劳工条款纳入世贸组织谈判的努力，与国际劳工组织在推动劳工问题方面重回舞台中心的愿望之间缺失的一环。该报告首次提出对劳工权利进行区分以及对软法律的需要。它将软法律工具添加到以往的硬性公约工具之中，而在这之前软法律工具是不存在于国际劳工组织的环境中的。软法律途径，特别是核心劳动标准的概念，很快就进入到全球劳动治理的其他活动之中。

（三）行为准则

有大量公民社会组织的活动以及企业的主动行动在国际劳工组织的做法的转变之前出现，并伴随着其发生。这些主动行动是从公共政策中独立发展而来，但最终被政府和国际组织选中并整合到更大的框架之中。它们聚焦于行为准则的发展，而行为准则包括有关公司投资的环境和社会规制。南非的苏利文原则是这一领域的领跑者（Block et al.，2001）。苏利文原则要求企业提供非种族隔离的工作场所、公平雇佣惯例（fair employment practices）、机会平等，以及工作场所之外的工人生活状况（Block et al.，2001，p. 280）。这些原则在种族隔离政权期间被在南非投资的企业用来作为一种规避批评的方法。其他的行为准则是20世纪80年代在国防工业企业丑闻的过程中发展起来的。

然而，采纳行为准则的大浪潮是作为对消费者运动的回应而出现的。由于担心消费者可能会拒绝在恶劣条件下生产的产品，诸如李维斯（Levi Strauss）、锐步（Reebok）、丽诗加邦（Liz Claiborne）以及后来的耐克（Nike）等大公司决定解决劳动标准问题。1991年，李维斯成为首家发展出一套综合性的行为准则的公司。李维斯的重要榜样意义在于它是第一个针对供应商的关于劳动行为的行为准则。这里的供应商指的是为一个品牌提供产品或服务的独立商业伙伴。越来越多的企业承诺会确保一致对工人适用劳动规范，无论他们在何处经营以及是否直接经营。

这些行为准则的大部分都是单边引入的。国际劳工组织在1998年的一项评估了215条准则的调查发现，这些准则的80%都是单边设立的（Riisgaard 2004, p.1）。1999年经合组织的一项类似的研究包括了182条准则，其中98条是单边的，59条来自于企业协会（business associations），22条来自于利益相关者伙伴关系（stakeholder partnerships），还有3条是基于非政府组织模式准则（OECD, 1999）。这些准则在内容和程序方面有很大差异。182条准则中只有122条涉及了公平雇用惯例和劳动标准（OECD, 1999, p.11）。

正如这些研究所示，企业自身大体上出于以下原因将引入行为准则作为一种对策：首先是为了保护品牌和公司的声誉，因为声誉是一种宝贵的财产而且越来越多地被消费者基于社会问题来评判；第二是作为一种改善供应商关系的工具，因为遵守准则同样增强了供应商的质量和交货时间，进而提升了对供应商的信任；第三是因为一旦工人寻求法律补偿或政府发起针对特定产业的运动，更高的劳动标准可以降低未来的责任风险；最后，行为准则可以提高企业对未预期到的危机和负面公共形象的应对能力。因此，行为准则被视为一种减少市场中声誉风险的策略（Conroy, 2001; O'Rourke, 2003）。

企业声誉和危机管理意识的提高，并将遵循行为准则作为维护声誉和危机管理的方式，大体上可以归因于针对大企业的公共运动带来的压力。20世纪90年代中期针对耐克的消费者运动触发了一轮类似的运动。在同样成为行为准则的一部分的环境政策方面，壳牌石油在布兰特史帕尔储油平台的经历向企业说明了，在全球经济中，糟糕的危机管理潜在的破坏性影响以及声誉的重要性。

然而，社会性公平贸易和环境友好型商品的市场，以及消费者抵制消费者品牌商品（consumer brand goods）的影响在 20 世纪 90 年代后半段快速扩大。公平贸易组织设立了他们自己的国际贸易公司。由于富裕的消费者和投资者趁机在社会和伦理问题上发挥影响，消费主义和公共政策中的社会和环境意识在世纪之交开始提高（Elliott & Freeman，2003；Rodrik，1996，pp. 59 – 62）。

行为准则在大型跨国公司中的扩展还体现在越来越多的企业开始接受企业社会责任（corporate social responsibility）。企业社会责任作为一种管理工具在 20 世纪 90 年代急剧扩张。尽管企业社会责任在不同的背景下有很多不同的意义，对责任与企业和社区之间关键关系的强调已经改变了企业行为的基本方式。企业社会责任不仅就其本身成为了一个有着许多为客户提供企业社会责任建议的大型咨询公司的行业，大部分跨国公司还有资深经理人来协调企业社会责任功能，而这些人通常是从非政府组织中招募的。

行为准则的全面繁荣伴随着一个主流化和标准化的过程。同样，这一过程有着许多大体上相互独立的途径。应用行为准则的指南和一般性说明（guidelines and general instruments）在 20 世纪 90 年代中后期发展起来。经合组织进行的一项评估研究了七项倡议（Gordon，2001，p. 3），它们大体上可以被分为三类：

1. 由国际组织发起的，如经合组织跨国企业准则和联合国的全球契约。经合组织跨国企业准则在 1976 年制定，但在 2000 年进行了重大修改；全球契约组织在 1999 年创立。

2. 由企业本身发起的，如苏利文原则、全球企业责任基准原则和考克斯商业原则。这些原则是由具有宗教背景并对公司伦理感兴趣的资深经理人或商业领袖制定的。苏利文原则起初是在为在南非种族隔离政权下投资的美国公司提供劳动标准建议时发展起来的。它在 1999 年成为一般性准则。考克斯原则是覆盖了企业行为的许多方面的一系列建议，于 1994 年公布。而全球企业责任基准原则在 1998 年进行了重大修改。

3. 由公民社会组织发起的。这一类特指全球报告倡议（Global Reporting Initiative）和企业社会责任标准8000（SA8000）。两者都是起源于北美的非政府组织。全球报告倡议组织于1999年建立而SA8000始于1998年。

此外，还有两种主流形式的行为准则：第一种由全球工会联盟（Global Union Federations）发起，而第二种由国际标准化组织（ISO）发起。从20世纪90年代中期开始，工会开始就国际框架协议进行谈判，国际框架协议和核心劳动标准有重叠的部分。在2004年夏天，国际标准化组织设立了一个工作组准备关于企业社会责任的准则。

所有的这些倡议都旨在理顺现有的有着不同监管程度的监管实践。企业发起的标准通常不在于寻求企业的认可，而在于提供企业或投资者自身可以用以评判企业的社会或伦理表现的基准。同非政府组织或公共政策倡议相比，企业的倡议在人权方面更淡薄（见表2）。①

表2 建立适当的企业行为标准的倡议

名称	时间	发起人	参与企业
考克斯商业原则	1994年	企业界	没有企业参与预期
全球苏利文原则	1999年	企业界	没有企业参与预期
全球企业责任基准原则	1998年修订	企业界	没有企业参与预期
经合组织跨国公司准则	2000年修订	经合组织	没有企业参与预期
全球契约	1999年	联合国	2900[a]
社会责任8000	1998年	非政府组织	1200[b]
全球报告倡议	1999年	非政府组织	197[c]
国际框架协议	1996年起	工会	50[d]
企业社会责任规范	2004年	国际标准化组织	尚未被采用

[a] 截至2007年6月。数据网页链接为：http://www.unglobalcompact.org/ParticipantsAndStakeholders/index.html。
[b] 截至2007年6月，数据网页链接为：http://www.sa-intl.org/SA8000/certifiedfacilities.html。
[c] 截至2007年6月，在全球报告倡议的企业类别下，共有197家利益相关组织登记使用了全球报告倡议的报告标准。数据网页链接为：http://www.globalreporting.org/governance/os/OSlist.asp。
[d] 截至2007年6月（Steiert & Hellmann, 2007）。

---

① 见戈登（Gordon, 2001），附表。

另一方面，非政府组织的倡议更重视监督和认证。SA8000 是在经过由国际标准化组织创建的环境听证程序后构建的。全球报告倡议组织是由美国非盈利环境经济组织（CERES）创建的。非盈利环境经济组织是一个非政府组织、公司、咨询机构和学术机构的联合体。全球报告倡议旨在为企业积极报告其社会和环境活动提供基准。①

由国际组织发起的公共政策倡议是针对那些以完全不同方式运营的企业的自愿性标准。全球契约是由联合国秘书长科菲·安南发起的，而他的倡议是基于约翰·鲁格的建议。②全球契约是一项有意不对企业进行监督的自愿性倡议。签署了的企业对遵守建立的 10 项原则做出承诺，并被要求提供遵守原则的证据。全球契约本身并不核实这些信息。全球契约并不是要像国际劳工组织那样用来取代国家对公民社会活动的规制，而是旨在将私人参与者整合到一个完全由各国政府主导的领域中。

另一方面，经合组织准则是参与的各国政府为在该国经营的跨国公司发布的建议。这一准则于 1976 年被提出，意在事先消除发展中国家面对外商直接投资时的顾虑。过去，准则没有真正促进自愿性行为准则的发展。经合组织 1999 年对行为准则的研究发现，在 192 项准则中，只有一项提及了经合组织准则（OECD，1999，p. 16）。

这些倡议、原则和指南的出现有着进一步建立内容标准和企业执行准则程序的软网络的作用。虽然只有 60% 的准则中包含了涉及劳工问题的行为准则（见前文讨论），但是相关的原则将劳动和雇佣问题牢牢地置入议程之中。1998 年，由国际劳工组织宣言设立的核心劳动标准在规范企业如何处理劳工权利方面发挥了重要作用。只有考克斯商业原则没有将"不使用童工、不使用强迫劳动以及促进结社自由和集体谈判"作为其劳动标准的一部分（Gordon，2001，附表）。其他所有的倡议都在其准则中包括了核心劳动标准的所

---

① 美国非盈利环境经济组织是最大的（据其自身描述）投资者、环境和公共利益组织的联盟，于 1989 年建立，为有社会意识的投资者提供合乎道德标准的投资机会。

② 关于全球契约的演变，见凯尔和莱文（Kell & Levin, 2003）。

有条目。在全球契约的十条原则中有四条明确将核心劳动标准作为参照点。因此，核心劳动标准的软规范的概念帮助塑造了对劳动标准应有的面貌的明确预期。值得一提的是，有些准则超越了核心劳动标准。具体来说，关于公平工资的问题不仅在 SA8000 中被提及，还在考克斯商业原则中出现。但是，作为目前为止已经有近 2500 家企业参与的主导性行为准则倡议，全球契约并没有涉及公平工资问题。

不仅推行核心劳动标准的新途径已经进入行为准则的系统化（streamlining）过程，经合组织跨国企业准则的重大修改还将企业社会责任的范围推广到了所有经合组织国家企业（包括其下属企业）的全球经营活动。它还鼓励企业将该准则推广到企业的供应商网络。这一点在企业应对消费者运动的活动中可见一斑，尤其是在服装行业中。在这些行业中推行行为准则一直以来都受制于其复杂的子公司和供应商网络，这一网络使得企业行为的责任分散化并且不透明（Fichter & Sydow, 2002）。消费者运动的一个重要议题是全球品牌企业要对其供应商的行为负责。因此，经合组织准则承认了这种需要并将其纳入其新修改的版本中。[①]

建立劳动标准的最全面的形式是由国际工会组织进行谈判的国际框架协议（Riisgaard, 2004; Taylor, 2004; Wills, 2002）。工会本身并不将这些协议视为行为准则，因为它们是通过谈判实现的而非单边采纳的（国际自由工会联合会, 2004）。此外，在监督和工会协商条款方面，国际框架协议远超过一般的行为准则。这些条款通常是在欧洲企业中通过谈判得到的，劳工权利早已根深蒂固。

然而，这些框架协议提供的重要权利的类型和行为准则提供的类似。在 34 项国际框架协议中，27 项提及了核心劳动标准（Bourque, 2005）。这些框架协议是以 ICFTU/ITS 的劳工准则（Code of Labour Practices）为模版的。

核心劳动标准系统化的最新形式出现在国际标准化组织框架中。国际标

---

① 供应商和承包商网络过于庞大以至于难以监管，而且并不是商业网络的所有节点和关系都被当成是"网络"的一部分，这在评估行为准则时已经被视为一个重要问题（Fichter & Sydow, 2002）。

准化组织在2003年成立了一个工作组来研究为企业建立社会责任质量标准的可能性（Tamm Hallström，2006）。

因此，新的全球劳动治理体制的第二个元素是私人建立的行为准则倡议系统化的出现。这一系统化过程被联合国以全球契约的形式为这些倡议提供的新平台大大增强了。

（四）整合各个组成部分

新的全球劳动治理体系的出现基于若干组成部分。这些部分来自于行为相互促进的不同的参与者。导致新体制出现的各种原因包括：

1. 政府为了打破发展中国家和发达国家之间在世界贸易体制以及国际劳工组织中存在的僵局，尝试用企业承诺来取代WTO中的社会条款。

2. 企业受到的来自公民社会组织的压力增加，要求企业对其在低劳动标准国家的供应商网络负责，因此全球领军企业更有意愿要求在其商业网络内的全球企业共同承担更高的劳动标准带来的负担。

3. 各种基于公共政策、企业本身、公民社会组织、工会以及标准制定机构的行为准则倡议的系统化过程。

4. 联合国及其附属机构对重新定义其角色，以及对全球经济规制提供新动力有强烈意愿。

5. 利用企业和联合会对核心劳动标准的积极态度及弱势地位，全球工会尝试进行全球协议谈判。

所有这些发展的最重要的汇合点在于接受1998年由国际劳工组织定义的核心劳工权利。这为达成在国际劳动关系中什么是合适的企业行为的共识提供了规范性导向。随后，核心劳动标准的观点被全球契约采纳并扩展，将环境标准也囊括其中。用全球契约组织总干事乔治·凯尔（Georg Kell）的话来说，"尽管全球契约组织不能解决全球资本主义的所有缺陷，但是它可以给共享价值观以及利用私人部门的技能和资源打下基础，为解决各自缺陷做出重大贡献"（Kell & Levin，2003，p.152）。

分析表明，制度建设过程主要由联合国尤其是全球契约组织、企业和公民社会组织驱动。传统的政府性劳动标准组织，诸如国际劳工组织和经合组织，是在适应这一过程而非推动这一过程。工会通过以行为准则为模版的框架协议谈判加入了这一潮流。这些过程创造了部分由企业发展的，部分由国际组织、非政府组织网络和公共政策制度化的企业行为准则。其结果是形成了有关无论公私的全部参与者的企业责任的规范性导向，将政策制定议程导向一个分散化的私人规制体制。

四、支持分散化的私人治理制度

在过去的20年里，关于劳动标准的争论从由国际劳工组织公约的规制转到了行为准则、从政府转到了跨国公司，以及从集中方式转到分散。新兴的分散化私人治理制度模式受制于适当的执行和监督程序，因为自愿性机制只有在企业没有因为施加在他们身上的义务和承诺太多而不敢参加时才能发挥作用。此外这一制度还引入了两级的工业公民资格体制，其中第一级和第二级的划分由企业的边界决定。

自愿主义目前被视为是将企业纳入可持续性和合适的企业行为（decent corporate behavior）的关键工具。2006年3月，欧盟委员会发布了一项通讯，确认其在企业社会责任方面的自愿主义立场。类似地，全球契约组织一直避免监督自愿签署契约的企业对其原则的执行情况。

自愿主义的倡议依赖于企业出于商业原因存在改善企业行为的私利。如果可以提高管理质量并降低风险，企业就有一些理由去提升他们的下属企业和供应商的工作环境的质量。然而，和其他商业决定一样，合适的企业行为变成了更大的方程中许多变量中的一个。在成本—收益分析中，企业可能会得出结论认为执行一项行为准则从商业上讲有道理，或者没有。

此外，自愿监管机构对透明性和报告义务的要求也会带来成本。诸如全球契约和全球报告倡议等多重利益相关方过程致力于识别出可以要求企业履行何种程度的义务而不至于使其不愿参与。这就产生了高质量监管和低质量监管之间的两难。监管机构要么选择保持低门槛以尽可能多地吸引跨国企业进入其体系，要么选择保持相对高标准以保护他们在多重利益相关方群体中的声誉。

这些监管机构中的主要利益相关方是那些已经在其价值链中接受并执行其劳动标准体系的企业。通常来说，这些企业是那些最容易受公共压力或消费者运动伤害的企业。在全国集体谈判体系中，企业从集体标准中寻求保护以抵御劳工行动或由非政府组织、工会发起的其他形式的抗议。然而，这些企业不太可能争取降低标准以吸引其他企业加入，因为这不会使他们免于公共批评。这些企业反而有兴趣让他们的竞争者分担成本。

因此，为了那些暴露在媒体和运动团体聚光灯下的企业的利益，私人自我监管在应对监督、报告和执行问题时很可能变得更微妙，并以不扩大会员基础为代价。如果他们是监管机构的中心，私人监管降低标准的可能性比较低。

然而，即使自愿主义没有带来降低标准的压力，只要不是所有的企业都参与这些活动，私人监管的效果就仍然会参差不齐。目前，参加全球契约的企业占所有跨国企业总数的约5%（Benner & Witte，2006）。

这一情况导致的一个结果是，根据雇佣企业的不同，同一个国家中的工人可能会享受不同的权利。积极参与价值链认证的企业会比那些不参加的企业创造更好的工作、医疗和安全条件。在缺少法定最低标准的情况下，某些企业可能试图继续缺乏劳动保护和剥削廉价劳动力的做法，并且不接受监管（Vogel，2005）。当跨国公司的总部设在低劳动标准国家时尤其如此。在这种情况下，基于企业的高质量价值链管理体制和低质量管理体制之间的竞争就会出现。

基于企业的体制竞争会对价值链管理导致向上还是向下的压力最终取决于那些试图提高标准的企业的自组织（Vogel，1995）。这些企业会试图通过援引其他企业的做法来摆脱批评，特别是那些还没有加入监管机制的竞争者。企业间的同伴压力（peer pressure）会导致向上的监管压力以图实现平等竞争。被吸引进自愿监管模式的企业越多，违规者就越容易成为非政府组织和压力团体的目标。

当全球化经营企业履行企业社会责任的成本提高时,由于这些企业容易受到消费者运动和公民社会组织施压,他们可能会开始游说对这些问题进行全球性监管。例如,企业对欧盟委员会关于企业社会责任的绿皮书的反应表明,不同企业对企业社会责任规制的态度有差异,诸如阿迪达斯和李维斯等消费者品牌企业采取了比其他企业更赞成规制的方式。[①]

对此,高标准私人企业在全球层面组织行业联合会非常关键。如果不存在主要由已经实现了高度精细化质量管理的大企业组成,并有最低限度的凝聚力和组织结构的行业联合会,针对劳动标准的公共监管的政治压力和游说就不会实现。在这方面,私人监管组织起重要作用。除了为私人企业提供交流平台并形成政治团体,私人自我监管体制还有制定标准的功能,并因此是全球行业联合会的潜在滋生地。

五、结论

我们可以从全球劳动标准体制的出现得到以下几点启示。

第一,一国政府并不必然会反对新体制的出现。一些国家的政府未能对执行劳动标准做出承诺,并不能阻止全球范围内劳动标准设定准则的趋同。穷国和富国之间的分配性斗争以及他们的相对竞争利益可以被一群新的参与者取代,这些新的参与者中,中高标准企业联合国际组织以及公民社会组织可以制定和强化经济活动的最低标准。

第二,缺乏协调以及集体行动问题与各种分散化的行动有关,但这并未阻止形成一系列连贯的规范。如果没有国际劳工组织对核心劳动标准这一概念的贡献,或者全球契约组织没有将核心劳动标准纳入其行为准则,类似的一系列规范是否会形成是一个开放性的问题。不过,达成一套规范有助于形成对

---

① 有关绿皮书对企业责任的讨论,见http://europa.eu.int/comm/employment_social/soc-dial/csr/csr_responses.htm。

各方的预期。

第三，和国际制度是否得到遵守的争论类似，那些制度失灵的受害者具有最强的激励去监督执行。这里的受害者不仅仅是被边缘化的工人团体——非政府组织，还包括企业本身。引入监督措施很可能加强监督的效果，而其成本可以由非政府组织和企业等参与者分担。

全球劳动标准体制的未来发展还没有成型。基于企业行为的自愿执行机制的有效性取决于竞争性企业的利益。影响企业成为社会标准领军者的因素，是否会引致他们参加自愿监管组织或者监督其他企业是否执行，还有待观察。高标准企业推高劳动标准，进而培育更多高标准企业，这种良性循环可能存在，但这绝不是理所当然的。其他因素可能也会起作用，使得高标准企业推动全球劳动体制的动力下降，或者削弱这一体制的执行性。

私人机构参与私人监管组织的局限性和意义也不明确。企业维持和监督劳动标准的努力可能取决于企业所在行业、规模、价值链和领导地位。某些企业、行业或地区可能仍然在监管体系之外。执行力不足会给某些企业和行业提供激励，通过降低劳动标准来进行竞争，而这些标准在其他地方可能已经普遍存在。监管较弱国家的企业可能会寻找监管体系的漏洞来获取竞争优势。市场和企业的分割可能会导致某些部门中高标准和低标准之间差距的增大，而非全面提高标准。监管体制如何扩展到这些领域仍然不明确。

软法律是会带来更多的正式监管，还是会继续作为全球劳动治理体制的基础，还有待观察。即使企业相互监督，如果相关企业不容易受公众压力影响，对难以容忍的劳动条件的抗议也不一定带来对标准的执行。然而，惩罚违规企业的更有力的手段依赖于可以有效进行干预的硬法律。要给国家和超国家的政策制定过程施压以通过硬法律，需要有企业和劳工团体的跨阶级的联盟，以支持监管薄弱地区对核心劳动标准的规范性共识。在什么条件下这种联盟才能出现，以及它们如何在监管框架薄弱的国家中运行仍然是一个开放性问题。

总之，全球劳动治理体制正在演变。一个（不）可接受的企业行为的认知框架的发展，是通向更坚实的制度设计的关键一步。鉴于劳动标准在国家政治经济背景下演化的经历，不能排除推行硬性规范的可能性。未来的研究应该尝试阐释创立全球劳动标准体制的机制，以及引进硬法律的流程。

参考文献

1. Abbott, Kenneth W., and Duncan Snidal, "Why States Act Through Formal International Organizations", *Journal of Conflict Resolution*, 1998, 42 (1): 3 – 32.

2. Alston, Philip., "Core Labour Standards' and the Transformation of the International Labour Rights Regime", *European Journal of International Law*, 2004, 15 (3): 457 – 521.

3. Arthur, Harry, "Reinventing Labor Law for the Global Economy: The Benjamin Aaron Lecture", *Berkeley Journal of Employment and Labor Law*, 2001, 22 (2): 271 – 294.

4. Ayres, Ian, and John Braithwaite, *Responsive Regulation: Transcending the Deregulation Debate*, New York: Oxford University Press, 1992.

5. Bagwell, Kyle, and Robert W. Staiger, "The Simple Economics of Labor Standards and the GATT", In *Social Dimensions of U.S. Trade Policy*, ed. A. V. Deardorff and R. M. Stern, Ann Arbor, MI: University of Michigan Press, 2000.

6. Benner, Thorsten, and Jan Martin Witte, "Everybody's Business: Account-ability, Partnerships, and the Future of Global Governance", in *Governance in the 21st century: the Partnership Principle*, ed. S. Stern and E. Seligmann, London: Archetype Publishers, 2006.

7. Block, Richard N. et al., "Models of International Labor Standards", *Industrial Relations*, 2001, 40: 259 – 292.

8. Bourque, Reynald, "International Framework Agreements and the Prospects for International Collective Bargaining", Paper presented at SASE Conference, Budapest, July 1, 2005.

9. Braithwaite, John, and Peter Drahos, *Global Business Regulation*, Cambridge: Cambridge University Press, 2000.

10. Brown, Drusilla K., "International Trade and Core Labour Standards——A Survey of the Recent Literature", Labour Market and Social Policy—Occasional Papers, 2000, No. 43. OECD. Paris.

11. Brown, Drusilla K., Alan V. Deardorff, and Robert M. Stern, "International Labor Standards and Trade: A Theoretical Analysis", in *Fair Trade and Harmonization: Prerequisites*

For Free Trade? Economic Analysis, Vol. 1, ed. Jagdish Bhagwati and Robert Hudec, Cambridge, MA and London: MIT Press, 1996.

12. Busch, Per-Olof, Helge Jörgens, and Kerstin Tews, "The Global Diffusion of Regulatory Instruments: The Making of a New International Regime", Annals of the American Political Science Association, 2005, 598 (1): 146 – 167.

13. Cashore, Benjamin, "Legitimacy and the Privatization of Environmental Governance: How Non-State Market-Driven (NMSD) Governance Systems Gain Rule-Making Authority", Governance: An International Journal of Policy, Administration and Institutions 15 (October), 2002, 503 – 529.

14. Conroy, M., "Can Advocacy-Led Certification Systems Transform Global Corporate Practices? Evidence and Some Theory", Working Paper Series No. 21, Political Economy Research Institute, University of Massachusetts, Amherst, MA.

15. Cutler, Claire, Private Power and Global Authority: Transnational Merchant Law in the Global Political Economy, Cambridge: Cambridge University Press, 2003.

16. Cutler, C., V. Haufler, and T. Porter, Private Authority and International Affairs, Albany: State University of New York Press, 1999.

17. Dai, Xinyan, "Information Systems in Treaty Regimes", World Politics, 2002, 54 (July): 405 – 436.

18. Dai, Xinyan, International Institutions and National Policies, Cambridge: Cambridge University Press, 2007.

19. Dombois, Rainer, Erhard Hornberger, and Jens Winter, "Transnational Labor Regulation in the NAFTA—A Problem of Institutional Design? The Case of the North American Agreement on Labor Cooperation between the USA, Mexico and Canada", The International Journal of Comparative Labour Law and Industrial Relations, 2003, 19 (4): 421 – 440.

20. Esbenshade, Jill, "The Social Accountability Contract: Private Monitoring from Los Angeles to the Global Apparel Industry", Labor Studies Journal, 2001, 26 (1): 98 – 120.

21. Elliott, Kimberly Ann, and Richard B. Freeman, Can Labor Standards Improve Under Globalization? Washington, DC: Institute for International Economics, 2003.

22. Evans, Peter, "Fighting Marginalization with Transnational Networks: Counter-Hegemonic Globalization", Contemporary Sociology, 2000, January: 230 – 241.

23. Fichter, Michael, and Jörg Sydow, "Using Networks towards Global Labor Standards? Organizing Social Responsibility in Global Production Chains", *Industrielle Beziehungen*, 2002, 9(4): 357–380.

24. Fung, Archon, Dara O'Rourke, and Charles Sabel, *Can We Put an End to Sweatshops?* Boston: Beacon Press, 2001.

25. Genschel, Philipp., "How Fragmentation Can Improve Coordination: Setting Standards in International Telecommunications", *Organization Studies*, 1997 18 (4): 603–622.

26. Gordon, Kathryn, "The OECD Guidelines and Other Corporate Responsibility Instruments. A Comparison", Working Papers on International Investment, 2001, No. 2001/5, OECD Directorate for Financial, Fiscal and Enterprise Affairs.

27. Hall, Rodney Bruce, and Thomas Biersteker, *The Emergence of Private Author-ity in Global Governance*, Cambridge: Cambridge University Press, 2002.

28. Hansenne, Michel, "Defending Values, Promoting Change: Social Justice in a Global Economy: An ILO Agenda", Report by the Director General for the International Labour Conference 81st Session, 1994.

29. International Confederation of Free Trade Unions (ICFTU), *A Trade Union Guide to Globalisation*, Brussels: ICFTU, 2004.

30. Kell, Georg, and David. Levin, "The Global Compact Network: A Historic Experiment in Learning and Action", *Business and Society Review*, 2003, 108 (2): 151–181.

31. Knill, Christoph, and Dirk Lehmkuhl, "Private Actors and the State: Internationalization and Changing Patterns of Governance", *Governance: An International Journal of Policy, Administration and Institutions*, 2002, 15 (January): 41–63.

32. Milner, Helen, and Peter Rosendorff, "The Optimal Design of International Institutions: Why Escape Clauses are Essential", *International Organization*, 2001, 55 (4): 829–857.

33. Mosley, Layna, and Saika Uno, "Racing to the Bottom or Climbing to the Top? Economic Globalization and Collective Labor Rights", *Comparative Political Studies*, 2007, 40: 923–948.

34. Organisation for Economic Co-operation and Development (OECD), "Codes of Conduct: An Inventory", Working Party of the Trade Committee, 1999. TD/TC/ WP (98) 74/Fi-

nal. Paris: OECD.

35. O'Rourke, Dara, "Monitoring the Monitors: A Critique of Price Waterhouse Coopers Labor Monitoring", Massachusetts Institute of Technology, Unpublished paper.

36. "Outsourcing Regulation: Analyzing Nongovernmental Systems of Labor Standards and Monitoring", *The Policy Studies Journal*, 2003, 31 (1): 1 – 29.

37. Riisgaard, Lone, "The IUF/COLSIBA—CHIQUITA Framework Agreement: A Case Study", Working Paper, 2004, No. 94, ILO, Geneva.

38. Rodrik, Dani, "Labor Standards in International Trade: Do They Matter and What Do We Do About Them?", In *Emerging Agenda for Global Trade: High States for Developing Countries*, ed. R. Z. Lawrence, Dani Rodrik, and J. Whalley. Baltimore, MD: Johns Hopkins University Press, 1996.

39. Ruggie, John G., "Taking Embedded Liberalism Global: The Corporate Connection", In *In Taming Globalization: Frontiers of Governance*, ed. David Held and Mathias Koenig-Archibugi, Cambridge: Polity Press, 2003.

40. Steiert, Robert, and Marion Hellmann, *Codes of Conduct/Framework agreements concluded between Transnational Companies and Global Union Federations (GUF)*, http://www.ilo.org/public/dutch/region/eurpro/brussels/nieuws/ifa_uk.pdf (February 2, 2007).

41. Tamm Hallström, Kristina, "ISO Enters the Field of Social Responsibility (SR) —Construction and Tension of Global Governance", In *Contributions to Governance——Global Governance and the Role of Non-State Actors*, ed. Folke Schuppert, Berlin: Nomos Publishers, 2006.

42. Taylor, Robert, "Trade Unions and Transnational Industrial Relations", ILO, Conference on Organized Labour, http://www.ilo.org/public/english/bureau/inst/project/network/taylor.htm. (April 15, 2005).

43. "The Good Company: A Survey of Corporate Social Responsibility", *The Economist*, 2005, January 22: 3.

44. Tsogas, George, "Labour Standards in the Generalized Systems of Preferences of the European Union and the United States", *European Journal of Indus-trial Relations*, 2000, 6 (3): 349 – 370.

45. Vogel, David, *Trading Up Consumer and Environmental Regulation in a Global Econo-*

my, Cambridge, MA: Harvard University Press, 1995.

46. *The Market for Virtue. The Potential and Limits of Corporate Social Responsibility*, Cambridge, MA: Harvard University Press, 2005.

47. Williams, Frances, "Soft Bark and Not Much of a Bite—ILO", *Financial Times*, 1993, June 2: 16.

48. "World Trace News—US Waves Flag for Workers Rights in WTO", *Financial Times*, 1994, March 30: 5.

49. Wills, Jane, "Bargaining for the Space to Organize in the Global Economy——A Review of the Accor-IUF Trade Union Rights Agreement", *Review of International Political Economy*, 2002, 9 (November): 675 – 700.

全球劳动治理：一个新兴视角的潜力与局限[*]

［英］古列尔莫·米尔蒂　　［英］保罗·马金森　著　　宋　微　译[**]

一、引言

在过去的15年中，"全球劳动治理"（Hassel，2008）这一概念在关于全球化和劳动标准问题的讨论中得到了一些响应。这反映出"治理"这一概念在两个互相竞争的领域日渐受到关注。一是从"统治"向"治理"（Held，1995；Rosenau，1987），以及从"硬规范"向"软规范"的转变，这种思想转变在欧盟尤为明显。二是"公司治理"和"企业社会责任"得到了越来越多的关注（Crouch，2006）。

全球劳动治理这一概念在国际组织以及法律和政治研究中已经成型，但产业关系和劳动社会学却很大程度上忽略了它。例如，直到2012年底《工作、就业与社会》杂志从来没有刊发使用这一术语的文章，尽管其中一篇论述了"劳动标准的全球治理"（Bloor & Sampson，2009）。"全球治理"的概念来自于政治学（Rosenau，1987），但其只在产业关系中偶尔出现（Niforou，2012），虽然

---

[*] 本文原载《工作、就业和社会》（Work Employment and Society）2014年第28卷第4期。
[**] 作者简介：古列尔莫·米尔蒂（Guglielmo Meardi），英国华威大学产业关系学教授；保罗·马金森（Paul Marginson），英国华威大学荣休教授。译者简介：宋微，商务部研究院副研究员。

"欧洲治理"得到了更多关注（Léonard et al.，2007；Marginson & Sisson，2004；Smismans，2012）。

在关于"治理"的广义讨论之外，本文探讨了作为研究对象和分析视角的"全球劳动治理"能带来何种改变。西森（Sisson，2007）认为，产业关系一直以来就涉及"治理"问题，而不仅仅是规制问题；产业关系不仅仅涉及"统治"，而更多涉及"共同规制"（尤其是但不限于集体谈判）。因此本文认为，国际层面上的劳动关系研究应该严肃而批判地对待全球劳动治理，这一概念为其提供了急需的分析沃土。从这个角度看，对于社会关联性高的话题，可以开展多学科的研究。为此，本文首先评述了关于这一概念的争议及其政策相关性，随后简要回顾了应用全球劳动治理视角的现有文献，在此视角基础上设计了一个更具系统性的研究议程。

二、概念问题

虽然国际上对于劳动标准的关注由来已久，但是全球劳动标准成为重要的国际政治议题起源于20世纪90年代，当时人们对于"全球化"及其对劳动的影响和政策含义争议很大（Reich，1991）。尽管如此，"全球"这一术语在两方面仍有争议。

从地理上来说，"全球劳动治理"在定义上应该包含所有地区。然而，它的很多形式却不足以覆盖全球，因而造成了重大的缺口。在较传统的国际规制中这并不稀奇。国际劳工组织的公约是全球劳动治理最悠久的形式，不过许多公约并未得到重要国家的正式批准：美国和中国分别只批准了189项公约中的14项和22项。类似的"缺口"也出现在最近的私人规制中。例如，在雇佣关系全球化过程中的领先企业大众公司早在1999年就创立了"全球工厂会议"，然而，直到2010年，这个"全球"会议才将中国包括进来，而其在中国的员工数量排名世界第二。此外，在社会议题中应用"全球"这一术语，通常暗含地将焦点集中在低工资的发展中国家以及它们与高工资国家之间潜在的不公平竞争。这影响了人们对高工资国家劳动标准所受威胁的关注，这些威胁体现在生存工资运动和工会权力受到限制的若干案例中。

就制度体系而言，"全球"规制实际上与国家规制紧密相连。全球治理和国家治理既可相互补充，又可相互替代（Locke et al.，2013），两者也可能互相冲突，甚至引起监管逃避（Niforou，2012）。由于全球规制通常没有先前的国家规制那么严格，强调全球规制可能被视为一种暗地里减少规制的手段。有研究认为，即使在依赖出口的国家（例如以种植为基础的中美洲各国），对劳动力的剥削也主要是由国家力量决定的（Hough，2012）。

关于全球劳动治理的对象也存在问题。在西方工业化国家，"劳动"主要由正式的就业来确定。历史上，通过立法以及员工与雇主之间制度化的集体协议来规制就业。根据现代化理论，"全球劳动"这一概念意味着，发展中国家注定朝正式就业的方向迈进，且正式就业和非正式就业之间界限分明。这一说法存在争论：在南方国家和北方国家，当前的全球过程涉及非正式化与正式化的程度是一样的，后者的发展并不意味着前者的下降（Standing，2011）。实际上，南方国家的城市化与新型非正式就业相伴而生，特别是通过越来越多的迁移而实现。此外，正式就业和非正式就业之间，甚至自由劳动和非自由劳动之间也并非泾渭分明：两方共存且相互合作（Denning，2010）；诸如世界银行和国际劳工组织等正式的国际组织都将非正式部门视为一种功能安全网（Breman，2009）。"新奴役"是一个有说服力的例子。在"新奴役"下，工人在正式、发达的经济中工作，同时也具有非正式移民身份或者与非法贩卖人口组织有联系（Breman，2010）。类似的，童工的定义也涉及敏感的界限：国际劳工组织将禁止使用童工作为其四大核心劳动标准之一，但是对于南北国家却定义了不同的年龄门槛，而不是一个固定的"全球"标准。按照法律，童工不应该存在（除非从事"轻度"工作），但国际劳工组织统计全世界有 2.1 亿童工，且大多数在危险的环境中工作（ILO，2002）。虽然童工没有工作的权利，但他们也会组织起来保护自身的权益，其建立的组织包括玻利维亚儿童与青年工友联盟以及非洲儿童和青年劳工运动等。

童工组织的出现使"劳动"的含义更为复杂。它不仅指一种就业状态，还指一种社会行为体。在北方国家，这一词与保护雇员的组织尤其是工会紧密相连。虽然工会力量在大多数北方国家都已减弱，但有研究认为在南半球这种力量一定会增强（Silver, 2003）。不过，南方国家的劳动组织是否会具有北方国家以往类似的形式，还是一个开放的问题。尽管如此，我们还是可以研究，是否可能在缺乏为工人代言的情形下进行规制，以及是否可能在缺乏有效组织的情形下实现为工人代言。

总而言之，强调劳动作为一种正式就业，甚至更进一步作为正式的员工组织，将遇到"劳动主义"（labourism）的风险（Standing, 2009），也可能导致将更大范围的不同形式的工作和活动特别是女性活动排除在外。因而，采用一个扩展的、不拘泥于法规的劳动概念更为合适。添加劳动的"主观"含义也是有用的，尽管这在传统的工会形式中并非必须，全球劳动治理的政治学研究很大程度上忽视了这种"主观"意义。

在政治学中，"治理"这一术语是作为"统治"的替代而引入的。联合国在1991年设立了全球治理委员会，欧洲委员会在2001年发布了欧洲治理"白皮书"，在国际组织中治理得到了特别关注。在学术话语中，"治理"这一术语一直是争论的焦点。赫尔德（Held, 1995）认为，"全球治理"的思想，作为民族国家的一种补充而非替代，是在全球化经济中维护社会政策和社会规制包括劳动的唯一的民主的选项。

不过，批评者质疑，这一术语多大程度上超越了一个具有新的意识形态含义的新标签，而不是作为一个新的分析概念。"治理"与"统治"有明显的语义上的区别，治理可被视为一种方法性的意识形态选择，以将特定议题去政治化并弱化国家的作用，树立一种新的领导权形式，这种新形式隐藏了模糊"网络"背后的真正权力来源（Davies, 2011）。哈尔特和内格里（Hardt & Negri, 2006）将全球机构斥为保护全球资本的"帝国"，认为这些机构的民主化建议是不可实现的，且治理是用透明取代民主。社会活动理论家批评了全球劳动治理的北方国家视角、强行推行西方的三方方案，以及其反社会运动（demobilizing）的本质，认为南方国家的动员是唯一的民主选项（Waterman, 2006）。

在劳动研究领域，"治理"的吸引力没有立即显现，因为其两大主要含义已经得以确立。众所周知，长期以来有许多不同的方式规制劳动，除"统治"

之外，突出的还有私人机制，包括集体谈判。同样为人所知的是自下而上过程的作用和相关的非正式空间（Brown，1973）。不过，该领域中已经确立的理论化方法，重申了民族国家的中心地位，且并未做出扩展以应用于国际语境，毕竟在全球或地区层面上并不存在国家的等价主体（Keune & Marginson，2013）。在此背景下，除了国家层面，近期"治理"在国际层面的理论化方面得到了广泛认同（Hassel，2008），并将已有的"规制"概念向前推进了一步（Sisson，2007）。"治理"不仅是一个更"广泛"的概念，也是一个更"深刻"的概念，它特别关注过程、执行与遵守。

为避免对这一概念的规范性使用，必然将国家纳入进来，至于国家是否会"撤退"（Strange，1996）则是一个经验性问题而不是既定的假设。在这个更开放的意义上，"治理"概念的主要附加值在于其强调了以下几个方面，这虽然在劳动研究中为人熟知，但迄今尚未得到重视。第一，多层方面（Hooghe & Marks，2001），这一视角在国际层面上而不是国家层面上变得越来越复杂，而层级性有所减弱（Keune & Marginson，2013；Marginson & Sisson，2004）。第二，层级之外对网络的关注，这在理解跨国工会行动方面具有重要的意义（Fichter & Sydow，2002；Meardi，2012）。第三，全球层面上新的自反性规制形式不断出现，这种自反性规制有助于建立一个全球劳动法体制（Hepple，2005；Rogowski，2013）。

三、相关性

接下来，我们分三步，探讨全球劳动治理这一研究领域的相关性。首先，全球劳动治理的思想认为一个需要治理的全球劳动问题已经先于治理而存在。亲市场的乐观主义者与悲观的社会民主主义者都拒绝这个假设。前者强调经济全球化为劳工带来的好处，不论是否存在规制（Flanagan，2006）；后者倡导国家层面的持久优先性（Scharpf，1997）。不过，目前制度上和学术界对于全球化的相关性及其问题本质已具有充分共识（如 Bacchetta & Jansen，2011；Bonacich & Appelbaum，2000；Standing，2009）。2008 年爆发的经济危机突出了各国的相互依赖性和社会的脆弱性。此外，最近在所谓新兴经济体如中国、印度、孟加拉国、南非和巴西等国，劳资纠纷大幅度增加，这表明劳动并非仅是一个"旧世界"的问题。最近发生在为西方品牌供货的孟加拉国服装工厂的灾难，暴露了国家规制的弱点，突出了跨国公司的责任以及为改善劳工条件所需要应对的复杂挑战。此外，"全球劳动"议题并非只关乎发展中国家，或是特定的跨国领域，如国际海事部门（Bloor & Sampson，2009）。这些全球劳动议题还扰乱了发达国家的就业关系，例如，2009年英国建筑业发生了针对外国合同工的抗议，此外，贩卖人口、移民工人生存工资、跨国公司工厂搬迁（或者作为一种威胁）带来的社会后果等都引起了人们越来越多的关注。

第二，如果承认全球劳动问题的存在，那么传统的劳动治理形式不足以应对这些挑战吗？人们普遍认为，劳动法和集体谈判等国家工具以及应对跨国议题的政府间主义在运行中遇到了越来越多的阻力（如 Marginson & Sisson，2004；Standing，2009）。特别地，劳工和服务的跨界流动越来越多，国家管制在应对这一问题和跨国公司时面临问题，尽管在这两个方面国家管制并不是不起作用（Cremers，2011；Marginson & Meardi，2010）。例如，由于欧洲法院的裁决偏袒企业的权利，并保护越过国家劳动法提供服务的自由，德国、芬兰和瑞典长期以来治理集体谈判和产业行动的国家协定在近期被终止。另一个例子是，意大利最大的工业雇主菲亚特—克莱斯勒跨国联盟退出了集体谈判体系，对这一体系产生了不稳定影响。为加强国际竞争力，国际机构强加的劳动市场改革措施，已不仅仅局限于发展中国家。由于来自国际机构的直接压力，这种强加发生在欧洲的希腊和葡萄牙；由于国际金融市场和欧洲机构的压力，也发生在意大利和西班牙。这一问题在发展中国家更为深刻，正如尼弗柔（Niforou，2012）在国际框架协议（IFAs）的案例中所演示的那样，在发展中国家提到国家规制在实际中甚至意味着缺乏规制。

由于国际或地区层面上缺乏国家的中心化权威，国际层面上传统的规制手段来自于政府间机构，特别是国际劳工组织。这些规制手段在应对全球劳动问题时也面临困难。虽然由于其三方性国际劳工组织超越了简单的政府间主义，但国际劳工组织制定标准的能力大大超过了其确保这些标准得到实施及遵守的能力，这从上文中其公约的批准非常有限就可以看出。在极个别情况下，如果一国被控违背了其中一条核心劳动标准，国际劳工组织自身并不能施以制裁。通过贸易制裁，世界贸易组织具有更强的执行力量，但其从来没有就"社会条款"达成共识（Granger & Sireon，2006）。在地区层面，除了欧盟和南方共同市场之外，政府间主义仍盛行于区域贸易集团中，社会责任最多扩展到每个成员国政府之间遵守国家劳动法的双边承诺（Kaminska & Visser，2011）。

第三，国家及政府间规制的局限性日益凸显，这带来了新的对跨国协作和新型治理的呼唤。相关的新型全球劳动治理正在出现吗？文献中的主要例子有：欧盟（Zeitlin，2010）和国际劳工组织的软法（Vosko，2002）、欧盟的社会对话（Leonard et al.，2007）以及与跨国公司相关的私人倡议。这些私人倡议包括：行为准则（Locke et al.，2013）、国际框架协议（Papadakis，2011）以及多利益相关者倡议，后者包括来自上方的联合国全球契约以及来自下方的公平劳动协会（Anner，2012）。对这些尝试也不乏批评，特别是其在民主方面的局限性（Niforou，2014）以及它们对结构性权力框架的依赖（Keune & Marginson，2013）。有研究认为，这些私人倡议并没有治理劳动标准，它们阻止了国家规制的执行，并宣扬和促进了新自由主义（Esbenshade，2004；Standing，2008）。尽管如此，本文认为新兴的全球劳动治理体系在以下两方面具有现实意义。第一，这一体系的发展必须由某些功能来解释，不管这些功能是明确宣称的、暗含的甚或是无意为之的。第二，有充分的证据表明，这一体系通往对劳动标准的共同理解及围绕它的一种共同话语（Hassel，2008）。

四、开放的问题

我们认为，全球劳动治理亟待进一步研究。全球劳动治理相对的新意表明存在重要的知识缺口，现有文献已经着力考察单边、多边利益相关者和联合（管理层与工会）私人倡议，这些倡议主要关注跨国公司及其供应链。从广义上而言，本文探讨了治理所采取的实际形式、重要内容及其带来的影响。

在治理形式上，研究者根据治理手段的控制和影响主体做出了区分。控制主体包括单边的行为准则，如耐克和惠普公司那样，或者商业协会倡议，如环球服装生产社会责任组织（Worldwide Responsible Apparel Production, WRAP）。影响主体涉及：多利益相关者倡议，包括非政府组织，如公平劳动协会、道德贸易倡议或与国际工会协商的国际框架协议等。类似工人权利协会（Workers' Rights Consortium, WRC）这样的治理主体独立于跨国公司，后者正是这些新规制形式的规制对象（Anner, 2012；Fransen, 2011；O'Rourke, 2003）。有研究提出并应用了评估不同治理形式的标准，如合法性、透明性和问责性（Niforou, 2014；O'Rourke, 2003, 2006）。倡议的合法性基础相当多元，包括科层，如单边行为准则；相关行为体的代表性，如多利益相关者倡议、国际框架协议等；知识，如引用科学标准等；规范，如引用已经确立的原则包括国际劳工组织的四大核心劳动标准。在问责性方面，许多研究聚焦于监督执行的机制。这些机制包括：定期自我评估，如全球报告倡议组织的要求那样；内部审计单元，如耐克和惠普的做法（但这可能引起潜在的利益冲突）；外部专业机构，如公平劳动协会和环球服装生产社会责任组织等外部专业机构（但这会产生数据获取和绕过"看门人"的问题）；联合评估，如国际框架协议；独立专业机构认证，如工人权利协会。透明性关注监督结果和评估程序的开放与可获得性，例如，环境服装生产社会责任组织并不公开其报告，公平劳动协会公布其关于行业领先企业的报告，但对供应商的身份保密，而工人权利协会则选择完全公开信息。

实质上，根据其硬性标准是否涉及特定的遵守要求可以对治理做出区分。一些单边行为准则和环境服装生产社会责任等要求遵守本地的劳动法和在本地盛行的有形条款和条件；道德贸易倡议、公平劳动协会和国际框架协议则要求遵守国际劳动标准；道德贸易倡议和工人权利协会的生存工资承诺则致力于改进这些遵守标准（Fransen, 2011；O'Rourke, 2003）。劳动治理面临的一个问题是，相对重视基本权利如国际劳工组织的四大核心劳动标准，或物质标准如工资和工作条件等。部分受到国际劳工组织方法的影响，私人治理形式倾向于更多地强调前者（尽管有些也致力于维护生存工资）；而国际框架协议，在具体物质标准的传统意义上，更多是一种"权利协议"而不是集体协议（Papadakis，2011）。

从治理效果来看，如前所述，可根据执行监督的独立性程度进行区分；也可从其范围和严格性做出区分（Fransen，2011；Locke，2013；O'Rourke，2003）。范围与严格性并不必然相互关联：工人权利协会的监督非常严格，但这种监督并非常规，而是由劳动或市场社会团体的投诉而触发的。相反，某些单边行为准则的监督机制是相当广泛的，但由于结果缺乏透明性，后续的评估及严格性会受到影响。一般来说，独立于跨国公司的倡议比跨国公司所控制的倡议严格程度要高，当这些倡议与公共（国家）机构有互动时，严格程度也更高（Locke，2013）。确保遵守的机制，如果有的话，也被用来对治理做出区分（Niforou，2012）。可能的情形包括"软"市场制裁，如"点名指责"以及"硬"制裁，如取消合同，也包括类似国际框架协议和某些多利益相关者倡议的解决问题机制。再次，差异依旧存在，单边准则和商业协会倡议可能比多利益相关方倡议和国际框架协议更为柔和。最后，新型治理方式在不同议题上的有效性也有所不同，在维护核心劳动关系议题如结社自由和集体谈判方面有效性最低（Anner，2012）。

目前还缺乏系统性的治理研究。在全球劳动治理的表象、实质和结果三大方面，目前大多数研究都是探索性的，且只研究了某些特定的形式。为了评估全球劳动治理的多样性，有必要对这三者进行区分并逐一研究。我们需要一种一体化的方法，这种方法可以探索各种治理方案和治理缺口，而不仅是分开讨论各种倡议。公共倡议如经济合作与发展组织2011年修订的跨国公司指南，和混合型倡议如联合国全球契约，以及私人倡议都需要被涵盖进来，以便能够对不同形式的公私治理组合进行比较评估。实践中不同的规制形式可能依赖于意在促进自物规制的自反性规制机制（Rogowski，2013），但是其实现方法及相对成功的效果还有待评估。不同的治理形式在多大程度上可以形成互相竞争的体制，并为规制市场提供某种严格的机制（Fransen，2011），以及多大程度上不同的治理形式是对传统的"硬"管制的补充或替代（Locke et al.，2013），这些都是未解决的问题。研究中需要控制关键的干扰因素，如经济部门及全球价值链结构等。安纳等（Anner et al.，2006）辨识了特定部门主要的国际工会组织及其行动模式。多纳吉等（Donaghey et al.，2014）提出，在改善全球劳动标准的分析中区分压力来源是消费者激进主义还是劳工激进主义，并将不同的治理方案与部门特征、"买家"驱动和"生产者"驱动供应链之间的差异联系起来。全球价值链的结构以及买家—供应商协作关系的范围，对于不同形式私人治理倡议的有效性以及跨国公司多大程度上能从私人治理中获益，都具有特别重要的含义（Lakhani et al.，2013；Locke，2013）。

此外，虽然跨国公司及其供应链目前得到的关注最多，但是有研究认为，相比于外商直接投资，劳动标准所受到的威胁更大，且更加难以规制，这种威胁主要来自对外贸易以及劳动和服务的自由流动（Meardi，2012；Mosley，2011）。贸易方面，虽然包含社会条款的多边措施在世界贸易组织失败了，但在21世纪的前十年里包括类似条款的双边贸易协议稳步增长（Ebert & Posthuma，2011；Granger & Sireon，2006）。特定的规制具有相当程度的差异，例如，"硬"规制可以"惩罚"违背国际劳动标准的行为或"奖励"遵守行为，"软"机制鼓励学习和良好实践。全球三大主要地区，即欧洲、北美、南亚和东亚的治理方式存在显著区别。移民影响了劳动条件，特别是在灵活性和不安全感方面（Raess & Burgoon，2013）。跨国规制机制已经出现，其载体包括双边协定、欧盟指令和软政策、跨区域社会对话机构以及跨国劳工网络等。不同形式的国际经济交换与要素流动带来了进一步的问题，如涉及跨国公司的全球劳动治理倡议与劳动流动、贸易如何互动？它们是否会互相强化？

五、结语

全球劳动治理的概念不应被不加甄别地采纳，因为其术语和影响构成了意识形态上的雷区。包括劳动社会学和产业关系在内的劳动学研究不应忽视这一在学术界和政治界引发热议的现象：与全球化现象（Giles，2000）一样，我们不应对此坐视不理，而要严肃对待。

采纳全球劳动治理的视角意味着概念上的进步，包括"深度"、"多层"动力学、"网络"和"自反性"等；这需要劳动研究拓展视野，研究政治科学阐释的相关类型。相反，产业关系及劳动社会学可以通过以下研究有所贡献：自下而上的过程和非正式性（Brown，1973），经济部门的特异性（Bechteret al.，2012），以及雇主（Hassel，2008）和雇员（Erne，2008）的集体行动的逻辑。

这开启了广泛的研究领域，尤其是对于一系列治理形式的评估，涉及不同形式的国际经济活动（贸易、国外直接投资、移民、服务条款）。这同时引出了"效率性"的问题，包括潜在的对其他规范形式的"取代"。由于特定的条件和障碍，全球劳动治理在不同部门、不同议题和不同地区会有所差异，全球劳动治理的系统性研究将有助于甄别这些条件和障碍。

参考文献

1. Anner M., Auditing Rights at Work in A globalizing Economy, Paper presented at the ILERA World Congress, Philadelphia, PA, 2 – 5 July.

2. Anner M., Greer I., Hauptmeier M., Lillie N. and Winchester N., "The Industrial Determinants of Transnational Solidarity", *European Journal of Industrial Relations*, 2006, 12 (1): 7 – 27.

3. Bacchetta M. and Jansen M. (eds), *Making Globalization Socially Sustainable*, Geneva: ILO, 2011.

4. Bechter B., Brandl B. and Meardi G., "Sectors or countries? Typologies and Levels of Analysis in Comparative Industrial Relations", *European Journal of Industrial Relations*, 2012, 18 (3): 185 – 202.

5. Bloor M. and Sampson H., "Regulatory Enforcement of Labour Standards in an Outsourcing Industry", *Work, Employment and Society*, 2009, 23 (4): 711 – 26.

6. Bonacich E. and Appelbaum R., *Behind the Label: Inequality in the Los Angeles Apparel*

Industry, Los Angeles, CA: University of California Press, 2000.

7. Breman J., "The Myth of the Global Safety Net", *New Left Review*, 2009, 59: 9 – 36.

8. Breman J., *Outcast Labour in Asia: Circulation and Informalization of the Workforce at the Bottom of the Economy*, Oxford: Oxford University Press, 2010.

9. Brown W., *Piecework Bargaining*, London: Heinemann.

10. Cremers J., *In Search of Cheap Labour in Europe*, Brussels: International Books, 2011.

11. Crouch C., "Modelling the Firm In Its Market and Organizational Environment", *Organization Studies*, 2006, 27 (10): 1533 – 51.

12. Davies J., *Challenging Governance Theory*, Bristol: The Policy Press. Denning M., "Wageless life", *New Left Review* 66: 79 – 97.

13. Donaghey J., Reinecke J., Niforou C. and Lawson B., "From Employment Relations to Con-sumption Relations: Balancing Labor Governance in Global Supply Chains", *Human Resource Management*, 2014, 53 (2): 229 – 52.

14. Ebert F. and Posthuma A., *Labour Provisions in Trade Agreements*, 2011, Discussion Paper 205, International Institute for Labour Studies, International Labour Office, Geneva, Switzerland.

15. Erne R., *European Unions*, Ithaca, NY: Cornell University Press, 2008.

16. Esbenshade J. *Monitoring Sweatshops: Workers, Consumers and the Global Apparel Industry*, Philadelphia, PA: Temple University Press, 2004.

17. Fichter M. and Sydow J., "Using networks towards global labor standards?", *Industrielle Beziehungen*, 2002, 9 (4): 357 – 80.

18. Flanagan R., *Globalization and Labor Conditions*, Oxford: Oxford University Press, 2006.

19. Fransen L., "Why do Private Governance Organizations not Converge?", *Governance*, 2011, 24 (2): 359 – 87.

20. Giles A., "Globalisation and Industrial Relations Theory", *Journal of Industrial Relations*, 2000, 42 (2): 173 – 94.

21. Granger C. and Sireon J. M., "Core Labour Standards in Trade Agreements", *Journal of World Trade*, 2006, 40 (5): 813 – 36.

22. Hardt M. and Negri T. , *Multitude*: *War and Democracy in the Age of the Empire*, London: Penguin Books, 2006.

23. Hassel A. , "The Evolution of A Global Labor Governance Regime", *Governance*, 2008, 21 (2): 231-51.

24. Held D. , *Democracy and the World Order*: *From the Modern State to Cosmopolitan Governance*, Oxford: Polity, 1995.

25. Hepple B. , *Labour Laws and Global Trade*, Oxford: Hart, 2005.

26. Hooghe L. and Marks G. , *Multi-Level Governance and European Integration*, Lanham, MD: Rowman and Littlefield, 2001.

27. Hough P. , "A Race to the Bottom?", *Global Labour Journal*, 2012, 3 (2): 237-64.

28. ILO, *A Future without Child Labour. Global Report under the Follow-up to the ILO Declaration on Fundamental Principles and Rights at Work*, Geneva: International Labour Office, 2002.

29. Kaminska M. and Visser J. , "The Emergence of Industrial Relations in Regional Trade Blocks", *British Journal of Industrial Relations*, 2011, 49 (2): 256-81.

30. Keune M. and Marginson P. , "Transnational industrial Relations as Multi-Level Governance: Interdependencies in European Social Dialogue", *British Journal of Industrial Relations*, 2013, 51 (3): 473-97.

31. Lakhani T. , Kuruvilla S. and Avgar A. , "From the Firm to the Network: Global Value Chains and Employment Relations Theory", *British Journal of Industrial Relations*, 2013, 51 (3): 440-72.

32. Léonard E. , Erne R. , Marginson P. and Smismans S. , *New Structures*, *Forms and Processes of Governance in European Industrial Relations*, Dublin: European Foundation for the Improvement of Living and Working Conditions, 2007.

33. Locke R. , *The Promise and Limits of Private Power*: *Promoting Labor Standards in a Global Economy*, New York, NY: Cambridge University Press, 2013.

34. Locke R. , Rissing B. and Pal T. , "Complements or Substitutes? Private Codes, State Regulation and the Enforcement of Labour Standards in Global Supply Chains", *British Journal of Industrial Relations*, 2013, 51 (3): 519-52.

35. Marginson P. and Meardi G. , "Multinational companies", in Colling T. and Terry M. ,

Industrial Relations, Chichester: Wiley, 207 – 30.

36. Marginson P. and Sisson K., *European Integration and Industrial Relations*, London: Palgrave Macmillan, 2004.

37. Meardi G, "Union Immobility? Trade Unions and the Freedoms of Movement in the enlarged EU", *British Journal of Industrial Relations*, 2012, 50 (1): 99 – 120.

38. Mosley L., *Labor Rights and Multinational Production*, Cambridge: Cambridge University Press, 2011.

39. Niforou C., "International Framework Agreements and Industrial Relation Governance", *British Journal of Industrial Relations*, 2012, 50 (2): 352 – 73.

40. Niforou C., "International Framework Agreements and the Democratic Deficit of Global Labour Governance", *Economic and Industrial Democracy*, 2014, 35 (2): 367 – 386.

41. OECD, *OECD Guidelines for Multinational Enterprises*, Paris: OECD.

42. O'Rourke D., "Outsourcing regulation", *Policy Studies Journal*, 2011, 31 (1): 1 – 29.

43. O'Rourke D., "Multi-stakeholder Regulation: Privatizing or Socializing Global Labor Standards?", *World Development*, 2006, 34 (5): 899 – 918.

44. Papadakis K., *Shaping Global Industrial Relations*, Basingstoke: Palgrave Macmillan, 2011. Raess D. and Burgoon B., "Flexible Work and Immigration in Europe", *British Journal of Industrial Relations*.

45. Reich R., *The Work of Nations: Preparing for the 21st Century*, New York, NY: Random House, 1991.

46. Rogowski R., *Reflexive Labour Law in the World Society*, Cheltenham: Edward Elgar, 2013.

47. Rosenau J. N., *Governance without Government: Systems of Rule in World Politics*, Los Angeles, CA: Institute for Transnational Studies, 1987.

48. Scharpf F., "Economic Integration, Democracy and the Welfare State", *Journal of European Public Policy*, 1997, 4 (1): 18 – 36.

49. Silver B., *Forces of Labor: Workers' Movements and Globalization since 1870*, Cambridge: Cambridge University Press, 2003.

50. Sisson K., *Revitalising Industrial Relations: Making the Most of the "Institutional*

Turn", Warwick Papers in *Industrial Relations* 85, Industrial Relations Research Unit, University of Warwick, Coventry, UK, 2007.

51. Smismans S. (ed.), *The European Union and Industrial Relations*, Manchester: Manchester University Press, 2012.

52. Standing G., "The ILO: an Agency for Globalization?", *Development and Change*, 2008, 39 (3): 355 – 84.

53. Standing G. (ed.), *Work after Globalization*, Cheltenham: Edward Elgar, 2009.

54. Standing G., *The Precariat*, London: Bloomsbury Academic, 2011.

55. Strange S., *The Retreat of the State*, Cambridge: Cambridge University Press, 1996.

56. Vosko L., " 'Decent Work': the Shifting Role of the ILO and the Struggle for Global Social Justice", *Global Social Justice*, 2002, 2 (1): 19 – 46.

57. Waterman P., *Union Organisations*, *Social Movements and the Augean Stables of Global Governance*, CSGR Working Paper 211/06, Centre for the Study of Globalisation and Regionalisation, University of Warwick, Coventry, UK.

58. Zeitlin J., "Towards a Stronger OMC in a More Social Europe 2020", in Marlier E. and Natali D. (eds), *Europe 2020: Towards a More Social EU?* Frankfurt: Peter Lang, 2010, 253 – 73.

第二部分 | 全球劳动治理：机制与执行

能力通向权利？发展中国家的国家能力和劳工权利[*]

［美］丹尼尔·柏林　　［美］安妮·格林里夫　　［美］弥黎·莱克
［美］珍妮弗·诺维克　著　　冯　毅　译[**]

一、引言

2012年，在孟加拉国和巴基斯坦的工厂火灾夺走数百名服装工人的生命之后，廉价劳动力的人力成本成为举世瞩目的头条新闻。随着火灾新闻的传播，对公共和私人劳动法规的批评也开始蔓延，这些法规本应该提供相应的保护。最大的火灾，造成112名工人死亡，发生在一个叫做塔兹雷恩（Tazreen）的工厂中，该工厂是美国品牌沃尔玛、迪斯尼以及西尔斯（Sears）在孟加拉国的制造商。塔兹雷恩工厂的悲剧更加令人痛惜，因为在仅仅几周前，工厂刚经过审计。到2012年底，孟加拉国已经发生了18起以上非致命

---

[*] 本文原载《世界发展》（*World Development*）2015年第72卷。
[**] 作者简介：丹尼尔·柏林（Daniel Berliner），明尼苏达大学、亚利桑那州立大学；安妮·格林里夫（Anne Greenleaf），华盛顿大学；弥黎·莱克（Milli Lake），亚利桑那州立大学；珍妮弗·诺维克（Jennifer Noveck），华盛顿大学。译者简介：冯毅，中国人民银行郑州培训学院干部、博士。

的工厂火灾；2013年4月，另一场灾难发生了：建立在达卡郊区的拉纳广场厂房倒塌，夺走了1132名服装工人的生命，再一次把孟加拉国工人的工作条件推向了风口浪尖。拉纳广场厂房的倒塌是现代历史上最致命的工厂灾难之一（Manik & Yardley，2013）。

孟加拉国政府有相当严格的法律和其他诸如建筑和区域许可以及消防法规来保护工人的安全。孟加拉国还批准了许多国际劳工组织公约，包括八条所谓的基本公约中的七条（ILO，2002）。尽管有这些法规的保护，孟加拉国工厂的劳动条件仍然是世界上最差的，明显违反了国际人权标准（Ahmed, Greenleaf & Sacks，2014；US Department of State，2000）。

像孟加拉国这种出口密集型国家工人保护的失败经常被归因于较低的国家能力。埃利奥特和弗里曼（Elliott & Freeman，2003，p.11）指出："低（劳动）标准的问题通常来源于缺乏执行劳动法规的能力。"其他学者提出劳工支持者可能更加关注建设国家能力，而不是通过非国家或者国际方案来解决侵犯劳工权利的问题。塞德曼（Seidman，2007，p.102）写道："当他们寻求增强国家能力来保护劳工时，跨国运动可能是最有效的"，并提议"不要试图用自愿的体系来凑合，也许跨国活动者应该注重支持较弱的国家能力，加强国家机构而不是试图用更弱的非政府组织来取代它们"（2007，p.139）。洛克、秦菲和布拉斯（Locke, Qin & Brause，2007，p.21）也建议"如果提高工作条件是更加严格或者更加有能力的国家管理和监督的结果，那么国际劳工标准的支持者应该将注意力集中在帮助发展中国家建设这方面的能力"。

考虑到通常的假定，薄弱的国家能力是提高劳工权利和标准的最根本的障碍之一，令人惊讶的是，没有跨国的研究来实证检验这种预测。大量文献定量考察了全球经济中不同一体化类型对劳工权利保护的效应，然而没有人评估过国家能力的潜在影响（Neumayer & de Soysa，2006；Mosley & Uno，2007；Greenhill, Mosley & Prakash，2009；Mosley，2010；Davies & Vadlamannati，2013）。这就产生了问题：国家能力和劳工权利之间的关系是什么？当国家能力增加的时候，对工人的保护也会增加吗？最重要的是，我们尝试去考察特定的范围，即在什么条件下这种关系最可能存在。根据学术研究和公众讨论中国家能力对劳工权利所起到的突出作用，还需要新的研究来补充这个重要的缺口。

我们发现提高劳动权利不仅需要国家能力也需要政治意愿。虽然政治意愿可能会来源于许多不同的原因，我们认为政治意愿通过增加国家能力来提高劳工权利最可能发生在一种情况下，即工人的利益严格地被政治制度所代表。在劳工的政治代表性较强的国家中——这是更加民主的政治制度，强有力的左翼政党或者更高的工会成员率的结果——我们假定国家能力的增加将会更好地保护劳工的权利。另一方面，在劳工的政治代表性较弱的国家中，我们预期国家能力和劳工权利随时间的变化将不会发现这种关系，甚至会有负向的关系。

我们利用发展中国家 1985 年到 2002 年衡量劳工权利保护的时间序列截面模型考察了这个论据（Mosley & Uno, 2007），使用国家固定效应来考察每个国家内部随时间产生的变化。我们发现只有在劳工的政治代表性较强的国家——更加民主的国家以及更强有力的左翼政党国家中，国家能力的提高才对劳工权利的保护有正面的影响。我们还发现国家能力和劳工权利的这种关系在更高的工会密度以及更高的潜在劳工权利的国家中表现的更明显（Rudra, 2008）。我们的主要结果是稳健的，不管是对于其他的模型，例如更大或者更小的国家样本，还是对于其他的被解释变量。因此，尽管在左翼或者民主政府下国家能力和劳工权利正相关，但是我们没有经验证据表明在其他因素缺失的情况下，国家总体能力的提高会导致劳工权利的促进和保护程度的提高。

这些结果表明，尽管政治精英可能具有保护劳工权利的能力，他们也可能会酌情选择忽视它们，或者因为其他目标的优先程度，或者因为对劳工的抑制是明确的经济或政治策略。因此，我们认为，希望保护工人权利的政策制定者必须认真对待国内的政治结构，这种结构约束并遏制了劳工的权利。政策制定者需要一个综合的方法来引导注意力和资源不仅用来提高国家能力，也同时创造政治和经济激励措施，从而引导企业能够遵守，政府能够执行。

下一部分回顾了国家能力方面的相关文献并给出了我们对国家能力、工人的政治代表性以及劳工权利之间关系的看法。之后，我们讨论了数据和建模方法并给出了结果。最后，我们回到孟加拉国的例子，讨论了我们的结果如何反映了过去十年间的政治发展，以及对未来劳工权利提高的意义。

二、国家能力和劳工权利

（一）国家层面的国家能力

在发展中国家和全球供应链中，国家能力与恶劣的劳工权利已经得到了广泛的讨论。格雷菲和迈耶（Gereffi & Mayer，2006）认为发展中国家在管理经济和社会时有限的能力成为导致全球经济三大主要"管理赤字"的原因之一。科尔本（Kolben，2011，p. 427）认为在许多发展中国家不存在能够使得劳动法规成功实施的必要的制度，认为"主要的问题（对劳工权利而言）是法治和欠发达的监管制度的失败。这些体制面临着严峻的挑战，既有制定规则和规范的挑战，也有实施这些规则的挑战"。

在跨国私人劳工标准，例如企业行为守则以及私人监督项目有效性的争论中，国家能力也起到了重要的作用。一些人认为，私人标准是对较弱的国家能力所做出的适当回应，并预期私人标准在这种背景下是有效的，至少在特定范围条件下是有效的（Bartley，2005；O'Rourke，2003；Sabel, O'Rourke & Fung，2000），或者私人标准产生了超出预期的结果（Kim，2013）或与政府的监管形成了互补（Amengual，2010）。其他学者甚至认为较弱的国家能力是外部措施得以实施的有利因素（Berliner & Prakash，2013，2014；Lake，2014）。

然而，许多人认为私人标准是有效的政府监管的较差的替代品。他们认为恰恰是在较弱的国家能力的背景下，这些标准才最有可能失败（Kolben，2011；Locke，2013；Locke et al.，2007；Seidman，2007）。例如，洛克等（2007，p. 15）发现国家层面的法律规则（国家法规和制度强度的代理变量）与耐克公司内部的合规性审计中的企业表现有关，国家能力弱，审计表现就差。

更一般的，很多学者将国家能力与经济发展程度和政治稳定程度的提高（Besley & Persson, 2013; Evans & Rauch, 1999; Hanson & Sigman, 2011; Huntington, 1968; Knutsen, 2013; Sobek, 2010），腐败程度的下降（Baskaran & Bigsten, 2013），人权的保护（Englehart, 2009），商品和服务的供给（Halleröd, Rothstein, Daoud & Nandy, 2013; Ziblatt, 2008）以及产权的保护和合约的执行（North, 1990; North & Weingast, 1996; Olson, 1993; Weingast, 1995）等联系起来。

然而，国家能力的定义有各种不同的含义并被用来表示不同的事情。布罗蒂格姆、费耶德斯塔德和摩尔（Brautigam, Fjeldstad & Moore, 2008, p.1）认为国家能力是指国家"提供安全保障、满足基本需求并且促进经济发展"的能力。汉森和西格曼（Hanson & Sigman, 2011, p.9）区分了汲取能力、强制能力和行政管理能力。另一方面，亨德里格斯（Hendrix, 2010, pp.274-276）区分了几个不同的维度：军事能力、官僚/行政能力、官僚质量/法律法规、出口情况、自然资源、汲取能力以及政治制度的质量和一致性。着眼于管理、监管和执行，贝斯利和佩尔森（Besley & Perrson, 2013, p.6）认为财政和法律能力是和经济发展最相关的两种能力，财政能力是从广泛的税收基础提高收入的必要能力，而法律能力是保护产权和合约执行的必要能力。另一方面，埃文斯（Evans, 1995）和施兰克（Schrank, 2013）认为，自治是国家能力中一个更加突出的维度。

虽然国家能力已经有这些各种各样的定义，但是我们更关注管理能力，而非税收、军事实力或政治自治。因为从理论上来讲，国家能力的这个维度是和劳动监管与执行最相关的一个维度。因此，对本文的目的而言，我们认为国家能力是国家工作人员监管和执行一系列规则所必须的资源、专业技能和行政结构。

（二）劳动相关的国家能力

国家能力除了随着国家的不同而变化外，在国家内部也可能分布不均。例如，金里奇（Gingerich，2013）发现国家能力的基于感觉的政府指标经常无法预测具体部门的特定能力。通过比较玻利维亚、巴西和智利，他发现总体的国家层面上的国家能力实际上和特定政府机构的能力相反。类似的，阿曼格尔（Amengual，2014，p.2）发现在阿根廷的劳动监管者中，不同地方政府和行业的能力变化很大。甚至在美国内部，马兰茨（Morantz，2009）以及范恩和戈登（Fine & Gorden，2010）发现联邦政府和州政府的执法策略都有显著的变化。

在分散的官僚机构中，很有可能政府提高了某一方面的能力，但却降低或停滞了其他方面的能力。此外，在某些情况下，政府官员可能会为了战略利益而有选择地提高某一方面的能力。经济自由化的政府可能有动机去抑制工人的权利，从而保持较低的工资并吸引外国的投资和制造业（Collingsworth，Goold，& Harvey，1994）。在许多右翼或者军事政府中，增加官僚和管理能力来提高劳动部门和监管执行部门的能力似乎是不可能的。相反，在一个对劳工不友好的环境中，国家能力的增加可能会导致对工人权利更大的抑制，尤其是组织和集体谈判的权利。资源配置不均、不同政府机构监管和执行具有差异的可能以及一个或多个方面能力的增加可能不会均等地外溢到管理的所有方面的假定，对我们能够得出的国家能力和劳工权利关系的结论具有重要的意义。

虽然已经有大量的文献能够使我们得出以下结论，即国家能力对于劳工权利的有效保护、促进和执行是至关重要的，但国家能力和劳工权利之间的关系还值得进一步推敲。然而，考虑到国家能力多种不同的定义，直接假定国家能力的增加对各处的劳工权利都有相同的结果是非常天真的。对特定劳动的国家能力的研究，尤其是劳动部门和监管部门更加有效地做好本职工作的能力的研究，会提供一个更加细致的情形。

现有的一些研究也试图识别劳动监管能力和工人产出提高之间的确切关系。例如，罗科尼（Ronconi，2010）发现在阿根廷，政府承诺执行劳动法规，增加劳动监管人员的数量导致工人在自报的工作条件和福利等方面的收益增加。类似的，皮勒斯（Pires，2008），皮奥尔和施兰克（Piore & Schrank，2008）以及其他研究者发现增加劳动监管人员的数量不仅能降低工作场所的违规情况，而且还能够提高企业的生产率，而这是由于更高的效率和工厂更少的事故。与这些发现一致，柏林、格林利夫、莱克、莱维和诺维克（Berliner, Greenleaf, Lake, Levi & Noveck, 2015）发现基于跨国调查所衡量的劳动执行和更强的对结社自由以及集体谈判权的保护高度相关。

另一方面，布拉拉、坎布和梅耶特（Bhorat, Kanbur & Mayet, 2012）发现在南非，劳动监管和最低工资承诺之间没有任何关系。重要的是，皮勒斯（2008，p. 214）指出，并非所有的监管都是平均的，把约束和以咨询、培训或宣传等形式开展的技术/法律援助相结合，是确保工人和企业均取得积极成果的最有效的方式。① 威尔（Weil, 2005）也发现，传统的监管工具无法为劳动标准的提高提供激励，但是新的监管形式，即利用供应链压力来创造监管体系可以更加有效。

最新的考察特定劳动能力的研究主要是评估过去 20 年劳动力市场中皮奥尔和施兰克（2008）和皮勒斯（2008）所谓的"监管复兴"的出现（及其内在变化）。在拉丁美洲和南欧，更加重要的劳动部门的作用让我们可以洞察影响有效监管和执行的复杂因素（Amengual, 2014; Osterman & Piore, 2013; Piore & Schrank, 2008; Pires, 2008; Ronconi, 2010）。此外，分析具体的项目可以使我们更好地理解能力建设最有效的条件，这些项目包括公共私人合作关系，例如在柬埔寨（DiCaprio, 2013; Polaski, 2006）、越南（Wetterberg, 2011）和约旦实施的国际劳工组织和国际金融公司的"更好工作"项目以及国际非政府机构支持的国家战略，旨在提升道德伦理，例如莱索托的"无汗"工厂（Seidman, 2007）和多米尼加共和国的上格拉西亚工厂（Landefeld et al., 2014）。

虽然更多的劳动监管者、资源以及改革或者创新策略显然对于研究国家能力和劳工权利之间的关系是很重要的，但是却没有系统的涵盖大量国家的一段足够长的时间内的数据来衡量这种"特定劳动"形式的国家能力。由于没有合适的数据可以用来反映劳动监管的能力，在本文中，我们重点考察广义的国家层面上衡量的国家能力的变化和集体劳工权利的变化之间可能存在的关系。

---

① 见里希托芬（Richthofen, 2002）对不同劳动监管部门策略和质量的详细讨论。

我们预计，在政治对劳工有利的国家中，国家层面的国家能力的提高更可能增加劳动监管部门所需的资源和能力，从而来监督和执行侵犯劳工权利的情况。虽然我们的方法不能精确地从国家层面的能力中分离出特定劳动的国家能力所起的中间作用，但是我们预期在劳工的政治代表性更强的国家，国家层面的国家能力应该与更好的执法以及劳工权利的保护相关。之前的研究没有寻求在国家层面上系统考察国家能力和劳工权利的任何关系。

(三) 国家管理能力与劳工权利的关系

政客和官僚们有能力实施和执行劳动法律并不意味着他们会实施和执行。虽然过去有许多研究探讨了增加劳动监管人员的数量或者采用新的劳动监管策略的效应，但是由于受关注的特定国家、地区或者时间的限制，他们的结论可能非常局限。为了以其他作者的工作为基础，我们考察了在什么条件下国家领导人会选择利用国家的行政管理能力来提高劳工的权利。

我们分析中的因变量是集体劳工权利，包括结社自由、工会组织以及集体谈判权。我们认为在劳工的政治代表性强的国家，总体管理能力的提高最有可能导致劳工权利的改善。这是因为在劳工友好型的政治环境中，政治精英和决策者更可能直接为相关的政府监管和执法机构增加资源和技术能力，从而保护工人的权利。为了使我们的直觉更加清晰，考虑以下两种假设情况：一个国家具有较高的管理能力，但是劳工的政治代表性较差；另一个国家劳工的政治代表性较强，但国家能力较弱。在这两种情况下，我们预期都不会提高集体劳工权利。相反，只有在政治家愿意去做并且具有更好的保护劳工权利的能力的情况下，我们才预期集体劳工权利的改善。

我们利用政治体制中左倾政党和民主制度的存在以及国内工会力量的强弱和工人潜在的议价能力来评价哪些国家是劳工代表性强的国家。虽然这些并不能完全反映劳工的政治代表性，但是通过强调不同衡量方法下的相似结果可以使我们了解在什么情况下政府最有可能直接为劳动法规监管和执行以及劳工权利的保护来提供新的资源和能力。

三、数据和实证方法

（一）实证方法

我们基本的实证方法是利用劳工权利的 18 年的时间序列截面模型评估我们所关心的自变量的效应。①然而，我们的论据尤其关注随时间的变化趋势。我们预期只有在劳动的政治代表性强的国家，国家能力的提高才与劳工权利的改善有关。检验这个命题超出了单一时间点上简单的跨国关系。即使现在，国家能力更高的国家中劳工的权利能够得到更好的保护，这种关系也不能构成国家能力能够导致更好的劳工保护的证据，因为国家的其他特征可能共同影响这两个因素。我们利用国家固定效应模型来考察国家能力和劳工权利仅随时间的变化。对任何特定的国家，我们预期劳工的政治代表性强烈地影响了国家能力和劳工权利的相关性随时间的变化趋势。

我们通过模型中劳工权利两种不同的交互项检验了这种预期。第一种交互项是特定年份国家能力和给定的中介变量（左翼政党的力量或者民主的程度）的值之间。然而，这种交互项既能反映民主程度（或左翼政党的力量）对国家能力的间接作用，也能反映国家能力对民主程度（或者左翼政党的力量）的间接作用。我们仅对后一种关系感兴趣。作为另外一种反映这些动态效应的方式，我们也使用了国家能力和国家平均民主程度以及平均左翼政党力量的交互项。国家平均民主程度和平均左翼政党的力量用每个国家中介变量的时间不变的平均水平来表示。从而，这些交互项仅表明国家能力和劳工权利之间的关系随时间变化的程度是各国更加民主或更加不民主，以及左翼

---

① 在所有模型中，我们都使用了面板修正的标准误，并且对所有的自变量取滞后一年的值，除了来自政治指标数据库中的数据，因为这些数据已经用每年 1 月 1 日的数据修正过。在主要模型中，我们没有包含滞后的因变量，因为同时包含国家固定效应和滞后因变量会导致估计有偏估计（Nickell，1981）。然而，在线附录的稳健性检验中，模型包含了滞后的因变量，结果仍然支持了我们的发现。

政党力量更强或更弱的长期趋势的函数。

（二）因变量

我们用莫利斯和宇野（Mosley & Uno，2007）的集体劳工权利指数来度量劳工权利，集体劳工权利指数借鉴了违反六类劳工权利的评估方法（结社自由、组织工会的自由、参加其他工会活动的权利、集体谈判权、罢工的权利以及在出口加工区的权利）。莫斯利和宇野（2007）利用三种不同的来源（美国国务院、国际劳工组织和国际自由工会联合会）并以库卡拉（Kucera，2002）的模板建立了集体劳工权利指数。该指数由这六类中的 37 小类违反劳工权利的情况加权而成，并取倒数，从而使得更高的指数值反映了对劳工权利较少的侵犯。[①] 37 小类既包括对劳动法规的违反，例如对工会和集体谈判权的禁止和限制，对工会会员、组织和活动的限制，也包括对劳工权利在实践中的违反，例如对工会成员或组织者采取解雇、逮捕、监禁、暴力和谋杀的形式，以及对工会组织、活动和财务等方面各种形式的干涉。

尽管这种度量方法没有包含工伤或者死亡事件，但这是最合适的方法，能够使我们分析众多发展中国家中劳工权利随时间的变化。此外，一个合理的假定是，在工人的集体权利得到真正保护的国家，工人也会有更好的工作条件（Aidt & Tzannatos，2002）。正如莫斯利（Mosley，2010，p.106）所言，这种"基于过程的权利"的存在促进了"结果标准"的出现，如工人的健康、安全、工作时间以及工资等。

然而，莫斯利—宇野的度量方法仅仅从 1985 年扩展到了 2002 年。作为一种更接近现在的可替代的衡量方法，我们也使用了辛格拉利—理查兹（CIRI）人权项目中的衡量工人权利的数据。这个变量除了衡量结社自由和集体谈判权利以外，还衡量了"考虑最低工资、工作时间以及职业安全和健康的可接受的工作条件"（Cingranelli，Richards & Clay，2014，p.65）。然而，辛

[①] 见格林希尔等（Greenhill et al.，2009，p.685）中 37 个子项的详细列表。

格拉利—理查兹的衡量仅仅取 0、1 和 2 三个值，这限制了衡量的能力，不能反映更详细的随时间的变化趋势。因此，所得数据比莫利斯和宇野衡量方法所包含的信息更少。但是，通过包含一个既有更加详细但时间有限的衡量方法也有不太详细但时间更长的衡量方法的模型，我们可以给出我们的结果对这些替代方法的稳健性。

（三）样本国家

和格林希尔等（2009）一致，我们主要关注对发展中国家的分析。格林希尔等（2009）的分析忽略了发达的工业国家以及苏联解体后东欧和中亚的前共产主义国家，他们认为这些国家中集体劳工权利的决定可能和其他国家不同。我们的研究目的，正是在发展中国家中，国家能力往往有很大的不同并且支持者一直关注劳工权利的缺陷。我们的主要样本中，仅包含发展中国家，排除了经合组织成员国（OECD）[①]以及苏联解体后东欧和中亚的前共产主义国家。排除我们关心的主要变量的数据不存在的国家后，我们的样本包括 85 个国家（完整的名单参见在线附录）。此外，为了确保样本选择不是影响我们的主要结果的因素，在线附录的稳健性检验中包括了所有 113 个数据可得的国家，也包括发达的工业化国家。

然而，一个重要的问题是即使我们主要的发展中国家样本仍然包括一些特别的国家，它们实际上和研究全球供应链下的劳工权利不相关。人们可能会认为没有融入全球供应链中的国家，例如刚果民主共和国、巴布亚新几内亚或者苏里南，和我们的论点不相关，并且在这些国家中，我们感兴趣的核心变量之间的关系可能是不同的，甚至有系统性的差异。为了解决这一问题，我们也分析了一个替代的、更加限制的国家样本，我们称之为"供应链相关"的国家。我们分别用 1990 年、2000 年、2010 年三个时间点的 WTO 出口贸易

[①] 1973 年的样本中，排除了经合组织国家，加入了新西兰。但是，在 20 世纪 90 年代和 21 世纪头十年，样本中包含了新加入的经合组织国家，例如墨西哥、韩国和智利。

数据来定义这些国家。在这三年中，任何服装、纺织品或者"机械和运输设备"（包括汽车、计算机和通讯产品）的出口排名前30位的发展中国家均包含在样本中。最终的样本包括34个国家。① 虽然使用这个样本，模型会受到小样本的限制，但这个结果应该能更好地反映全球供应链中国家能力和劳工权利之间的关系。

（四）自变量

我们用来自国际国家风险指南（ICRG）的三项指标的综合来衡量国家能力：官僚质量、腐败以及法律和秩序。综合这三种指标来衡量国家能力比单独使用任何一种指标能够包含更多的信息，随着时间的变化程度也更大。随着每一种制度特征的改善，这种衡量方法都会有更高的取值，反映了国家工作人员监管能力和以公正的方式促进规则执行的能力的提高。最终，这种衡量方法的取值范围从0.75到16。许多国家能力和政府质量的其他研究都使用了这些类似变量的综合度量方法（Adsera, Boix & Payne, 2003; Bäck & Hadenius, 2008; Charron & Lapuente, 2010; Holmberg, Rothstein & Nasiritousi, 2009; Rothstein, Samanni & Teorell, 2012）。

我们用政治制度数据库的数据来度量左翼政府的政治代表性（Beck, Clarke, Groff, Keefer & Walsh, 2001）。经合组织国家（Huber & Stephens, 2001; Iversen & Soskice, 2006; Korpi, O'Connor & Olsen, 1998）和拉丁美洲（Murillo & Schrank, 2005）的研究表明左翼政党会比其他类型的政党花费更多的精力在社会福利和工人利益的代表性方面。此外，罗科尼（Ronconi, 2012）发现18个拉丁美洲国家中，左翼政府更可能促进劳动法规的执行并且相对于劳动力的规模拥有更多的监管人员。

---

① 这些国家是阿根廷、孟加拉国、巴西、保加利亚、中国、哥伦比亚、哥斯达黎加、捷克共和国、多米尼加共和国、埃及、匈牙利、印度、印度尼西亚、伊朗、以色列、马来西亚、墨西哥、摩洛哥、巴基斯坦、菲律宾、波兰、罗马尼亚、俄罗斯、沙特阿拉伯、新加坡、斯洛伐克、南非、韩国、斯里兰卡、叙利亚、泰国、突尼斯、委内瑞拉和越南。

第二部分 全球劳动治理：机制与执行

我们使用了三个指标的和：左翼政党是否拥有行政权力，左翼政党是否是立法机关中的最大党（或者是执政联盟的成员）以及左翼政党是否是立法机关中最大的反对党。结果的含义是左翼政党力量的强度，取值分别为0，1，2和3，反映了工人利益的潜在的代表性。作为稳健性检验，我们也使用了一个简单的二元变量来反映左翼政党对行政机关的控制力。而在经合组织国家可行的，以党章为基础的更加详细的意识形态的衡量对多数发展中国家来说却不适用。

至于衡量劳工的政治代表性强弱的其他方式，我们使用两种方法来反映工会的强弱或者潜在强弱程度。第一种是衡量工会的密度，基于博特罗、德扬科夫、拉波塔、洛佩兹德西拉内斯和谢勒夫（Botero, Djankov, La Porta, Lopez-de-Silanes & Shleifer, 2004）所搜集的数据。这个变量基于国际劳工组织和世界银行的数据，考察了1997年70个国家中劳动力加入工会的百分比。虽然理想的度量方法是能够反映多数国家一段时间内的变动，但是对发展中国家来说，工会密度在长时期内的系统性数据几乎是没有的。因此，这个变量可以作为国家长期趋势的平均值的代理变量，表明国家具有政治上更强或者更弱的有组织的劳工。在历史上工会密度较高的国家，我们预期国家能力的变化更可能导致劳工权利随时间的变化。

我们第二个方法是使用鲁瓦（Rudra, 2002, 2008）的数据，考察各国的潜在劳工权利（PLP）。鲁瓦的方法是寻求补偿这样的事实，即在多数发展中国家，工人通常是国有或者国有附属工会的成员，而这些工会在政治上并不会很好地代表他们的利益。相反，她采用了一种衡量方法来反映工人潜在的政治力量，主要是基于结合工人的技能水平和剩余劳动力的可得性。然而，这种衡量方法仅在一些国家中可行，在许多情况下缺失数据的几率很高。为了最大限度地提高数据的可用性，我们结合每个国家所有可得年份的数据，使用了国家潜在劳工权利的平均值。因此，用我们的方法来衡量工会密度，能够反映国家更高或者更低的潜在劳工权利的平均的长期的趋势，不能反映随时间的变化趋势。我们预期在具有更高的潜在劳工权利的国家，国家能力和劳工权利随时间的变化之间有更强的关系。

我们还预期，国家能力和劳工权利之间的关系依赖于民主的程度，因为在民主国家中，劳工有更大的机会获得政治上的代表。我们利用民主政体项目的 Polity2 指数来衡量民主的程度。这个变量取值范围从 -10，完全的专制，到 10，完全的民主。此外，民主程度作为控制变量也是很重要的，因为民主程度的变化也会直接影响到劳工权利。

最后，我们控制了一些额外的变量，之前的研究强调了这些变量在塑造劳工权利时的潜在重要性。我们使用来自宾大世界表（PWT）的数据控制了人均国内生产总值（GDP）的对数和贸易敞口的对数，用来自世界银行世界发展指数的数据控制了总的外商直接投资（FDI）净流入的对数，[①] 还控制了内战和国际劳工组织的两大核心标准：结社自由和集体谈判权。这些变量均包含在国家固定效应模型中，可以通过反映特定国家不随时间变化的特征来降低遗漏变量的偏差（例如不变的制度特征或历史遗产），也包含在通过反映年度变化的全面趋势的年份固定效应模型中，可以反映年度变化的全面趋势。

四、结果

（一）主要结论

表1—表4给出了我们主要模型的结果，其他结果和稳健性检验的结果包含在在线附录中。表 1 包括 5 个模型，利用莫斯利—宇野因变量和我们 1985—2002 年发展中国家的样本，每个模型都包括了我们关心的主要变量，一系列控制变量，国家和年份固定效应的结果。模型 1 是基准模型，没有交互项。模型 2 包含一个国家能力和民主程度的交互项，模型 3 包含一个国家

[①] 按照托宾和罗斯-阿克曼（Tobin & Rose-Ackerman, 2011, p. 12）中的转换方法，我们合并 0 或者负值（某年外商直接投资的流出量超过流入量的国家）。

能力和左翼政党权力的交互项。模型4和模型5的交互项中，与国家能力作用的并非是随时间变化的民主和左翼政党的权力，而是他们长期的国家平均水平。由于对任何单独的国家来说，后一种变量是完全不随时间变化的，因此我们不能直接把它们放在模型中，只能放在交互项中。

基准模型的结果表明，国家能力对劳工权利的无条件影响为负，并且统计显著。也就是说，仅考虑国家内部随时间的变化，国家能力的增加实际上恶化而不是改善了劳工权利。基于这些结果，一个假设是国家能力从低于均值一个标准差增加到均值之上一个标准差会导致莫斯利—宇野衡量的劳工权利1.37个单位的下降（从2.5到37）。然而，这个小的影响掩盖了不同类型国家中国家能力和劳工权利关系的规模和方向的异质性，而后面的包含一系列交互项的模型解决了这些问题。

模型2到模型5的每个模型中，相应的交互项为正且统计显著，支持了我们的观点即国家能力和劳工权利的关系在劳工的政治代表性强的国家中为正。国家的民主程度越高，国家能力和劳工权利的关系就越正向。类似的，左翼政党在行政和立法部门中有更大的影响，国家能力和劳工权利的关系也更正向。此外，当在交互项中使用时间不变的国家平均水平的民主程度和左翼政党的权力时，这两种关系仍然非常强（并且在数量上也非常相似）。

图1描绘了表1中模型2和模型3的结果。每幅图都是保持其他变量处于其均值水平时，模拟国家能力从低于均值一个标准差增加到高于均值的一个标准差对劳工权利的边际效应。图1中的左图给出了民主程度变化的边际效应。对于非常专制的国家，国家能力的增加伴随着劳工权利的大幅下降，而随着民主化程度的提高，国家能力的增加伴随着劳工权利不变，甚至是提高。图1中的右图给出了左翼政党权力变化的边际效应。对于取值为0或1的国家，国家能力的提高伴随着劳工权利的降低。然而，对于取值为2或3的国家，国家能力的提高伴随着劳工权利的上升。事实上，对于这种衡量方法下取值最高的国家来说，国家能力增加两个标准差会导致莫斯利—宇野衡量的劳工权利的接近4点的提高。

表1 1985年到2002年劳工权利保护（Mosley–Uno方法衡量）模型的结果，85个发展中国家，模型包括国家和年份固定效应，括号内是面板修正的标准误

	模型1	模型2	模型3	模型4	模型5
国家能力	-0.255***	-0.242***	-0.597***	-0.300***	-0.672***
	(0.077)	(0.072)	(0.095)	(0.082)	(0.112)
民主	0.244***	0.028	0.245***	0.243***	0.237***
	(0.037)	(0.077)	(0.037)	(0.037)	(0.037)
左翼政党的权力	0.377*	0.381*	-2.823***	0.390*	0.412*
	(0.224)	(0.220)	(0.507)	(0.225)	(0.222)
人均GDP的对数	0.963	0.606	1.146	0.992	0.916
	(0.670)	(0.680)	(0.699)	(0.682)	(0.681)
内战	-1.005**	-1.056**	-1.096**	-1.069**	-1.088**
	(0.437)	(0.431)	(0.434)	(0.436)	(0.430)
贸易敞口的对数	0.318	0.223	0.263	0.199	0.262
	(0.604)	(0.589)	(0.607)	(0.595)	(0.615)
FDI对数	-0.111	-0.109	-0.178	-0.131	-0.155
	(0.183)	(0.178)	(0.179)	(0.180)	(0.182)
国际劳工组织认可	0.750	0.730	0.428	0.803	0.727
	(0.539)	(0.514)	(0.469)	(0.537)	(0.511)
国家能力*民主		0.035***			
		(0.011)			
国家能力*左翼政党权力			0.425***		
			(0.066)		
国家能力*民主（均值）				0.037***	
				(0.016)	
国家能力*左翼政党权力（平均）					0.512***
					(0.086)
R^2	0.702	0.705	0.711	0.704	0.709
样本量	1448	1448	1448	1448	1448

*** $p<0.01$，** $p<0.05$，* $p<0.10$。

表2　1985年到2002年劳工权利保护（Mosley – Uno方法衡量）模型的结果，34个"供应链相关"国家（见文中定义），模型包括国家和年份固定效应，括号内是面板修正的标准误

	模型1	模型2	模型3	模型4	模型5
国家能力	-0.459***	-0.576***	-0.880***	-0.609***	-1.148***
	(0.141)	(0.137)	(0.164)	(0.145)	(0.154)
民主	0.204***	-0.463***	0.232***	0.192***	0.201***
	(0.065)	(0.127)	(0.068)	(0.062)	(0.065)
左翼政党的权力	0.301	0.499	-4.643***	0.423	0.482
	(0.348)	(0.325)	(1.128)	(0.337)	(0.342)
人均GDP的对数	2.982	2.789	3.419**	2.580	3.469**
	(1.911)	(1.867)	(1.722)	(1.953)	(1.691)
内战	-0.800	-2.019**	-0.879	-1.517*	-1.097
	(0.798)	(0.879)	(0.798)	(0.863)	(0.766)
贸易敞口的对数	-1.500	-3.029***	-2.509**	-2.827**	-1.874*
	(1.105)	(1.083)	(1.133)	(1.126)	(1.030)
FDI对数	0.494	0.582	0.446	0.663	0.215
	(0.567)	(0.499)	(0.501)	(0.547)	(0.492)
国际劳工组织认可	4.420***	4.221***	3.837***	4.293***	4.390***
	(1.247)	(1.078)	(1.123)	(1.147)	(1.221)
国家能力*民主		0.092***			
		(0.016)			
国家能力*左翼政党权力			0.540***		
			(0.113)		
国家能力*民主（均值）				0.083***	
				(0.024)	
国家能力*左翼政党权力（平均）					1.038***
					(0.178)
R^2	0.678	0.701	0.697	0.685	0.703
样本量	561	561	561	561	561

*** $p<0.01$, ** $p<0.05$, * $p<0.10$.

然而，到目前为止，模型的讨论中使用左翼政党在行政和立法中的存在性作为劳工政治代表性的衡量。表4中我们还使用了一系列其他的衡量方法。表4中的前3个模型仅使用了发展中国家的样本，后3个模型使用了"供应链相关"国家的样本。模型1和模型4中左翼政党权力的衡量采取了一个更加简单的方法，用二分法来衡量左翼政党对行政机构的控制能力。使用这种替代性方法，左翼政党权力与国家能力的交互项仍然为正，且统计显著。模型2和模型5中，与国家能力的交互项使用了1997年的工会密度。在两个模型中，交互项均为正，但只在模型5中统计显著。相反，模型3和模型6中，国际能力的交互项是国家层面的潜在劳工权力的平均值，使用了鲁瓦（2002）的衡量方法。类似的，这个交互项在两个模型中均为正，但只在模型6中统计显著。这些结果表明，至少在"供应链相关"国家中，国家能力随时间的变化和劳工权利的变化之间存在着更强的关系，在这些国家中劳工的权力更大，无论是用工会密度还是潜在劳工权力来衡量。和我们的观点一致，国家能力和劳工权利之间的关系取决于工人潜在的政治力量。

（二）稳健性检验

我们也使用一系列其他的模型考察了表1中主要结论的稳健性。表2给出了使用更加限制的样本，34个"供应链相关"国家的模型的结果。每个模型中交互项不仅为正且统计显著，它们的系数也比表1中相应模型的系数更大。这意味着与全部发展中国家相比，供应链相关国家中，政治代表性或者劳方的干预作用更强。

表3使用辛格拉利—理查兹工人权利衡量作为替代的因变量。这种方法可以包含更长的样本时期，本文中扩展到2010年。辛格拉利—理查兹衡量方法的缺点是分类较粗，仅有0，1和2三个取值。尽管如此，这种替代模型的结果仍然支持了我们的结论，每个交互项均为正并且统计显著。这些模型使用了所有发展中国家的样本，在线附录中的表9给出了使用34个"供应链相关"国家样

本的模型的结果。在这些模型中,4 个交互项中有 3 个仍然为正并且统计显著,只有随时间变化的左翼政党的权力的交互项虽然仍为正,但不再显著。

表3 1985 年到 2010 年劳工权利保护（CIRI 方法衡量）模型的结果,85 个发展中国家,模型包括国家和年份固定效应,括号内是面板修正的标准误

	模型 1	模型 2	模型 3	模型 4	模型 5
国家能力	0.018**	0.016**	0.007	0.007	−0.003
	(0.007)	(0.007)	(0.010)	(0.008)	(0.012)
民主	0.030***	−0.007	0.030***	0.029***	0.029***
	(0.004)	(0.006)	(0.004)	(0.004)	(0.004)
左翼政党的权力	0.041*	0.043**	−0.055	0.041*	0.043**
	(0.021)	(0.021)	(0.058)	(0.021)	(0.022)
人均 GDP 的对数	−0.118*	−0.157**	−0.117*	−0.094	−0.112*
	(0.067)	(0.068)	(0.067)	(0.067)	(0.068)
内战	−0.004	−0.008	−0.008	−0.012	−0.008
	(0.041)	(0.040)	(0.041)	(0.041)	(0.040)
贸易敞口的对数	−0.080*	−0.087**	−0.083*	−0.095**	−0.088*
	(0.044)	(0.043)	(0.044)	(0.043)	(0.045)
FDI 对数	0.013	0.013	0.013	0.010	0.013
	(0.018)	(0.017)	(0.018)	(0.018)	(0.018)
国际劳工组织认可	0.004	−0.003	0.000	0.011	0.003
	(0.028)	(0.028)	(0.029)	(0.028)	(0.028)
国家能力*民主		0.006***			
		(0.001)			
国家能力*左翼政党权力			0.013*		
			(0.007)		
国家能力*民主（均值）				0.007***	
				(0.002)	
国家能力*左翼政党权力（平均）					0.024**
					(0.011)
R^2	0.483	0.492	0.484	0.488	0.485
样本量	2046	2046	2046	2046	2046

*** $p<0.01$, ** $p<0.05$, * $p<0.10$.

表4 1985年到2002年劳工权利保护（Mosley – Uno方法衡量）模型的结果，利用劳工权利的其他度量方法。模型1–3使用发展中国家样本，模型4–6使用"供应链相关"国家的样本（见文中定义）。模型包括国家和年份固定效应，括号内是面板修正的标准误

	模型1	模型2	模型3	模型4	模型5	模型6
国家能力	−0.472***	−0.649***	−0.498***	−0.661***	−0.589***	1.124***
	(0.088)	(0.175)	(0.164)	(0.150)	(0.183)	(0.261)
左翼政党权力		0.536	0.780**		0.274	0.295
		(0.342)	(0.304)		(0.367)	(0.401)
民主	0.247***	0.221***	0.269***	0.220***	0.281***	0.101
	(0.037)	(0.058)	(0.049)	(0.068)	(0.073)	(0.077)
人均GDP对数	1.139	7.668***	0.633	3.088*	1.479	2.261
	(0.699)	(1.246)	(0.944)	(1.725)	(2.133)	(1.956)
内战	−1.180***	−2.973***	−1.367**	−0.994	−2.818***	−1.616*
	(0.438)	(0.823)	(0.594)	(0.807)	(1.042)	(0.944)
贸易敞口对数	0.234	−3.201***	−1.055	−1.902*	−1.704	−2.771**
	(0.612)	(0.985)	(0.739)	(1.123)	(1.284)	(1.295)
FDI对数	−0.155	0.324	0.105	0.258	0.244	−0.454
	(0.179)	(0.488)	(0.284)	(0.516)	(0.651)	(0.653)
国际劳工组织认可	0.456	2.956***	0.632	4.607***	3.760***	4.655***
	(0.478)	(0.925)	(0.672)	(1.213)	(1.113)	(1.461)
左翼政府	−6.538***			−8.194***		
	(1.360)			(2.532)		
国家能力*左翼政府	0.876***			0.918***		
	(0.164)			(0.248)		
国家能力*工会密度(1997)		0.610			1.550**	
		(0.719)			(0.639)	
国家能力*潜在劳工权力（均值）			0.059			0.134***
			(0.042)			(0.048)
R^2	0.710	0.710	0.659	0.690	0.696	0.686
样本量	1448	624	907	561	439	430

*** $p < 0.01$, ** $p < 0.05$, * $p < 0.10$.

在线附录的表 7 中使用了一个更大的包括所有数据可得的 113 个国家的样本。这些模型的结果仍然支持我们的主要结论，4 个交互项均为正且统计显著。在线附录的表 8 包括了一个滞后的因变量。在这种情况下，4 个交互项中的 3 个仍为正且统计显著，国家能力和平均民主水平的交互项为正，但并不显著。

最后，在线附录的表 10 和表 11 中使用莫斯利—宇野劳工权利衡量（Greenhill et al. , 2009）的"法规"和"实践"两个子项，考察了我们的结论是否适用于每个具体的子项。重要的是，"实践"子项的结果是我们的结论最感兴趣的部分，同时为了完整，我们也给出了"法规"部分的结果。利用"法规"衡量，左翼政党权力的交互项为正且统计显著，但是民主程度的交互项不显著。另一方面，对于"实践"衡量，所有四个交互项均为正且统计显著。这些额外的模型结果有助于表明我们的发现在不同模型选择中的稳健性。

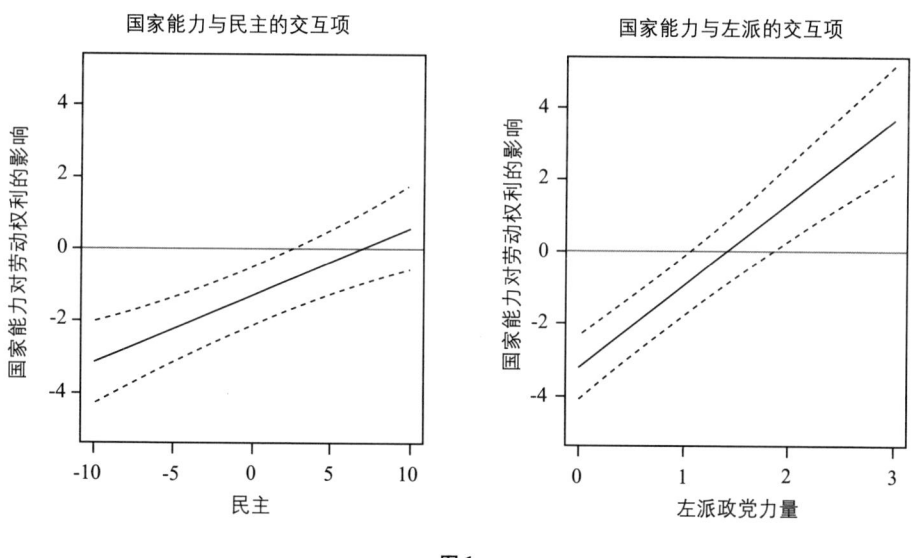

图 1

表 1 中模型 2 和模型 3 交互项结果图示，基于对国家能力从低于均值一个标准差上升到高于均值一个标准差对劳工权利影响的边际效应的模拟，保持其他自变量处于均值水平。第一幅图中，实线表示民主水平变化的边际效应，第二幅图中是左翼政党权力变化的边际效应。虚线给出了 90% 置信区间。

一个潜在的需要关注的问题是我们的结果是否会由于国家能力变化的原因不同而产生偏差。系统地解释国家能力的变化仍然是社会科学家的任务之一，而这超出了本文的范围。实际上，国家能力变化的驱动因素可能是千变万化的，对某个单独的国家更是如此。通过使用国家固定效应，我们的模型自动控制了国家特定因素或者不随时间变化的遗漏变量，仅考虑随时间变化的因素。此外，如果一些遗漏变量同时导致了国家能力和劳工权利的提高，这将会导致国家能力的系数出现一个正向的偏差，不太可能得到我们的实际结果（实质上取决于劳工的政治代表性）。

五、孟加拉国对劳工的持续排斥

我们的数量模型表明，只有在劳工的政治代表性较高的情况下，国家能力的改变才会导致集体劳工权利的提高。没有通过民主制度、左翼政党的权力和/或强有力的工会所产生的劳工的政治代表性，政治家不可能会利用增加的国家能力来更好地保护工人的权利。这个结果证实了我们的预期以及之前研究的预期，即在劳工的政治代表性较强的国家，总体行政能力的提高才最有可能提高劳动部门和其他相关机构的能力。

孟加拉国的例子，在本文的引言中已有介绍，对这一点提供了有用的例证。考虑到孟加拉国政党和国内商业精英之间的牢固关系，在孟加拉国国内的政治环境缺乏其他改变的情况下，过去十年间国家能力任何边际上的提高（或者在未来较大幅度的提高）极不可能会导致劳工权利保护的有意义的变化。

详细来说，孟加拉国成衣业对国家经济的核心地位意味着历届政府都优先考虑企业利益而非工人的利益。孟加拉国目前是世界第二大的服装出口国（WTO，2014），服装业给国家提供了可靠的收入来源。[①] 国内两大政党，人民联盟和孟加拉国民族主义党（BNP），一直缺乏对劳动法规的资金支持并且把孟加拉国工会按照党派分割开来。这两个主要政党历史上推崇自由理念、

[①] 虽然得不到来自成衣制造业的税收收入的准确数量，萨克（Sarker，2006）估计税收收入的60%来自外资企业。这些企业中的多数在成衣制造行业，这意味着服装行业对税收收入有显著的贡献。

自由市场的做法，强调监管的权利下放和低水平。两个政党的思想基础在服装行业的迅速扩张下更加突出。此外，人民联盟和孟加拉国民族主义党之间政治竞争的本质也从来没有要求双方寻求工会组织的支持，来形成一个成功的政治联盟。这些因素导致了世界上最恶劣的工作条件。

孟加拉国的劳动法对"书本上"的工人相当有利，但是最近发生的事件表明，包括2012—2013年的火灾和建筑物倒塌，这些法规在实践中很少甚至没有给工人提供保护。孟加拉国签署了一系列劳工权利的公约，并且通过了正式赋予工人政治和公民权利的立法。2004年还通过了一项授予出口加工区工人适度的结社自由权利的法案。然而，最近对这些法律法规执行的报告表明了严重的问题。例如，2010年，国际劳工组织结社自由委员会谴责杀害、人身攻击以及扣押工会成员和领导人的行为（ILO，2010）。美国国务院对孟加拉国的人权报告追溯到20世纪90年代，报告显示了服装行业极端不安全的工作条件和对工会组织者普遍的骚扰（US Department of State，2000）。在2010年提高国家最低工资的运动中，工人代表面临着骚扰、逮捕和酷刑的危险（Human Rights Watch，2011；International Trade Union Conference，2010）。

孟加拉国劳工权利执法不力的原因很明显是政治上的。第一，在孟加拉国，工人不能通过选举的手段来建立显著的政治代表。2012年孟加拉国议会（345名议员）中有29名议员是服装厂老板，而相比之下仅有4名议员有工会背景（Ahmed et al.，2014）。此外，人民联盟和孟加拉国民族主义党（BNP）均不能称之为左翼或者亲工人政党。孟加拉国的工会通常与两个主要政党之一相关联，并建立在企业层面，这导致了劳工运动中的相互分割。大部分工人都不参加工会，专家预测在服装行业，大约有不足5%的工人，所有工人中大约3%（国际国家风险指南，2013，p.10）到10%（Ahmed et al.，2014，p.16）是工会成员。根据国际劳工组织（ILO，2012）的研究，"在国家主要的正式私营部门，例如服装业和纺织业，工会几乎不存在。其结果是，有效的社会对话也几乎不存在"。

历届政府对有组织劳工的持续敌意源于政治精英有充分的政治和经济激励去保持工人的低工资和无权力。自从1971年孟加拉国独立后，为了吸引厂商和孟加拉国经济严重依赖的外商直接投资，政治精英优先考虑私有化和出口导向型增长。在这个过程中，他们授权给各种私人组织，例如各种服装协会（如孟加拉国服装生产商和出口商协会，孟加拉国针织服装生产商和出口商协会）。授权给孟加拉国服装生产商和出口商协会发放贸易（进口）海关证明的决定简化了服装制造商获得进口原材料和技术的过程。结果是，对于管理服装行业，这些协会能够对政府相对"放手"的政策产生更大的影响（例如，通过游说）（Yardley，2013）。因此，历届政府都倾向于自由化和对劳动力市场的放松管制，尤其是服装行业。

然而，根据基于感知的指标，1990年到1998年孟加拉国的国家能力稳步上升。在这一时期，犯罪和腐败都有所下降，法律制度的力量和公正性上升，机构强度和官僚的质量也有所提高。1999—2004年，国家能力略有下降，此后每年国家能力都有所提高（见在线附录中图1）。此外，军方背景的看守政府领导人法赫鲁丁·艾哈迈德在任期内充分使用军队的力量推行了各种政治改革，包括发行代价高昂的国家选民身份证，从行政部门中分离出下级法院以及实施全国范围的打击腐败。

对于我们研究的时期，来自阿尔伯特斯和梅纳尔多（Albertus & Menaldo，2014）的收入税数据表明，孟加拉国也增加了总收入税和资本利得税，利润收入上升了10倍，从1973年占GDP的0.002到2009年占GDP的0.02。政府收入的增长一部分可以归因为过去10年成衣业出口的增长，这给政治精英造成了持续增长成衣业的激励。然而，根据我们对国家能力的综合衡量，孟加拉国一直是地区得分最低的国家之一，2009年，位列倒数第六，接近地区的平均水平（见在线附录图1）。

有组织的劳工权力的缺乏使得无论哪个党派掌握权力，国家都没有理由投资建设必须的能力来规范行业的状况。在劳工权利方面，这个问题表现为劳动部门资金不足的困境。孟加拉国一个全国性工会组织的领导人感叹说："劳动监管人员的权力仅存在法律法规中，我们的劳动监管人员数量不足，装备不足，不能履行职责"（Ahmed et al.，2014）。美国国务院（US Department of State，2000）报告显示，1999年超过300000家企业仅有100

名劳动监管人员,并且腐败是一个普遍问题。① 阿曼德等(Ahmed et al.,2014)也发现,"政府官员和工会领导人公开承认劳动监管人员和工人的比例太不平衡。劳动监管人员很少有满足工作的工具,比如可以使他们在工厂之间通行的汽车或者是足够抵御贿赂的工资"。在一份 2012 年出版,用来描绘 2012—2015 年间孟加拉国体面工作项目的报告中,国际劳工组织说:"由于人员经常更替,资源约束(人员和其他),对劳工承诺需求的增加以及增加知识基础的需求,(劳动与就业部)人员都不得不来处理这些新出现的需求,并在有限资源的情况下发挥领导作用"(ILO,2012)。这些报告表明,新政府的收入并没有用来更好地装备这个国家的劳动部门。

虽然孟加拉国的国家能力可能只是逐渐地提高,但是国内政治动态表明国家能力边际上的提高从未表现出任何提高工作条件或者增强劳工权利的可能性。事实上,同一时期,工人权利受侵犯的频率反而升高了。此外,考虑到现在的政治环境,未来国家能力的提高导致工人获益的情况也是极不可能的。

孟加拉国的例子显示了一个不幸的共同困境。孟加拉国政治权力的平衡已经产生,国家两个主要党派的政治精英与军队、官僚机构以及商界精英构成的松散联盟共同占据了政治权力的最大份额。每个利益相关方都表现出了对私有化、自由化和出口导向的增长的兴趣。与其增加现有劳动法律的执行性,这些人倒不如在政治上和经济上都从劳动法的不执行和工人的持续边缘化中受益。因而,劳动活动家受到恐吓,并使他们退出扰乱现有权利平衡的活动。其结果是,劳动监管人员既没有激励也没有资源来处理大量的劳动侵权行为,政党也没有任何动力来发动倾向于劳工的改革。

六、结论

我们认为在发展中国家保护和提高劳工权利不仅取决于在大量侵犯劳动

---

① 美国国务院同年的报告表明越南和菲律宾每个国家大约有 300 名劳动监管人员,而这两个国家的人口比孟加拉国少得多。见 http://www.state.gov/j/drl/rls/hrrpt/1999/311.htm 和 http://www.state.gov/j/drl/rls/hrrpt/1999/303.htm。

权利的国家内部提高国家能力，而且还取决于相关政治力量在各自政治环境中的利益和偏好。只有当政治家发现支持这个领域内的政策改革符合自身的利益时，提高国家能力才可能导致工人权利保护的提高。左倾政府，民主政治体制等代表工人利益的国家，或者面临着强力的工会或潜在劳工权利的国家，与没有这些特征的国家相比，更可能利用增加的国家能力来执行对工人有利的政策。如果这些因素都不存在，我们发现在发展中国家之中，国家能力的增加和劳工权利保护的提高之间不存在正向的关系。

然而，我们并不认为国家能力对劳工权利的促进和保护没有关系。相反，我们的结果强调，国家能力和政治意愿的结合对促进劳工权利可能是最重要的。的确，在政治上代表工人利益国家，国家能力的提高是劳工权利提高的一个强有力的预测。未来的研究应该考察那些旨在专门加强劳动部门和监管人员的能力建设措施的潜在影响。

最后，我们的文章主要关注利用国家能力保护劳工权利的政治意愿的内部来源，其他学者也注意到通过改变对政治和商业精英的激励所产生的政治意愿的潜在的外部因素。这些外部来源包括维权运动和抵制（Seidman，2007），对声誉更加关注的跨国公司的需求（Mosley，2010），以及与美国贸易协定的要求（Kim，2013；Schrank & Piore，2006）。孟加拉国工厂火灾和拉纳广场灾难发生后，在国际社会的压力下，孟加拉国政府颁布了一项法律来进一步保护孟加拉国工人组建工会的权利（Bose，2013）。然而，外部的压力能否产生持久的政治意愿来利用国家能力真正地保护劳工的权利，甚至是在工人的强有力的政治代表性缺乏的情况下，这种效果还有待观察。

参考文献

1. Adsera, A., Boix, C., & Payne, M., "Are You Being Served? Political Accountability and Quality of Government", *Journal of Law, Economics, and Organization*, 2003, 19 (2), 445-490.

2. Ahmed, F. Z., Greenleaf, A., & Sacks, A., "The Paradox of Exportgrowth in Areas

of Weak Governance: The Case of the Readymade Garment Sector in Bangladesh", *World Development*, 2014, 56, 258 – 271.

3. Aidt, T., & Tzannatos, Z., *Unions and Collective Bargaining: Economic Effects in A Global Environment Directions in Development*-General, Washington, DC: World Bank, 2002, http://elibrary.worldbank.org/doi/abs/10.1596/0 – 8213 – 5080 – 3.

4. Albertus, M., & Menaldo, V., "Gaming democracy: Elite Dominance during Transition and the Prospects for Redistribution", *British Journal of Political Science*, 2014, 44 (03), 575 – 603.

5. Amengual, M., "Complementary Labor Regulation: The Uncoordinated Combination of State and Private Regulators in the Dominican Republic", *World Development*, 2010, 38 (3), 405 – 414.

6. Amengual, M., "Pathways to Enforcement: Labor Inspectors lever aging Linkages with Society in Argentina", *ILR Review*, 2014, 67 (1), http://digitalcommons.ilr.cornell.edu/ilrreview/vol67/iss1/1.

7. Back, H., & Hadenius, A., "Democracy and State Capacity: Exploring a J-shaped Relationship", *Governance*, 2008, 21 (1), 1 – 24.

8. Bartley, T., "Corporate Accountability and the Privatization of Laborstandards: Struggles over Codes of Conduct in the Apparel Industry", *Research in Political Sociology*, 2005, 14, 211 – 244.

9. Baskaran, T., & Bigsten, A., "Fiscal Capacity and the Quality of Government in Sub-Saharan Africa", *World Development*, 2013, 45 (C), 92 – 107.

10. Beck, T., Clarke, G., Groff, A., Keefer, P., & Walsh, P., "New Tools in Comparative Political Economy: The Database of Political Institutions", *World Bank Economic Review*, 2001, 15 (1), 165 – 176.

11. Berliner, D., Greenleaf, A. R., Lake, M., Levi, M., & Noveck, J., *Labor Standards in International Supply Chains: Aligning Rights and Incentives*, Cheltenham, UK: Edward Elgar Publishing, 2015.

12. Berliner, D., & Prakash, A., "Signaling Environmental Stewardship in the Shadow of Weak Governance: The Global Diffusion of ISO 14001", *Law & Society Review*, 2013, 47 (2), 345 – 373.

13. Berliner, D., & Prakash, A., "Public Authority and Private Rules: How Domestic Regulatory Institutions Shape the Adoption of Globalprivate Regimes", *International Studies Quarterly*, 2014, 58 (4), 793–803.

14. Besley, T., & Persson, T., *Pillars of Prosperity: The Political Economics of Development Clusters*, NJ: Princeton University Press, 2013.

15. Bhorat, H., Kanbur, R., & Mayet, N., "Estimating the Causal Effect of Enforcement on Minimum Wage Compliance: The Case of South Africa", *Review of Development Economics*, 2012, 16 (4), 608–623.

16. Bose, N., "Stronger Labor Law in Bangladesh after Garment Factory Collapse", *Reuters*, July 15 2013, http://www.reuters.com/article/2013/07/15/us-bangladesh-labour-idUS-BRE96E05R20130715.

17. Botero, J. C., Djankov, S., La Porta, R., Lopez-de-Silanes, F., & Shleifer, "The Regulation of Labor", *The Quarterly Journal of Economics*, 2004, 119 (4), 1339–1382.

18. Brautigam, D., Fjeldstad, O.-H., & Moore, M., *Taxation and State-building in Developing Countries: Capacity and Consent*, Cambridge; New York: Cambridge University Press, 2008.

19. Charron, Nicholas, & Lapuente, Victor., "Does Democracy Produce Quality of Government?", *European Journal of Political Research*, 2010, 49 (4), 443–470.

20. Cingranelli, D., Richards, D., & Clay, C., "The Cingranelli-Richards (CIRI) Human Rights Data Project Coding Manual", 2014, http://www.humanrightsdata.com/p/data-documentation.html.

21. Collingsworth, T., Goold, W., & Harvey, P., "Time for a New Global Deal", *Foreign Affairs*, 1994, 73, 8–13.

22. Davies, R. B., & Vadlamannati, K. C., "A Race to the Bottom in Labor Standards? An Empirical Investigation", *Journal of Development Economics*, 2013, 103, 1–14.

23. DiCaprio, A., "The Demand Side of Social Protection: Lessons from Cambodia's Labor Rights Experience", *World Development*, 2013, 48 (C), 108–119.

24. Elliott, K. A., & Freeman, R. B., "*Can Labor Standards Improve Under Globalization?*", Peterson Institute for International Economics, 2003, https://ideas.repec.org/b/iie/ppress/338.html.

25. Englehart, N. A. , "State Capacity, State Failure, and Human Rights", *Journal of Peace Research*, 2009, 46 (2), 163 – 180.

26. Evans, P. ,*Embedded Autonomy*: *States and Industrial Transformation*, Princeton: Princeton University Press, 1995.

27. Evans, P. , & Rauch, J. E. , "Bureaucracy and Growth: A Cross-national Analysis of the Effects of 'Weberian' State Structures on Economic Growth", *American Sociological Review*, 1999, 64 (5), 748 – 765.

28. Fine, J. , & Gordon, J. , "Strengthening Labor Standards Enforcement Through Partnerships with Workers' Organizations", *Politics & Society*, 2010, 38 (4), 552 – 585.

29. Gereffi, G. , & Mayer, F. W. ,Globalization and the Demand for Governance, in The New Offshoring of Jobs and Global Development, 2006, International Labour Organization.

30. Gingerich, D. W. , "Governance Indicators and the Level of Analysis Problem: Empirical Findings from South America", *British Journal of Political Science*, 2013, 43 (03), 505 – 540.

31. Greenhill, B. , Mosley, L. , & Prakash, A. , " Trade-based Diffusion of Labor Rights: A Panel Study, 1986 – 2002", *American Political Science Review*, 2009, 103 (4), 669 – 690.

32. Halleröd, B. , Rothstein, B. , Daoud, A. , & Nandy, Shailen, "Bad Governance and Poor Children: A Comparative Analysis of Government Efficiency and Severe Child Deprivation in 68 Low-and Middle-income Countries", *World Development*, 2013, 48 (4), 19 – 31.

33. Hanson, J. K. , & Sigman, R. ,Measuring State Capacity: Assessing and Testing the Options, Presented at the annual meeting of the American Political Science Association, 2011, Seattle, WA.

34. Hendrix, C. S. , "Measuring State Capacity: Theoretical and Empirical Implications for the Study of Civil Conflict", *Journal of Peace Research*, 2010, 47 (3), 273 – 285.

35. Holmberg, S. , Rothstein, B. , & Nasiritousi, N. , " Quality of Government: What You Get", *Annual Review of Political Science*, 2009, 12 (1), 135 – 161.

36. Huber, E. , & Stephens, J. D. ,*Development and Crisis of the Welfare State*: *Parties and Policies in Global Markets*, Chicago: University of Chicago Press, 2001.

37. Human Rights Watch. , "Bangladesh: End Legal Harassment of Labor Leaders Human Rights Watch", 2011, http://www. hrw. org/news/2011/05/03/bangladesh-end-legal-harassment-

labor-leaders.

38. Huntington, S. P. ,*Political Order in Changing Societies*, New Haven: Yale University Press, 1968.

39. ILO, *International Labour Office Governing Body*: *Committee on Legal Issues and International Labour Standards*, GB. 282/LILS/7 282nd Session. Geneva, 2002, http://www.ilo.org/public/english/standards/relm/gb/docs/gb282/pdf/lils-7.pdf.

40. International Country Risk Guide (2013), *Political risk services group inc.* 2003 – 2013, Political risk services Bangladesh, Bangladesh country reports, Political risk yearbook.

41. International Labour Organization, *Observation on the Right to Organise and Collective Bargaining Convention* (No. 98), Adopted 2010, Published: 100th ILC Session in 2011, 2010, Geneva.

42. International Labour Organization, *Bangladesh Decent Work Country Programme*: 2012 – 2015, Geneva, 2012, http://www.ilo.org/public/english/bureau/program/dwcp/download/bangladesh.pdf.

43. International Trade Union Conference, *Bangladesh*: *Government Must Support Decent Minimum Wage, and Cease Harassment of Union Rights Supporters*, 2010, http://www.ituc-csi.org/bangladesh-government-must-support.

44. Iversen, T., & Soskice, D., "Electoral Institutions and the Politics of Coalitions: Why Some Democracies Redistribute More than Others", *American Political Science Review*, 2006, 100 (02), 165 – 181.

45. Kim, J. Y., "The Politics of Code Enforcement and Implementation in Vietnam's Apparel and Footwear Factories", *World Development*, 2013, 45 (C), 289 – 295.

46. Knutsen, C. H., "Democracy, State Capacity, and Economic Growth", *World Development*, 2013, 43 (C), 1 – 18.

47. Kolben, K., "Transnational Labor Regulation and the Limits of Governance", *Theoretical Inquiries in Law*, 2011, 12 (2).

48. Korpi, W., O'Connor, J. S., & Olsen, G. M. ,*Power Resources Theory and the Welfare State*: *A Critical Approach*: *Essays Collected in Honour of Walter Korpi*, Toronto: University of Toronto Press, 1998.

49. Kucera, D., "Core Labour Standards and Foreign Direct Investment", *International Labour Review*, 2002, 141 (1 – 2), 31 – 69.

50. Lake, M., "Organizing Hypocrisy: Providing Legal Accountability for Human Rights Violations in Areas of Limited Statehood", *International Studies Quarterly*, 2014, 58 (3), 515 – 526.

51. Landefeld, J. C., Burmaster, K. B., Rehkopf, D. H., Syme, S. L., Lahiff, M., Adler-Milstein, S., et al., "The Association Between a Living Wage and Subjective Social Status and Self-rated Health: A Quasi-experimental Study in the Dominican Republic", *Social Science & Medicine*, 2014, 121, 91 – 97.

52. Locke, R. M., *The Promise and Limits of Private Power: Promoting Labor Standards in a Global Economy*, Cambridge, New York: Cambridge University Press, 2013.

53. Locke, R. M., Qin, F., & Brause, A., "Does Monitoring Improve Labor Standards? Lessons from Nike", *Industrial and Labor Relations Review*, 2007, 61 (1), 3 – 31.

54. Manik, J. A., & Yardley, J., "Scores Dead in Bangladesh Building Collapse", *NYTimes*.com, 2013, http://www.nytimes.com/2013/04/25/world/asia/bangladesh-building-collapse.html?pagewanted=all&_r=0.

55. Morantz, A. D., "Has Devolution injured American workers? State and federal enforcement of construction safety", *Journal of Law, Economics, and Organization*, 2009, 25 (1), 183 – 210.

56. Mosley, L., *Labor Rights and Multinational Production*, Cambridge University Press, 2010.

57. Mosley, L., & Uno, S., "Racing to the Bottom or Climbing to the Top? Economic Globalization and Collective Labor Rights," *Comparative Political Studies*, 2007, 40 (8), 923 – 948.

58. Murillo, M. V., & Schrank, A., "With a Little Help from My Friends Partisan Politics, Transnational Alliances, and Labor Rights in Latin America", *Comparative Political Studies*, 2005, 38 (8), 971 – 999.

59. Neumayer, E., & de Soysa, I., "Globalization and the Right to Free Association and Collective Bargaining: An Empirical Analysis", *World Development*, 2006, 34 (1), 31 – 49.

60. Nickell, S. J., "Biases in Dynamic Models with Fixed Effects", *Econometrica*, 1981, 49 (6), 1418 – 1426, Econometric Society.

61. North, D. C., *Institutions, Institutional Change, and Economic Performance*, Cambridge; New York: Cambridge University Press, 1990.

62. North, D. C., & Weingast, B. R., "Constitutions and Commitment: The Evolution of Institutions Governing Public Choice in Seventeenth-century England", in L. J. Alston, T. Eggertsson, & D. C. North (Eds.), *Empirical Studies in Institutional Change*, 1996.

63. O'Rourke, D., "Outsourcing Regulation: Analyzing Nongovernmental Systems of Labor Standards and Monitoring", *Policy Studies Journal*, 2003, 31 (1), 1–29.

64. Olson, M., "Dictatorship, Democracy, and Development", *The American Political Science Review*, 1993, 87 (3), 567.

65. Osterman, P., & Piore, M. J., "A Second Regulatory Divide? Labor Inspection Regimes in Comparative Historical Perspective", In*Economy in society: Essays in honor of Michael J. Piore*, Cambridge, Mass.: MIT Press, 2013, http://search.ebscohost.com/login.aspx?direct=true&scope=site&db=nlebk&db=nlabk&AN=497028.

66. Piore, M. J., & Schrank, A., "Toward Managed Flexibility: The Revival of Labour Inspection in the Latin World", *International Labour Review*, 2008, 147 (1).

67. Pires, R., "Promoting Sustainable Compliance: Styles of Labour Inspection and Compliance Outcomes in Brazil", *International Labour Review*, 2008, 147 (2–3), 199–229.

68. Polaski, S., "Combining Global and Local Forces: The Case of Labor Rights in Cambodia", *World Development*, 2006, 34 (5), 919–932.

69. Richthofen, W. V., *Labour Inspection: A Guide to the Profession*, International Labour Organization, 2002.

70. Ronconi, L., "Enforcement and Compliance with Labor Regulations", *ILR Review*, 2010, 63 (4), http://digitalcommons.ilr.cornell.edu/ilrreview/vol63/iss4/9.

71. Ronconi, L., "Globalization, Domestic Institutions, and Enforcement of Labor Law: Evidence from Latin America", *Industrial Relations: A Journal of Economy and Society*, 2012, 51 (1), 89–105.

72. Rothstein, B., Samanni, M., & Teorell, J., "Explaining the Welfare State: Power Resources vs. the Quality of Government", *European Political Science Review*, 2012, 4 (01), 1–28.

73. Rudra, N., "Globalization and the Decline of the Welfare State in Less-developed Countries", *International Organization*, 2002, 56 (02), 411–445.

74. Rudra, N., *Globalization and the Race to the Bottom in Developing Countries: Who Real-*

ly Gets Hurt?, Cambridge, UK; New York: Cambridge University Press, 2008.

75. Sabel, C., O'Rourke, D., & Fung, A., "Ratcheting Labor Standards: Regulation for Continuous Improvement in the Global Workplace", KSG Working paper No. 00 – 010; Columbia Law and Economic working paper No. 185; Columbia Law School, Pub. Law research paper No. 01 – 21, May, 2005, http://papers.ssrn.com/abstract = 253833.

76. Sarker, T. K., "Who Bears the Burden of Taxes in Developing Countries: A Case of Income Taxation in Bangladesh", *Pakistan Economic and Social Review*, 2006, 44 (2), 181 – 207.

77. Schrank, A., "From Disguised Protectionism to Rewarding Regulation: The Impact of Trade-related Labor Standards in the Dominican Republic", *Regulation & Governance*, 2013, 7 (3), 299 – 320.

78. Schrank, A., & Piore, M. J., "Trading up: Easing the Human Costs of the Free Market", *The Boston Review*, 2006, http://bostonreview.net/michael-piore-andrew-schrank-trading-up-embryonic-model-for-easing-hu-man-costs-of-free-market.

79. Seidman, G. W., *Beyond the Boycott: Labor Rights, Human Rights, and Transnational Activism*, New York: Russell Sage Foundation, 2007.

80. Sobek, D., "Masters of Their Domains: The Role of State Capacity in Civil Wars", *Journal of Peace Research*, 2010, 47 (3), 267 – 271.

81. Tobin, J. L., & Rose-Ackerman, S., "When BITs Have Some Bite: The Political-economic Environment for Bilateral Investment Treaties", *The Review of International Organizations*, 2011, 6 (1), 1 – 32.

82. US Department of State, *Bangladesh Country Report on Human Rights Practices. Human Rights Report*, Washington, DC: Bureau of Public Affairs, 2000, http://www.state.gov/j/drl/rls/hrrpt/1999/432.htm.

83. Weil, D., "Public Enforcement/Private Monitoring: Evaluating a New Approach to Regulating the Minimum Wage", *Industrial and Labor Relations Review*, 2005, 58 (2), 238 – 257.

84. Weingast, B. R., "The Economic Role of Political Institutions: Market-preserving Federalism and Economic Development", *Journal of Law, Economics and Organization*, 1995, 11 (1), 1 – 31.

85. Wetterberg, A. , "Public-private Partnership in Labor Standards Governance: Better Factories Cambodia", *Public Administration and Development*, 2011, 31 (1), 64 – 73.

86. World Trade Organization. , WTO Statistics Database, 2014, stat. wto. org/Home/WSDBHome. aspx.

87. Yardley, J. , "Report on Deadly Factory Collapse in Bangladesh Finds Widespread Blame", *The New York Times*, 2013.

88. Ziblatt, D. , "Why Some Cities Provide More Public Goods than Others: A Subnational Comparison of German Cities in 1912", *Studies in Comparative International Development*, 2008, 43 (3/4).

全球劳动治理中的工会和集体谈判权[*]

[德] 西格丽德·科赫-鲍姆加滕　[德] 梅兰妮·克里斯特　著
鲍传健　译[**]

一、引言

在福利国家和"国家工会主义"时代（van der Linden，2000），工会是治理工作环境与维护劳动权利的驱动力量。民族国家的劳动管制通过颁布法律和集体谈判来进行。一开始，工会也寻求建立国际管制，包括国际劳工组织的最低标准、外贸协定中的社会条款（Scherrer and Greven，2001）以及集体谈判中的跨国合作（Koch-Baumgarten，1998a，2006a）等。最近，治理研究开始聚焦于劳动治理如何从国家层面转移到全球层面。相关研究涉及许多话题，包括如何治理一度被认为"不可治理"的全球经济（Habermas，1998）、

---

[*] 本文原载爱德华·埃尔加（Edward Elgar）出版社2016年版的《劳动权利的全球治理：评估跨国公共与私人政策倡议的有效性》（*Global Governance of Labour Rights：Assessing the Effectiveness of Transnational Public and Private Policy Iuitiatives*）一书第七章。

[**] 作者简介：西格丽德·科赫-鲍姆加滕（Sigrid Koch-Baumgarten），德国马尔堡大学社会科学与哲学系政治学教授；梅兰妮·克里斯特（Melanie Kryst），德国马尔堡大学博士候选人。译者简介：鲍传健，中央编译局全球治理与发展战略研究中心助理研究员。

全球治理兴起的原因及其机制（Bartley，2007；Vogel，2008）以及如何融合民主与全球规范的效率（Benz & Papadopoulos，2006；Stevis & Boswell，2008）。研究者也开始讨论新的私人治理的形式，以及涉及国家与非国家参与者网络的公私合作倡议。讨论聚焦于新的参与者的表现，以及执行和监督劳动权利的新的途径，如产品标记倡议和行动准则。这些新方法有些是由私人参与者引介的，如企业和雇主，有些是由非政府组织和公民社会组织引介的，其赖以建立的基础是消费者权力、民主参与和企业社会责任。除了研究工会的学者，国家层面或全球的工会几乎不曾被视作全球劳动管制的相关方（O'Brien et al.，2000：75；Koch-Baumgarten，2006b）。

本文检视了工会的重要性，考察在全球经济中工会在集体谈判中的团体和经济力量如何有助于管理、执行和监督劳动权利和劳动保障。本文首先阐释了研究方法的基本假设与一些概念性框架。其次，我们检验了工会在新兴的全球劳动治理中的作用，以及工会如何影响全球劳动治理。这里，我们假设不同形式的治理有相互重合的部分，包括借由政府的治理、涉及政府的治理及没有政府的治理（Benz & Papadopoulos，2006；Benz & Dose，2010；Koch-Baumgarten，2011）。我们聚焦于工会特定的行动、资源和潜在的权力，以及制定规则的网络方法。此外，我们还考察可由工会独自管理或通过两方共同管理的部分私人治理模式。我们认为，尽管国家和国际的工会在劳动规制领域不再拥有昔日的垄断地位，它们在发展全球劳动治理方面仍将发挥重要的和动态的作用。工会将社会问题延伸到国际政策制定过程和国际组织中，并将自我监管引入到碎片化的跨国劳动管制拼盘中，如国际框架协议（International Framework Agreements，IFAs）及海事部门独特的全球集体谈判体系。通过传统的集体谈判权及跨国网络，工会也加强了倡导联盟的新型政策工具效力（Pries，2010：15，22；Koch-Baumgarten，2011）。

本文的分析基于产业关系与国际工会的文献，以及我们关于国际运输工人联合会（International Transport Workers' Federation，ITF）、海洋产业的工会制度以及清洁服装运动（Clean Clothes Campaign，CCC）的研究，后者是一个与工会合作在跨国层面上维护劳动权利的非政府组织。这些定性的案例研究的基础是历史组织研究、文件分析及专家访谈。

二、劳动治理：一个全球规则的大杂烩

我们的概念起点是国际关系中的治理研究方法（Benz & Dose，2010）。长期以来，在工会和劳资关系研究中几乎看不到治理。直到近期，治理才开始成为该领域的一个研究话题（Koch-Baumgarten 2006a，2006b，2011；Platzer & Muller，2009/I：63ff．；Pries，2010）。同样地，治理研究刚开始也仅仅对行政部门的政策制定感兴趣，对于社会议题与劳动管制关注非常少。近年来，全球治理中非国家参与者的重要性越来越显著，特别是在基于"复杂多边主义"的研究中（O'Brien et al.，2000）。基于一个转型视角，治理研究从"不可治理"和"无力"的观点（Harbermas，1998：95；Beck，2002：99）中抽身出来，这两种观点来源于政治经济学的一个显赫分支，也可从全球化和工会研究中找出端倪。我们不时听到这样的声音：制度化的劳资关系摇摇欲坠，工会在欧洲曾经辉煌一时的经济和政治权力正在瓦解，劳动标准正受到全球性探底竞赛的损害（Bieler & Lindberg，2011：8）。这重新唤起了传统研究范式的活力，即将工会的极度无力与资本的无边界权力对立起来分析（Tudyka et al.，1978）。注意到当前的焦点转移到了商业和非政府组织，全球和一国的工会不再被认为位于全球经济中最相关的参与者之列（Beck，2002；Hassel，2008）。

考虑到现有的许多监督劳动标准的倡议，我们可以假定，全球经济中一个多样化的"跨越国家界限的劳动管制图景"（Pries，2010：22，15；Koch-Baumgarten，2011）正在出现。诚然，在国际层面创立和执行劳动标准极为困难（De Sombre，2006：135）。制度化劳资关系存在于协调型资本主义国家，在自由资本主义的一些部门也存在，国际管制（其水平与程度、标准的质量等）与这些国家或部门的劳动管制标准并不具有可比性。新兴的劳动治理存在于一个特别的国际背景下，这种高度复杂的背景（Benz & Papadopoulos，2006：2f.）会影响其治理能力。

并不存在中心国家、全球权威或国家科层。同时，在欧盟之外，也并不存在这样一个制度框架，与劳资关系的国家体系、制度化的合作形式或制度化的冲突解决形式具有可比性（Koch-Baumgarten，1998a，1999；Colucci，2004）。事实上，我们具有为数众多的决策中心。这使得在不同的利益上形成决议或达成妥协——经常是在最低执行水平上，与执行和监督国际规则一样困难（O'Brien et al.，2000；Scherrer & Greven，2001）。这里存在一种"正式与非正式模式的相互影响"（Benz & Papadopoulos，2006：2f.），即私人管制与公共管制互动的情形。

大量的非国家参与者，代表了不同的利益、价值取向、资源和工具。三方联盟已经失去了对于劳动管制的垄断。雇主已经通过他们个人的企业采取行动，有些仅仅是基于特定的公关利益。除了工会，过去和现在公民社会、倡议联盟和社会运动等参与者也进入了劳动管制这一竞技场，并带来了新的方法（消费者权力、抗议和大众媒体支持）（O'Brien et al，2000；Walk et al.，2001）。这些新参与者还以民主和参与理想的代表以及社会弱势群体的喉舌这样的姿态出现。取决于所在产业和活动领域，地区性和全球性工会的行动范围与国家工会赋予他们的任务可能会有很大差异（参看 Platzer & Muller，2009/I：49 关于全球工会功能类型的介绍）。

说到非国家参与者，工会是仅有的基于经济基础的制度化网络权力的代表。如果我们观察传统的工会要塞地带——欧洲、北美、日本和澳大利亚，几十年来工会的政治和经济权力的基础当然已经受到社会经济结构变化和全球化的挑战。工会正面临严重问题：会员人数下降；会员老龄化；失业；在关键经济部门和员工团体中缺乏代表性（在传统要塞之外）；产业关系体系管制放松；在多元化的工会领域与新进入者的竞争；与社会主义者和社会民主党的传统联系减弱；以及社团主义体系的终结。我们看到，整体上北半球的工会在动员资源、政治支持和经济能量以影响国际政治和全球劳动管制上的能力在减弱。此外，在南半球国家中，威权体制内通常并没有独立的工会；除个别例外情形，发展中国家和新兴工业化国家的雇员组织仍然相当弱小。不过，由此认为工会完全无力未免言过其实。工会的政治影响和经济议价能力在不同国家、不同地区和不同部门仍然存在显著差异，在劳资关系体系的管制能力上也是如此（Koch-Baumgarten，1998a，1999；Frege & Kelly，2003；Avdagic & Crouch 2006；Ehmke et al.，2009；Keune & Schmidt，2009）。

此外，在具有更高劳动标准、工资和更好社会保障的北方国家，其工会（及其会员）通常并不愿意卷入涉及亚洲和非洲贫困劳动力的全球倡议政策。由于产品市场和劳动市场的全球化并引发了全球市场竞争，过去美国和欧洲工会以及许多全球工会联合会（Global Union Federations，GUFs）在国际劳动政策中通常采取一种保护主义的态度。因此，工会间的利益冲突是国际工会决策的重要障碍，这些冲突包括高劳动标准国家的工会与低标准国家的工会之间的冲突，以及出口劳动与出口资本的国家的工会之间的冲突。与马克思主义工会研究的假设相反，规范的信仰（团结）并不能确保全球工会政策得到实施，国际范围内资本和劳动冲突导致的全球劳动者共同的物质利益也不能确保。深切影响全球工会政策的是利益冲突，包括南方的出口劳动和低标准国家的工会与北方的出口资本和高标准国家的利益集团之间的冲突。这已经导致了跨阶级的联盟或者工会与（甚至是威权）国家之间的合作（Koch-Baumgarten，1998a：393-402；1999：346-355，464-476）。

结合上述，我们认为，劳动治理的概念应该建立在一个多中心工会权力及多种（即使是冲突的）工会利益的基础之上。我们将全球劳动治理看作一个碎片化的和多样的大杂烩，包含了劳动和就业的多边规则、指南和各种类型的管制。它们涉及了许多政策领域，存在于不同的管制层级（次国家、国家、地区及国际层面），由一大批参与者设立并付诸实践。（本文我们没有考虑欧盟这一特例，不过一个系统的检验应该包括）。如通常情况下的治理结构一样，这个大杂烩所包含的监管措施，范围相当有限，因此其执行和监督都面临严峻的问题，并表现出一种"网络化极简主义"（Nye & Keohane，2000，转引自 Koch-Baumgarten，2011：65）。这包括在市场经济和金融部门中任何形式的监管干预，这些干预意在将社会和就业相关的风险降到最小。这也包括加强民主权利的所有努力，包括让公民社会组织参与拟定国际组织中具有普适性的监管制度，参与建立跨国机制，以及参与到经济或具体企业当中。劳动治理是一种混合物：它联结了国家和非国家参与者，在自上而下和自下而上两种过程中制订规章，形成不同治理形式的一个复杂的大杂烩，这些借助或不借助政府的治理形式互有重合而交织在一起（Djelic & Quack, 2010：394f）。

三、复杂、混合形态全球劳动治理中的工会

(一) 全球劳动治理中工会的制度因素

工会为复杂的全球劳动治理带来了多方面的制度因素。在建立和监督现有的政府间监管和私人治理倡议，以及在未来扩大这些监管和倡议方面，工会的作用必不可少。工会的主要贡献在于很多制度因素。

首先，通过国家和政府间决策中心提供的直接渠道，国家和国际工会介入到各种形式的传统和"沉默"的游说活动中。尽管工会存在上文所述的结构性问题，在主要的发达国家中其工会仍然可以通过正式或非正式渠道接触政府（Anner, 2006：77）。由于可以直接接触政府，工会可以施加压力，工会代表有时也会代表国家进入国际谈判会议中。他们可能影响国际组织或政府间机制的议程设定。此外，全球工会联合会与重要政府间组织秘书处的关键成员具有直接联系，有时甚至作为这些政府间组织的专家、观察员或顾问。因此，工会可以建立一个重要渠道以影响劳动治理，或者，至少工会可以利用他们的独有的信息渠道来支持他们的网络（Koch-Baumgarten, 1999：378 - 83；O'Brien et al., 2000：84；Lillie, 2006：103；Javed & Ganter, 2009）。当然我们也需要注意，国家或地区工会间不同的利益，对于达成妥协方案或共同的全球政策经常是一个障碍。北方和南方利益集团的利益冲突，也可能对工会在国际组织和政治圈的游说效果产生阻碍。

尽管如此，特定情形下工会与管理层的接触可以被用来动员国家支持，并建立一种科层阴影。同时，制度入口释放了追求正式程序的潜力，如在国际劳工组织中。如果我们将欧盟包括在内，我们可以想见欧盟国家独特的社

会对话工具，以及直接将这种社会对话工具融入欧盟立法的可能性（Smismans，2008；Platzer & Muller，2009）。这并不是说，工会避免使用直接动员的方式，如组织示威或抗议。所谓的社会运动工会主义（Social Movement Unionism）强调了工会自下而上的方法，如通过集体行动和社会联盟（Waterman，2001；Bronfenbrenner，2007；Fairbrother，2008；Bieler & Lindberg，2011）。

这为我们引入了第二个制度因素：全球工会联合会。全球工会联合会提供了一个平台，在这个平台上协商工会利益，协调整体战略，以及在最基础的层面上共享信息（Platzer & Muller，2009/I：49）。全球工会联合会具有代议性的决策机构以及正式的决策过程，这些过程在整体及部门和地区层面都存在。他们具有覆盖世界各个地区的联系网络，并将其权利延伸到地方。他们管理大量联系信息，并收集全世界国家和企业的劳动、就业、社会标准和其他话题的数据，以及集体谈判制度、社会体系和劳动法的数据。这使得他们掌握了大量本地区域的实践和背景知识（Curbach，2003：183）。这些专业知识对于与其他非政府组织形成的联盟很有益处，对于影响政府（间）制订规则的相关工作具有基础性作用。此外，工会活动几乎自然而然地包含了能力建设和制度建设：亚洲、非洲和南美的全球工会联合会传统上都把建立本地和区域的工会组织和集体谈判体制作为目标（Koch-Baumgarten，1999：346–354，386–397）。

第三，值得注意的是，与其他非政府组织一起，工会有助于减轻国际政治中缺乏民主的问题，尽管工会和全球工会联合会也有其自身的民主问题（参看 Koch-Baumgarten，1999：327ff.）。即使在今天，全球工会联合会代表的男性超过了女性，代表的技术工人超过了非技术雇员，代表的传统产业超过了新的服务部门（当然不是指非正规部门），代表的北方组织超过了南方的组织。工会对"他们冷战时期遗产受到的损害"负有责任（O'Brien et al.，2000：86）。他们支持威权体制，主张保护主义政策，在内部民主方面显示出严重的缺陷（Koch-Baumgarten，1999：349–353）。尽管如此，工会的代表性普遍比非政府组织要高。工会在全世界拥有数百万的会员，并对会员负责（O'Brien et al., 2000: 67, 76; Koch-Baumgarten, 2006b）。工会代表了一种长期存在的"参与民主和社会正义"的（欧洲）传统和经验（Phelan, 2006: 11）。

第四种制度因素涉及集体谈判在公共合作和私人治理中的关键作用。这里，我们再一次发现了工会的结构性问题：发展中国家和威权体制中缺乏自主的劳资关系和独立工会，欧洲和美国工会的谈判能力在下降。但直至今天，一些特定的部门和跨国公司仍然是工会的坚强阵地。因此，"国内劳资关系体系的全球阴影"（Stevis, 2011: 139）在善治的成功实践中仍可能是一个关键的影响因素。我们强调了雇员网络的重要性，雇员网络始于本地的子公司，并延伸至发达国家的公司总部（Fichter & Helfen, 2011: 111; Papadakis, 2011: 4）。在发展中国家或者跨国公司的子公司、供应商中，本地的工会委员会、本地的工会会员和员工代表在厘清问题、执行和监督最低社会和环境标准以及确保人权和工会权利上都发挥了重要作用。他们为倡议联盟和工会掌握的治理机构提供了关于本地背景的关键知识以及采取行动的不同方式。全球工会联合会内部的参与者网络及其地区性组织非常有用，他们可以直接接触本地的雇员和相关组织。基于一个中心化的观点，我们将在下文看到，通过工会谈判代表和工会直接接触跨国公司总部是在私人劳动治理中成功加强和监督工会声音的唯一最重要的因素。此外，结构性的工会活动扩展了相关的组织和谈判体系，历史上这些组织和体系是劳动管制持续改善的先决条件：当劳工可以在道德呼吁和抗议行动之外，将集体谈判结构制度化时，他们才算取得真正成功（Crouch, 2009: 58）。

（二）工会的影响、组成和建立全球劳动治理的网络

全球政府间劳动管制至多只能算处于起步阶段。目前为止，国家还未能在全球劳动治理中投以有效的国家科层阴影，而这对于获得劳动治理的更大成功至关重要（Desombre, 2006: 53ff., 205; Dunn, 2006: 46f.）。工会参与了不同的政府间劳动管制努力。首先，在使美国和欧洲的地区和国家贸易协

定中包含社会条款方面，工会的游说取得了成功（O'Brien et al., 2000：89f., 100, 219；Anner, 2006：75ff.；Stevis & Boswell, 2008：90-98）。社会议题也被提上了主要政府间组织的议程，如世界银行、经合组织和国际货币基金组织。不过，他们的努力很少产生实际的效果（O'Brien et al, 2000；Scherrer & Greven, 2001）。检验（间接）影响劳动管制的更深入的政府间规制或体制是否存在，至少在行业层面，是有意义的，如下文所示的海事部门的案例。

此外，公共部门参与私人劳动治理，联结了传统的和新的治理基本要素。私人治理工具的涌现并不必然导致国家管制的减少。事实上，公共和私人治理被认为是互补性的努力，两者可以对工作条件有共同的影响（Amengual, 2010；King & Pearce, 2010：257f.）。国家可以作为公共监督者、有影响力的买者、立法者，甚至是私人标准设定的倡议者和资助者（Weil & Mallo, 2007；Vogel, 2008：275f.；Overdevest, 2010）。政府间组织为企业的自愿承诺提供了非正式的指导，如联合国的全球契约组织以及经合组织的跨国企业准则（Guidelines for Multinational Enterprises）。这些必须要由私人参与者来执行、发展和监督，如通过公民社会网络、企业或者工会（Scherrer et al., 1998：76-123；Pries, 2010：164-170, 251-259）。

工会作为国际劳工组织三方合作者之一，其联合决策者和推动力的作用需要得到重视。国际劳工组织的核心劳动标准与国际劳工组织一系列条约和建议合在一起，形成了一个最低标准的脚手架，这些最低标准可以由国家（通过劳动法）、社会合作伙伴（通过劳资关系）或者其他公民社会参与者（通过多种多样的途径）来执行。如果工会不介入的话，国际劳工组织的管制很可能难以存在（Koch-Baumgarten, 1999：374-379）。尽管国际劳工组织的劳动标准存在决策缓慢、容易引起争议以及执行上难以到位等弊端，它们仍然是任何维护劳动权利和设定跨国劳动管制者的参考依据。同时，制度接口促进了正式程度的形成，如在国际劳工组织框架内违反工会权利的情形下（参看 Reutter, 1994）或者通过集体协议执行国际劳工组织建议等。

说到私人治理，工会可以在多个层面起到独立的作用，包括靠他们自身的力量、作为与其他公民社会参与者联盟的一部分或者作为这些参与者的补充工具和资源。私人全球劳动治理中特别涉及工会的部分包括了国际框架协议。国际框架协议模仿了国际劳工组织的劳动标准和联合国全球契约组织的行为准则。它们描述了劳动权利及集体协议权,也为跨国公司在发展中国家和新兴工业化国家的子公司和供应商建立了最低社会标准。国际框架协议由跨国网络协商达成,这些跨国网络由上至全球工会和管理层(特别是公司总部)的雇员代表组成。国际框架协议和全球契约组织的单方面公司行为准则的区别在于,二者的管制范围不同,涉及企业和工会代表的正式执行和监管过程也不相同。到目前为止,大约有160个国际框架协议(Papadakis,2011:5)已经达成,大部分在欧洲跨国公司,这些公司所在产业特别着力于避免负面的公众形象,或者具有与雇员代表共同决策的传统。研究者已经识别出示范性的方法以及成功应用的案例。一些特定的因素在企业采用和执行国际框架协议中起到了关键作用,包括:(1)可以直接接触公司总部的强大的工会和强大的雇员代表是必要的。(2)管理层和劳工代表之间的社会对话和信任非常重要,国际框架协议的一个目标就是,普及社会对话的思想和制度,并建立新的劳资协商渠道。(3)雇员网络需要从本地的子公司延伸到发达国家的公司总部(Riisgaard,2005;Schomann et al.,2008;Telljohann,2009;Fichter & Helfen,2011)。

全球劳动治理中由工会带来的另一组成部分是国际运输工人联合会(ITF)独特的海洋运输集体谈判体系。本国劳资关系的全球阴影是这一体系的主要支柱之一。此体系是一种治理结构的组成部分,这种治理结构覆盖了充分全球化的海上运输部门整体。全球性的劳动力市场加上非管制性的国际(公开)船籍登记,使得海上运输部门自20世纪70年代以来成为了一个"不受约束的自由市场资本主义的典型"(Lillie,2006:1;也参看Koch-Baumgarten,1998a:374ff.;De Sombre,2006)。在几十年的时间里,海上运输形成了一种独特而复杂的协调国际集体谈判的体系。我们所论述的是一个附属的多层集体谈判和协商体系,这一体系建立在工资和其他就业条件(假期、探亲等)的最低全球标准基础之上,并规定了社会保障补偿津贴。最初这些标准是由工会独自设定的。在高度工会化的国家，港口工会负责处理企业是否执行这些标准的问题。一个港口工会管制系统负责监督，并组成了一个工会检验网络，在许多主要港口特别是那些位于传统的海运国家的港口履行职责。自此，国际运输工人联合会和雇主联合会之间的多层协商开始建立起来，并使得一个工会推动的管制体系转变为一个双边机制。之前这一行业完全不受管制，现在集体协商适用于其三分之一的就业。尽管存在一些执行上的问题（最大的问题是通过复工分录记账的诈骗），这已经阻止了劳动条件和工资的下降趋势（Lillie, 2006：2）。

这种形式的双边治理表明，工会可以为全球经济管制带来一些重要的影响。

1. 长期存在的国际工会的制度背景使得建立一个私人的由工会推动的机制成为可能，这种机制已经为工会间的全球合作奠定了基础。这涉及：在如何划分集体谈判的国内和国际参与者的权限上达成协议；建立决策程序和委员会以设定最低全球标准并制订集体协议；为港口工会管制开发跨境监督系统。因而，制度建设在多个方面得到了规范。例如：国际集体谈判体系支持一些出口劳动力国家的工会化进程；亚洲的海事工会建立了地区组织以增加他们在国际运输工人联合会中的决策影响力（Koch-Baumgarten, 1999：393ff., 467ff.）。最后还产生了双边协商委员会。起初国际运输工人联合会要求轮船公司为某一特定的船只签署一个集体协议，最后演变成了制度建设，因为在海上运输部门引进了一个多雇主的集体谈判体系（De Sombre, 2006：141-143）。

2. 港口工会的全球网络成为了执行和监督的支柱（Koch-Baumgarten, 1998a：394f., 401；Lillie, 2006：53；Turnbull, 2007；Dimitrova, 2010：45f.）。港口工会在其势力强大的地方（如斯堪的纳维亚国家）创立了一个有效的国内劳资关系的阴影，并建立了剩下的碎片化的经济谈判力，促使雇主订立集体协议，并对那些不能遵守最低全球标准者进行惩罚。这也是一个有效的工会科层的阴影，这一科层将那些不情愿抑或持反对意见的工会纳入了国际运输工人联合会，并促使工会在其本国的相关领域采纳国际标准（Koch-Baumgarten, 1998a：395f；1999：457f）。

3. 我们已经提到，国家科层阴影对于许多政府间管制极端重要。在海上运输部门也引入了政府间的港口管制体系，以帮助海洋国家的港口当局监督所有船只的安全和环境标准，不论其来自哪个国家。尽管几十年来工会施加了压力，港口的国家管制实际上并不强制进行社会标准的监督。不过，具有强大工会的传统海洋地区的港口工会将港口的国家管制作为一个框架，以实现他们自身对社会标准的（私人）管理。这种类型的管制是运输业国际集体谈判体系（即国际劳动和工资标准的单边或双边机构）的基础（Koch-Baumgarten，1998a，1998b，2006a；De Sombre，2006：136，145，222f；Lillie，2006：70ff.；Dimitrova，2010：43-47）。此外，对个别港口的考察表明，港口的国家管制与港口的工会管制之间存在联系，例如，工会和国家可能会共同监督职员的工作（Lillie，2006：103）。因此，应该这样理解海上运输的工会体制，它是一个全面的公私治理体系的一部分，在这个体系中工会需要承担起劳动管制的责任，特别是在国家有所忽视的情形下。

尽管传统上工会被归为集体谈判程序，它们也参与到非国家参与者的联盟当中，基于私人机制协商、编纂、确定和监督劳动权利。工会与非政府组织的联盟一方面显示了这些参与者之间的不同，例如，它们的组织结构或者对待政治、经济的态度。另一方面，这些联盟表明，可以通过建立互信、寻求共同思想信念或对外部事件做出反应等来化解冲突（例如 Anner & Evans，2004；Braun & Gearhart，2004；Compa，2004；Egels-Zanden & Hyllman，2006，2011）。我们也不应该将联盟中工会和非政府组织的特征和作用视为固定不变的。尽管如此，这些联盟网络内部工会能力的重要性是显而易见的。清洁服装运动的启示表明，在私人劳动治理错综复杂的内部，工会的作用非常重要。

清洁服装运动成立于1990年，意在提升纺织产业的工作条件。全球价值链、低收入和特别难以组织的脆弱（女性）工人，这些是纺织部门的重要特征。为应对这些挑战，工会和非政府组织的联盟建立起一个跨国网络，包括来自欧洲和生产国的会员组织。清洁服装运动网络的主要成员包括国家纺织工会和多种非政府组织，如关注劳动权利、女权、发展政治、消费者权利或者具有教会背景的非政府组织。此外，两个全球工会联合会（GUF），即国际工会联合会（International Trade Union Confederation，ITUC）和已经并到产业全球工会（IndustriALL Global Union）的国际纺织成衣和皮革业劳工协会（International Textile, Garment and Leather Workers' Federation，ITGLWF）也与清洁服装运动开展合作（Zajak，2012：263ff）。

清洁服装运动发展了一个行为准则模式，根据国际劳工组织的核心劳动标准包括集体谈判权和自由结社权等条款，企业对这一模式负责。不过，清洁服装运动明确声称，这种行为准则并不是要替代独立的工会和集体谈判（CCC，1998）。这一联盟通过媒体和公众压力来起作用，也重视闭门磋商及单个企业的试验性项目的作用（Kruger，2002：139ff.；Merk，2009；Kryst，2012）。清洁服装运动希望将总部设在消费国的跨国公司拉上谈判桌，以商讨侵犯劳动权利或行为准则具体案例的解决之道。因此，这一联盟试图通过抗议活动和游说——通常针对行业领先的运动服装公司或其他著名品牌，以对这些企业施加公众压力。其后，大型零售商成为清洁服装运动新的目标集团，一种覆盖整个部门范围的方法已经出现，如所谓的亚洲地板工资运动（Asian Floor Wage Campaign）。

清洁服装运动其中一种工具是所谓的"紧急呼吁"，即呼吁消费者对企业侵犯劳动权利的具体案例进行投诉，通常用于侵犯工会权利的情形（Merk，2009：608；Kryst，2012：111f.）。在联盟内部，工会也采用那些基于公众或消费者的政策工具，作为本地参与者的工会对于联结消费国的游说组织与生产国起到了极其重要的作用。在一些涉及清洁服装运动的案例中，本地参与者特别是可以独立行动的工会（Merk，2009：605；Zajak，2012：279），是这些运动获得成功的重要一环。尽管这些基于消费者的工具存在着众所周知的问题，如绿色外衣（green washing）等，但在违反劳动权利的具体案例或者在事后反应方面（当然也可能是短暂的），以及通过政治消费主义制度化专业小众市场（niche market）等，都能够带来一些益处（Balsiger，2010，2011）。

2000年以来，由于执行过程中存在的问题，行为准则以及类似的自愿的非约束性工具越来越成为清洁服装运动网络的热议话题。不仅如此，这些运动经常是基于看得见的品牌以及消费者的压力,并不必然基于工人的压力。这也是为什么这些运动经常遭到工会批评的原因。一些国内清洁服装运动的讨论表明,工会对行为准则持非常批判性的态度,而更倾向于有约束力的全球集体协议、贸易协定中的社会条款以及南方国家中经由本地工会和国家工会的立法和协商(Egels-Zanden & Hyllman, 2006: 307; Kryst, 2012: 118f.)。因此,2000年开始清洁服装运动采取了新的战略,这些战略倾向于国家和有约束力协议的更强力介入。

清洁服装运动的部分网络不仅通过法律推动国家管制,它们还将国家参与者作为消费者来对待。欧盟对于公共支出的管制成为了联盟的一个动力。公共支出揭示了一种公共治理和私人治理的混合战略,这对于纺织部门的工会和非政府组织来说可能是一个更有效的方法(Kryst, 2012: 116ff.)。此外,清洁服装运动的成员将新成立的孟加拉消防和建筑安全协议(Accord of Fire and Building Safety in Bangladesh)视为一个可能的转折点,即未来会有更多有约束力的管制。2013年4月热那大厦倒塌事故之后,清洁服装运动与全球及本地的工会经过努力,成功地与国际品牌商及零售商达成协议,在孟加拉国的工厂设立安全检查项目。许多行业领先的纺织和服装零售商签署了该协议,协议的签署者还包括产业工会联盟(IndustriALL)、工会联合会全球统一联盟(UNI Global Union)以及一些本地工会。清洁服装运动认为这一协议在法律执行方面是独特的(CCC, 2013)。从工会的角度来看,与其他非政府组织不同,这一协议表明工会在签署法律上有效的合同方面具备特有的合法性与能力(Kryst, 2012: 118f.)。

从这些在私人劳动治理领域活跃的联盟中,我们可以得到以下几点启示。

(1)工会参与了所谓的消费者推动的劳动治理路径,这通常是非政府组织的任务(Egels-Zanden, 2009: 179)。工会与非政府组织联盟的最初路径与战略改变显示,联盟与消费者倡议、劳动政策和纺织工业的部门特殊性都有所互动。

(2)国家科层的阴影在私人劳动治理中变得非常明显:联盟的行为准则利用了国际劳工组织标准的合法性。更进一步,清洁服装运动提出国家权威可以通过公共支出参与到私人治理当中去。

（3）在联盟内部工会不应该局限于在传统的劳资关系体系中发挥作用（Egels-Zanden & Hyllman，2011：254）。事实上，工会可以利用传统的接触国家权威的渠道对联盟有所贡献，例如，在生产国劳动权利被侵犯的时候。不仅如此，论及与企业的协商时，工会的专业技能与谈判能力不应被低估。工会可以作为合法化的工人代表，努力建立一种长期的谈判体系。

（4）工会的全球网络，以及非政府组织的跨国联络，对于联盟的有效性非常关键。生产国的工会在本地层面更是极端重要：向社会报告劳动不公正以呼吁建立行为准则，这只能通过与制造基地的直接联系才有可能实现。工人的报告可以将侵犯劳动权利特定案例引起的倡议提升至跨国的水平，在调查及与企业或国家权威协商时也非常重要，此外，工人的报告在行为准则的认证和监督过程或其他私人参与者自愿协议的监督中都起到重要作用。

（5）最后，这些网络和消费者推动的私人倡议可以帮助工会在劳动治理体系中增强作用。首先，应工会要求，联盟始终考虑了工会权利。尽管工会权利仍然备受争议（Merk，2009：603ff.），联盟对工会权利的保障对于一些特定案例可能会有直接影响，或者在长期中会对工会的全球能力建设产生作用。反过来，工会可以在新的私人治理框架内扩展其影响领域与政策工具，从而扩大其策略空间（Kryst，2012）。

四、结论

即使传统的国家劳动管制体系已经走到了尽头，工会也会是新的全球劳动治理体系的重要力量。考虑到民族国家的面貌已经有所变化，劳动管制缺乏一个全球国家权威或制度框架，大量已有的和新的非国家参与者参与到公共和私人劳动治理当中，我们定义的全球劳动治理是一个在不同的政策领域和不同层次上的多样化和碎片化的规则、框架和治理形式的大杂烩，并由许多参与者建立和实行。全球劳动治理的显著特征是各种治理形式互相交织混合，依赖于国家参与者与非国家参与者的复杂联系。

在这些多样化的参与者中，尽管存在众所周知的结构性问题，工会有理由具有碎片化和多中心的权力。工会在复杂混合的全球劳动治理体系的不同组成部分中起作用。工会介入了政府间管制的发展，例如通过国际劳工组织；通过国际框架协议和独特的跨国集体谈判体系，工会介入了劳动者驱动的跨国自我管制模式；通过与非政府组织的联合，工会还介入了所谓的消费者驱动的私人治理手段。

如前文所述，工会为基于制度影响的全球劳动治理带来了一个特有的复杂因素。一方面，我们论证了在工会参与的情形下，国家科层阴影如何在公共和公共合作劳动管制中起作用。通过传统的游说以及通过国际组织的非正式或制度性渠道，工会可以对议程设定施压，并有接触正式程序的机会。另外，各类全球工会联合会是决策、战略协作和信息交换的极为重要的网络。因此，工会具有世界范围内的联系、专业技能和经验，工会可以利用这些影响全球管制。此外，尽管存在自身民主代表性的问题，工会有助于减轻国际规则制定过程中缺乏民主和合法性的问题。另一方面，论及私人劳动治理的形式，我们强调了劳资关系体系阴影的重要性：工会提供了直接接触跨国或本地企业参与者的机会；工会可以利用其世界范围的网络进行跨国动员，特别是在本地层面发起、执行和监督私人治理手段的情形下。最后，工会尤其致力于改善公共和私人劳动治理内部的组织和集体谈判结构。

我们认为，为更好更完整地理解全球层面劳动治理的演化，需要综合考虑公共治理、公私合作治理和私人治理各组成部分的相互联系，这其中工会是一支重要的力量。劳资关系文献可以从治理研究中汲取营养，后者显示出了治理的复杂性。尽管目前治理文献主要关注作为非国家参与者的企业和非政府组织，但在全球化经济中讨论企业自我管理和劳动或贸易政策时，应该将工会有序地纳入进来。

参考文献

1. Amengual, M., "Complementary Labor Regulation: The Uncoordinated Combination of

State and Private Regulators in the Dominican Republic", in *World Development*, 2010, 38: 405 – 14.

2. Anner, M., "The Paradox of Labour Transnationalism: Trade Union Campaigns for Labour Standards in International Institutions", in *Phelan*, 2006, 63 – 90.

3. Anner, M. and Evans, P., "Building Bridges Across a Double Divide: Alliances Between US and Latin American Labour and NGOs", in *Development in Practice*, 2004, 14, 1 & 2: 34 – 47.

4. Avdagić, S. and Crouch, C., "Organized Economic Interests: Diversity and Change in an Enlarged Europe", in Heywood, P. M. et al. (eds), *Developments in European Politics*, Basingstoke: Palgrave Macmillan, 2006, 196 – 215.

5. Balsiger, P., "Making Political Consumers: The Tactical Action Repertoire of a Campaign for Clean Clothes", in *Social Movement Studies*, 2010, 9, 3: 311 – 29.

6. Balsiger, P., *Campaigning for Clean Clothes: The Origins and Strategic Interactions of a Social Movement Campaign Targeting Retailers in Switzerland and France*, 2011, Doctoral thesis, University of Lausanne, unpublished.

7. Bartley, T., "Institutional Emergence in an Era of Globalization: The Rise of Transnational Private Regulation of Labor and Environmental Conditions", in *American Journal of Sociology*, 2007, 113, 2: 297 – 351.

8. Benz, A. and Papadopoulos, Y., "Introduction: Governance and Democracy", in Benz, A. and Papadopoulos, Y. (eds), *Governance and Democracy: Comparing National, European and International Experiments*, 2006, London: Routledge: 1 – 26.

9. Bieler, A. and Lindberg, I., *Global Restructuring, Labour and the Challenges for Transnational Solidarity*, London and New York: Routledge, 2011.

10. Braun, R. and Gearhart, J., "Who Should Code Your Conduct? Trade Union and NGO Differences in the Fight for Workers' Rights", in *Development in Practice*, 2004 14, 1 & 2: 183 – 96.

11. Bronfenbrenner, K. (ed.), *Global Unions: Challenging Transnational Capital Through Cross-Border Campaigns*, Ithaca and London: ILR Press, 2007.

12. Clothes Campaign (CCC), "Code of Labour Practices for the Apparel Industry including Sportswear", https://www.cleanclothes.org/resources/pub lications/clean-clothes-cam-

paign-model-code-of-conduct (accessed 2 February 2014).

13. Clean Clothes Campaign (CCC), "Accord on Fire and Building Safety in Bangladesh", http://www.cleanclothes.org/img/pdf/accord-on-fire-and building-safety-in-bangladesh (accessed 2 February 2014).

14. Colucci, M. ,*The Globalisation of Labour Standards: The Soft Law Track*, The Hague: Kluwer Law International, 2004.

15. Compa, L. , "Trade Unions, NGOs, and Corporate Codes of Conducts", in *Development in Practice*, 2004, 14, 1&2: 210 – 15.

16. Crouch, C. , "Collective Bargaining and Transnational Corporations in the Global Economy: Some Theoretical Considerations", in *International Journal of Labour Research*, 2009, 1, 2: 43 – 60.

17. Curbach, J. ,*Global Governance und NGOs. Transnationale Zivilgesellschaft in internationalen Politiknetzwerken*, 2003, Opladen: Leske 1 Budrich.

18. De Sombre, E. R. ,*Flagging Standards: Globalization and Environmental, Safety and Labour Regulations at Sea*, Cambridge: MIT Press, 2006.

19. Dimitrova, D. N. ,*Seafarers' Rights in the Globalized Maritime Industry*, Alphen aan den Rijn: Kluwer Law International, 2010.

20. Djelic, M. -L. and Quack, S. , "Transnational Communities and their Impact on the Governance of Business and Economic Activity", in Djelic, M. -L. and Quack, S. (eds): *Transnational Communities: Shaping Global Economic Governance*, Cambridge: Cambridge University Press 2010, 377 – 413.

21. Dunn, B. , "Globalization,Labour and the State", in *Phelan* 2006, 37 – 62.

22. Egels-Zandén, N. , "Transnational Governance of Workers' Rights:Outlining a Research Agenda", in *Journal of Business Ethics*, 2009, 87, 2: 169 – 88.

23. Egels-Zandén, N. and Hyllman, P. , "Exploring the Effects of Union – NGO Relationships on Corporate Responsibility:The Case of the Swedish Clean Clothes Campaign", in *Journal of Business Ethics*, 2006, 64: 303 – 16.

24. Egels-Zandén, N. and Hyllman, P. , "Differences in Organizing Between Unions and NGOs:Conflict and Cooperation Among Swedish Unions and NGOs", in *Journal of Business Ethics*, 2011, 101: 249 – 61.

25. Ehmke, E., Simon, A. and Simon, J., "Internationale Arbeitsstandards im globalen Kapitalismus", in Ehmke, E. et al. (eds), *Internationale Arbeitsstandards in Einer Globalisierten Welt*, Wiesbaden: VS-Verlag, 2009: 12 – 42.

26. Fairbrother, P., "Social Movement Unionism or Trade Unions as Social Movements", in *Employee Responsibilities and Rights Journal*, 2008, 20: 213 – 220.

27. Fichter, M. and Helfen, M., "Going Local with Global Policies: Implementing IFAs in Brazil and the US", in *Papadakis*, 2011: 85 – 115.

28. Frege, C. and Kelly, J., "Union Revitalization Strategies in Comparative Perspective", in *European Journal of Industrial Relations*, 2003, 9: 7 – 24.

29. Habermas, J., *Die postnationale Konstellation. Politische Essays*, Frankfurt a. M.: Suhrkamp, 1998.

30. Hassel, A., "The Evolution of a Global Labor Governance Regime", in *Governance: An International Journal of Policy, Administration and Institutions*, 2008, 21, 2: 231 – 51.

31. Javad, S. and Ganter, S., "Kein Zurück zum (Doing) Business as Usual. Die neue Gewerkschaftsbewegung in der globalen Beschäftigungskrise", in *Kurzberichte Internationale Gewerkschaftskooperation Friedrich-Ebert Stiftung*, 2009, 9.

32. Keune, M. and Schmidt, V., "Global Capital Strategies and Trade Union Responses: Towards Transnational Collective Bargaining?", in *International Journal of Labour Research*, 2009, 1, 2: 9 – 26.

33. King, B. G. and Pearce, N. A., "The Contentiousness of Markets: Politics, Social Movements, and Institutional Change in Markets", in *Annual Review of Sociology*, 2010, 36, 1: 249 – 67.

34. Koch-Baumgarten, S., "Trade-Union Regime Formation under the Conditions of Globalization in the Transport Sector: Attempts at Transnational Trade Union Regulation of Flag-of-Convenience Shipping", in *International Review of Social History*, 1998a, 43, 3: 369 – 402.

35. Koch-Baumgarten, S., "Konflikt und Kooperation in internation alen Gewerkschaftsbeziehungen unter Bedingungen der Globalisierung. Multinationale Tarifpolitik in der Handelsschifffahrt", in *Industrielle Beziehungen*, 1998b, 5, 1: 413 – 37.

36. Koch-Baumgarten, S., *Gewerkschaftsinternationalismus und die Heraus forderung der Globalisierung-Das Beispiel der Internationalen Transportar beiterföderation (ITF)*, Frankfurt

a. M. and New York: Campus Verlag, 1999.

37. Koch-Baumgarten, S., "Globale Gewerkschaften und industrielle Beziehungen in der Global Governance", in *Industrielle Beziehungen*, 2006a, 13, 3: 205 – 33.

38. Koch-Baumgarten, S., "Global Governance, internationale Zivilgesellschaft und Globale Gewerkschaften", in Koch-Baumgarten, S. and Rütters, P. (eds), *Pluralismus und Demokratie. Interessenverbände-Länderparlamentarismus-Föderalismus-Widerstand. Festschrift für Siegfried Mielke*, Köln: Bund-Verlag, 2006b: 161 – 97.

39. Koch-Baumgarten, S., "Gewerkschaften und Global Governance: Grenzen und Möglichkeiten einer grenzüberschreitenden Regulierung von Erwerbsarbeit", in *Internationale Politik und Gesellschaft*, 2011, 2: 51 – 68.

40. Krüger, S., *Nachhaltigkeit als Kooperationsimpuls. Sozial-ökologische Bündnisse zwischen NGOs und Gewerkschaften*, Münster: Westfälisches Dampfboot, 2002.

41. Kryst, M., "Coalitions of Labor Unions and NGOs: The Room for Maneuver of the German Clean Clothes Campaign", in *Interface: A Journal For and About Social Movements*, 2012, 4, 2: 101 – 29.

42. Lillie, N., *A Global Union for Global Workers: Collective Bargaining and Regulatory Politics in Maritime Shipping*, New York and London: Routledge, 2006.

43. Merk, J., "Jumping Scale and Bridging Space in the Era of Corporate Social Responsibility: Cross-border Labour Struggles in the Global Garment Industry", in *Third World Quaterly*, 2009, 30, 3: 599 – 615.

44. Nye, J. S. (Jr.) and Keohane, R. O., "Introduction", in Nye, J. S. (Jr.) and Donahue, J. D. (eds), *Governance in a Globalizing World*, Washington DC: The Brookings Institution, 2000: 1 – 44.

45. O'Brien, R. et al., *Contesting Global Governance: Multilateral Economic Institutions and Global Social Movements*, Cambridge: Cambridge University Press, 2000.

46. Overdevest, C., "Comparing Forest Certification Schemes: The Case of Ratcheting Standards in the Forest Sector", in *Socio-Economic Review*, 2010, 8: 47 – 76.

47. Papadakis, K. (ed.), "*Shaping Global Industrial Relations: The Impact of International Framework Agreements*, Basingstoke: Palgrave Macmillan, 2011.

48. Phelan, C. (ed.), *The Future of Organised Labour: Global Perspectives*, Oxford: Peter

Lang, 2006.

49. Platzer, H.-W. and Müller, T., *Die globalen und europäischen Gewerkschaftsverbände. Handbuch und Analysen zur transnationalen Gewerkschaftspolitik*, 2nd edn, Berlin: Edition Sigma, 2009.

50. Pries, L., *Erwerbsregulierung in einer globalisierten Welt*, Wiesbaden: VS-Verlag, 2010.

51. Reutter, W., "Gewerkschaften und Menschenrechte. Der Beitrag der Internationalen Textil-, Bekleidungs-und Lederarbeitervereinigung zur Verteidigung von Gewerkschafts-und Menschenrechten", in *WSI-Mitteilungen*, 1994, 8: 516–23.

52. Riisgaard, L., "International Framework Agreements: A New Model for Securing Workers Rights?" in *Industrial Relations*, 2005, 44, 4: 707–37.

53. Scherrer, C. and Greven, T., *Global Rules for Trade: Codes of Conduct, Social Labeling Workers' Rights Clauses*, Münster: Westfälisches Dampfboot, 2001.

54. Scherrer, C., Greven, T. and Frank, V., *Sozialklauseln-Arbeitsrechte im Welthandel*, Münster: Westfälisches Dampfboot, 1998.

55. Schömann, I. et al., "International Framework Agreements: New Paths to Workers' Participation in Multinationals' governance?" in *Transfer*, 2008, 14, 1: 111–26.

56. Smismans, S., "The European Social Dialogue in the Shadow of Hierarchy", in *Journal of Public Policy*, 2008, 28, 1: 161–80.

57. Stevis, D., "The Impacts of International Framework Agreements: Lessons from the Daimler Case", in *Papadakis*, 2011: 116–42.

58. Stevis, D. and Boswell, T., *Globalization and Labor: Democratizing Global Governance*, Lanham: Rowman & Littlefield, 2008.

59. Telljohann, V. et al., "European and International Framework Agreements: New Tools of Transnational Relations", in *Transfer*, 2009, 15, 3/4: 505–25.

60. Tudyka, K. P., Etty, T. and Sucha, M., *Macht ohne Grenzen undgrenzenlose Ohnmacht. Arbeitnehmerbewußtsein und die Bedingungen gewerkschaftlicher Gegenstrategien in multinationalen Konzernen*, Frankfurt a. M.: Campus Verlag. 1978.

61. Turnbull, P., "Dockers Versus the Directives: Battling Port Policy on the European Waterfront", in *Bronfenbrenner*, 2007: 117–36.

62. van der Linden, M., "Conclusion: The Past and Future of International Trade Union-

ism", in Carew, A. et al. (eds), *The International Confederation of Free Trade Unions*, Bern: Peter Lang Verlag, 2000: 519 – 42.

63. Vogel, D., "Private Global Business Regulation", in *Annual Review of Political Science*, 2008, 11: 261 – 82.

64. Walk, H., Klein, A. and Brunnengräber, A., "NGOs-Die 'Entschleuniger' der Globalisierung, Einleitung", in Walk, H., Klein, A. and Brunnengräber, A. (eds): *NGOs als Legitimationsressource. Zivilgesellschaftliche Partizipationsformen im Globalisierungsprozess*, Opladen: Leske 1 Budrich, 2001: 9 – 22.

65. Waterman, P. ,*Globalization, Social Movements and the New Internationalisms*, London and New York: Continuum, 2001.

66. Weil, D. and Mallo, C., "Regulating Labor Standards via Supply Chains: Combining Public/Private Interventions to Improve Workplace Compliance", in *British Journal of Industrial Relations*, 2007, 45, 4: 791 – 814.

67. Zajak, S. ,*In the Shadow of the Dragon: Transnational Labor Activism between State and Private Politics: A Multilevel Analysis of Labor Activism Targeting China*, Doctoral thesis, University of Cologne, 2012, unpublished.

国际劳资关系中的全球工会联合会：
一个批判性评论*

［澳］米歇尔·福特　［澳］迈克尔·吉兰　著　孙　宁　译**

一、引言

随着全球经济一体化的深入发展，对雇主、雇员以及其所属组织和所在国家之间关系的研究已经不能仅局限于一国范围之内。尽管国家制度体系仍然是劳资关系研究学者所关注的重点，然而跨越国界的经济一体化进程造成了"不同国家背景下不同类型参与者之间关系的复杂化程度不断提高，以及在更广阔地理范畴内其战略举措相互依赖的效应"（Jackson et al., 2013：427）。因此劳动和劳资关系的全球性特征开始显现，无论是从新自由主义意识形态和治理产生的影响（Brenner et al., 2010），从跨空间供应商和承包商之间的复杂链条或"网络"对生产和雇佣关系的重组（Coe, 2013）；从劳动力流动和迁移带来的挑战（Ford, 2006）；抑或是从对劳动者在旧雇佣体制下

---

* 本文原载《产业关系杂志》（*Journal of Industrial Relations*）2015年第57卷第3期。
** 作者简介：米歇尔·福特（Michele Ford），澳大利亚悉尼大学；［澳］迈克尔·吉兰（Michael Gillan），澳大利亚西澳大学。译者简介：孙宁，中央编译局文献部。

所争取到的保障形式产生威胁的各类合同或"不稳定"工作形式日益增加的现象（Kalleberg，2009），都能看出这种特征的端倪。

劳动环境的重构，以及由此造成的不同参与者之间不断复杂化的关系对世界工人运动产生了深远影响。尽管各国工会的活动仍然主要局限于本国范围，但是由于其与当代资本主义发展结构严重脱节，导致了工会活动效果与预期背道而驰。在意识到这一问题后，各国工会开始探寻超越本国范围，进而超越传统劳资关系体系范围开展活动的途径。这一趋势也引发了劳资关系学和劳动社会学这两大学科内的激烈讨论，这一讨论主要围绕工人动员和集体代表对新兴的全球化模式产生影响的能力展开。全球化进程，尤其是在竞争、投资和生产方面日益凸显的跨国属性，对工人运动形成了挑战，而学术讨论的核心就是学者对这些挑战进行的评估。很多针对特定地理范畴、制度和经济环境的研究对这些挑战进行过梳理和探讨。其中一个分析研究的对象就是工会通过发展新的代表形式、活动方式和机构参与模式进行自我改造，进而在变革的世界经济中重构谈判能力和社会关联性的相对能力。

某些研究认为范围是认识劳资关系复杂性和空间性过程中的一个重要概念。按通常理解，范围作为一个术语表示一种概念性排序体系，并代表具有地理界限的解决方案所涉地域空间范围，一般包括地方、地区、国家和全球这几类地域范围。然而，某些学者认为范围是基于经济体制和社会关系而"建立"的政治概念（Herod，2009）。这些学者的研究重点是抛弃对范围的概念化认识，即认为范围是独立的、有界限的、分级的，转而将范围理解为一个具有更强流动性和关联性的概念，并承认不同地域范围，如地方、国家等，之间具有内在联系（Herod，2009）。劳动关系方面的研究学者开始越来越频繁地援引这些观点[1]，其中有些人采用"跨范围"这一术语来解释工会如何能在多个且有重叠的地理范围内开展工作。一些学者，比如塔夫茨（Tufts，2007：2387），表示跨范围工会活动可能是复兴工人运动的关键。

---

[1] 关于这一趋势，请参考麦格拉-钱普等著（McGrath-Champ et al.，2010），以及塔夫茨和萨维奇（Tufts & Savage，2009）的论文。详见参考文献。

是什么促使工会组织开始改变活动形式库①，甚至探索组织跨国工人活动并代表不同国家工人的利益？哪些机构组织能够最有力地推进这种改变？可以说，作为各基础产业的国家性行业联合会的代表，全球工会联盟是推动劳资关系"全球化"的最重要组织之一。与国家性和地方性工会不同，全球工会联盟是经过明确授权在跨国基础上考虑问题、开展行动和代表工人利益的（Evans，2010）。然而与此同时，由于工会资源、权威组织和动员能力仍集中在地方和国家层面，全球工会联盟在推动变革和落实战略目标方面主要依赖于有能力的地方和国家联盟成员，并在开展活动过程中发挥辅助和协调作用，而并非"自上而下"地命令或指挥战略的落实。这表明我们有必要将全球工会联盟看作一个调整劳资关系的组织，它具有独特的历史渊源、组织形式、内部治理、战略目标和措施策略，而这些方面也决定了其行动能力上的局限性。作为切入点，这篇论文通过评述有关跨国劳资关系的文献著作，分析关于全球工会联盟历史发展进程的各种观点，其主要活动形式，以及其对国际和国家劳资关系实践产生的影响。

二、劳动、全球化和全球工会联盟

关于跨国劳资关系和"全球"工联主义的文献著作中包含多种观点，也涉及多个学科，简单来讲可以划分为以下三种各有侧重又互有交叉的类型。第一类著述通过宏观层面分析，重点论述全球化，资本主义重构和工人运动的命运。此类著作②着眼于探讨全球化和经济变革背景下工会的战略能力和社会政治相关性。其中一个关键问题是，以发掘新的力量来源和重建劳资关系中的集体代理模式为目的，工会能够推动其活动和活动形式库的"全球化"

---

① "活动形式库"这一术语最初由查尔斯·堤利（Charles Tilly）提出，用于探讨和分析社会运动策略。之后，塔罗（Tarrow，1993）等学者对此术语进行了拓展。塔罗的研究方向之一就是活动形式库随时间推移而产生变化的过程。关于在劳资关系研究中采用社会运动理论中相关概念的情况，请参看加恩和派卡雷克（Gahan & Pekarek，2013）的论文。详见参考文献。

② 如蒙克（Munck，2008，2011）的两篇文献。详见参考文献。

（指跨多个且有重叠的地域开展活动）到何种程度（McGrath-Champ et al.，2010）。

一些社会学家指出了工会的弱点，并表示有效发挥工会的代表作用与"网络化"、全球化的资本主义形式相冲突（Castells，1997）。其中一种观点告诫人们对多数劳工研究著作的说法不要过分乐观，其理由是这些著作并未充分认识到资本主义重构在分解劳动、商品化社会生活和迷惑工会方面发挥了何种程度的作用（Boyer，2010；Burawoy，2010）。与这种观点针锋相对的另一种主要由劳工运动社会学家提出的观点则认为前者所持的悲观态度低估了工会随时间推移而调整其战略和工人代表形式的能力，乃至忽视了新自由主义全球化所带来的意想不到的机遇，例如为快速沟通和交流提供便利的技术平台的应用，跨国工会网络的出现以及通过与不同范围内的其他民间团体联合而产生的力量（Evans，2010；Munck，2008；Webster et al.，2008）。

第二类研究也主要针对以上这些问题和担忧，但采取了一种更为具体的研究方式。一种典型的做法是运用实证研究的方式，对那些过程和结果受到跨国（或"跨范围"）因素影响的工会活动或劳资冲突案例进行分析。[①] 另一种做法是通过对某一特定国家或地区工会的发展情况进行研究，进而探讨跨国劳资关系和"全球"工会行动（Ford & Dibley，2012；Gillan & Lambert，2013），或者以某一特定经济部门、产业或某一产品的全球制造网络为例，描述并分析实施跨范围战略和行动后工人动员和工会交涉能力的发展情况（Cumbers et al.，2008；Lillie，2005；McCallum，2013）。为了详述大环境对这些工会运动的过程和结果的重要性，这类研究更加详尽细致地对妨碍跨范围劳工运动战略实施的组织矛盾和结构性障碍进行了分析。由于与研究内容密切相关，各类全球性工会在众多此类研究中占重要地位。然而，全球工会联盟却鲜少成为相关研究的主要对象。

[①] 如布朗芬布伦纳（Bronfenbrenner，2007），费尔布拉泽等人（Fairbrother et al.，2013）和麦格拉-钱普等人（McGrath-Champ et al.，2010）主编的研究各类工会运动和活动的论文集。详见参考文献。

第三类著述数量最少。这类著述主要着眼于将全球性工会——包含全球工会联盟和国际工会联合会（ITUC）——不仅作为机构组织，也作为社会关系、政治关系和劳资关系的参与者来研究。一些相关论文对国际劳工组织的架构以及它们与全球性机构组织和全球治理之间的关系进行了梳理和分析（Anner & Caraway, 2010; Harrod & O'Brien, 2004）。另一些研究追溯了国际工会联合会（ITUC）以及它的前身国际自由工会联合会（ICFTU）的发展历程和历史作用（Cotton & Gumbrell-McCormick, 2012; Gumbrell-McCormick, 2012）。关于全球工会联盟的早期著作包括费尔布拉泽和哈默（Fairbrother and Hammer, 2005）对全球工会联盟的演变过程进行研究的论文。这篇论文研究了全球工会联盟从孤立的、官僚主义的国际行业秘书处变身为涉及范围更广、更为忙碌的工人运动参与者的过程。他们的研究表明，"20世纪80年代国际政治经济的重构为全球性工会创造了应对劳动和就业中出现的国际化特征的机会"，这也意味着全球性工会已经"踏上了一段复杂的革新之路"（p.423）。在这类研究中，最为著名的是克鲁克和科顿（Croucher & Cotton, 2009）所写的一本关于全球工会联盟的200多页的研究专著。这本专著详述了全球工会联盟在不同领域中开展的活动，并对全球工会联盟拥有的相关资源进行了评估。但是，类似研究相对较少，这也许由以下两方面原因造成：一是将全球工会联盟的前身作为边缘化的工人运动参与者的认知，二是在劳资关系研究中的民族主义方法论倾向。

然而近年来关于全球工会联盟的研究增长显著，反映出全球工会联盟在重塑劳资关系中的作用。此篇述评中涉及的各种观点分散发表于多个相关学科领域的著作中，包括政治社会学和劳资关系学相关著作，经济和劳动力地理学中关于空间和范围分析及重点研究劳动机构的著作，以及借用国际关系和政治学概念而提出"全球劳动力"这一问题的著作等。① 考虑到研究途径的多重性和多元化特点，我们的目的是从现有文献著述以及全球工会联盟出

---

① 近来对此篇评述多学科特点的探讨请参见布鲁克斯（Brookes, 2013）的一篇论文。详见参考文献。

版发行的各类刊物和通讯中提取关于三大主要问题的有价值的评论内容，这些问题与全球工会联盟以及其在雇佣关系中所扮演的角色相关。第一，全球工会联盟产生的历史和社会起源是什么？随时间推移，其不同成员的发展方式，包括组织和领导结构，存在何种差异？第二，在跨国工会活动中，全球工会联盟的核心关注点、战略和活动形式库是什么？第三，关于全球工会联盟在劳资关系调整中发挥的实际和潜在影响，现有研究机构有哪些结论？哪些因素将可能制约全球工会联盟发挥潜力？

三、从行业秘书处到全球性工会：全球工会联盟的历史和社会起源

全球工会联盟包括以下九大成员：国际建筑工人及木工联合会（BWI），国际教育工会（EI），IndustriALL 全球工会联盟，国际运输工人联合会（ITF），国际食品、农业、酒店、饭店、餐饮服务、烟草和相关行业工会联盟（IUF），国际公共服务工会联合会（PSI），国际艺术和娱乐业联盟（IAEA），国际记者联盟（IFJ），国际工会网络联盟（UNI）。这些组织的会员是来自世界各地的工人，总人数约1.4亿。（详见表1）作为工会组织，全球工会联盟力求代表工人们的经济和社会利益，乃至他们所拥有的更广泛的人权。与国家工会不同的是，全球工会联盟的工作范围具有明确的国际性，这一特点不仅体现在它们将一国工会的团结基金输送给另一国工会，也体现在它们尝试直接与跨国公司（MNC）总部进行谈判。

表1 全球工会联盟成员情况一览表

成员名称	成立时间	分支机构（成员）数量	行业领域	合并机构名称
BWI	2005	326（1200万）	建筑、木材和林业	国际建筑工人和木工联盟（IFB-WW）和世界建筑工人和木工联盟（WFBW）
EI	1993	400（3000万）	教育	

续表

成员名称	成立时间	分支机构（成员）数量	行业领域	合并机构名称
IAEA	2000	300（80万）	艺术和娱乐业	IAEA 是国际演员联盟（FIA），国际音乐家联盟（FIM）和 UNI 下属的媒体、艺术和娱乐业联盟（UNI-MEI）的联合组织
IFJ	1952	161（60万）	媒体	
IndustriALL	2012	632（5000万）	采矿、能源和制造业	国际金属工人联合会（IMF），国际化学、能源、采矿和相关行业工会联盟（ICEM）和国际纺织、服装和皮革工人联合会（ITGLWF）
ITF	1896	700（450万）	运输业	
IUF	1920	397（260万）	农业，食品饮料，酒店、饭店和餐饮服务，烟草	
PSI	1907	669（2000万）	公共服务	
UNI	2000	900（2000万）	清洁和安保，商业，金融，博彩，印刷与包装，美容美发，信息通讯，媒体，邮政和物流，护理，体育，临时工中介，旅游	国际从业员工、技术人员和管理人员联合会（FIET），国际媒体及娱乐工会（MEI），国际印刷业联合会（IGF），以及国际通讯工会（CI）

全球工会联盟前身是国际行业秘书处（ITSs）。国际行业秘书处最早成立于1889年，至1914年，其分支机构数量已发展到30多个（Bendt，1996）。工业资本主义的扩张推动了劳动力和社会主义的国际化浪潮，国际行业秘书处就诞生于这样的时代背景下（Waterman & Timms，2005）。但是，尽管受到社会主义工人运动的激励和支持，国际行业秘书处开展的主要活动并未体现明确的意识形态倾向（Bendt，1996），而是将重点放在分享有关工资和劳动条件的信息，并为其成员工会提供金融和产业支持（Snyder，2008：16）。二战结束后，国际行业秘书处与国际自由工会联合会结盟。① 作为最大的国际性

---

① 结盟后，国际行业秘书处仍继续自主运行，不受国际自由工会联合会约束。但是国际行业秘书处同意就"共同关心的问题"与国际自由工会联合会进行合作（Snyder，2008：19）。这种关系一直持续到2006年国际自由工会联盟与世界劳工联合会（WCL）共同并入国际工会联盟（ITUC）。

工会组织之一，国际自由工会联合会成立之时世界工会联合会（WFTU）遭遇了非共产主义工会成员的退出风波。世界工会联合会成立于1945年，其宗旨是推进战后劳动力国际化进程。二战后，随着第三世界国家非殖民化浪潮的出现，国际行业秘书处的成员数量有所增长。在这段时期内，尽管其开展的活动数量增多（Bendt，1996：23），但国际行业秘书处仍是一个高度官僚化的组织，充当的角色"不过是信息散播者"和一个"资源通道"（Davies & Williams，2006：2）。直至冷战结束，国际行业秘书处才开始踏上革新之路（Fairbrother & Hammer，2005）。在此期间，对新兴国际秩序以及跨国公司在其中所发挥作用的不满不断积累，这使得通过合作的方式调节跨国劳资关系不仅更具吸引力，也越来越有必要。在认识到变革的重要性后，国际行业秘书处于2002年更名为全球工会联盟，并开始了一系列机构合并。其中最重要的或许就是在2012年将国际金属工人联合会（IMF）、国际化学、能源、采矿和相关行业工会联盟（ICEM）及国际纺织、服装和皮革工人联合会（ITGL-WF）合并为一。

在应对经济全球化方面，这并非是国际行业秘书处的第一次尝试。20世纪60年代，国际行业秘书处就成立了若干世界公司委员会（WCCs），将其作为与跨国公司进行更有效接洽的战略的一部分（Levinson，1972；Platzer & Müller，2011）。然而，这一项雄心勃勃的战略缺少"制度稳定性和延续性"来支撑其达到进行国际性集体谈判和成为工人维权代表的目标（Platzer & Müller，2011：183）。值得注意的是，柏林墙倒塌之后，国际行业秘书处对上述战略目标重新产生了兴趣。这主要表现在三方面：首先扩充了跨国公司行为准则的内容，而后讨论了有关在国际贸易协定中增加社会条款的问题，最后发起了国际框架协议谈判（Bourque & Hennebert，2011；Fairbrother & Hammer，2005）。这些协议现在被称为全球框架协议（GFA），而参与协议谈判的通常是总部位于欧洲的跨国公司。随后，全球工会联盟通过加强活动的组织对这一战略进行了补充。比如，近年来国际食品、农业、酒店、饭店、餐饮服务、烟草和相关行业工会联盟已经将工作重点从签署全球框架协议转移到利用其掌握的稀缺资源组织各类活动进而加强工会内部团结（Garver et al.，2007）。尽管全球工会联盟成员经历了共同的历史发展进程，但是各成员间的意识形态和政治倾向性、制度安排及行动能力存在巨大差异。就机构治理而言，大多数成员内部仍然等级森严。所有成员的总部都设于西欧。20 世纪 90 年代，全球工会联盟，除国际化学、能源、采矿和相关行业工会联盟（ICEM）（现隶属于 IdustriALL 全球工会联盟）以外，均尝试推进地区化改革（Müller et al.，2010：6）。例如，国际食品、农业、酒店、饭店、餐饮服务、烟草和相关行业工会联盟选择缩减在国际会议上的开支，而将资金用在聘用负责非洲、亚洲、拉丁美洲和东欧地区工会事务的全职地区协调员上（Garver et al.，2007：241－242）。虽然全球工会联盟的地区办事处在开展工作方面具有相当的灵活性和影响力（Ford，2013；Ford & Dibley，2012），但是对全球工会联盟的批评之声仍不绝于耳，这些批评主要针对其对有争议的政治参与采取回避态度以及其在意识形态和制度建设方面对欧洲式"社会伙伴关系"的倚赖。与此相关的另一种批评之声是针对北半球工会成员对联盟日常工作和利益的操控，而北半球成员之所以有如此能力主要是因为它们在全球工会联盟的治理和融资方面发挥着重要作用。

全球工会联盟成员的资金筹措能力也参差不齐。国际运输工人联合会是唯一一个完全靠成员会费资助的联盟成员（Anner et al.，2006）。这种强大的经济实力不仅反映出运输业工会化水平相对较高的特点，也反映了大约三分之二的国际运输工人联合会分支机构所在国都是经济合作与发展组织（OECD）成员国的事实（Müller et al.，2010）。然而其他全球工会联盟成员的融资情况却不容乐观，都主要依靠国家性工会的团结互助组织（SSO）如荷兰全国总工会全球互助组织（FNV Mondiaal）的资助。比如，现为 IndustriALL 全球工会联盟分支机构的国际纺织、服装和皮革工人联合会的工人会员大多分布在欠发达国家，所以上缴会费较少。因此，它主要依靠如美国制衣、产业和纺织工会（UNITE）这样的下属工会及团结互助组织提供的团结基金的资助（Anner et al.，2006）。除此之外，它还通过与非政府组织和反血汗工厂运动合作获得资助（Telljohann et al.，2009）。存在类似情况的还有国际食品、农业、酒店、饭店、餐饮服务、烟草和相关行业工会联盟，其活动的开展严重依赖于捐赠者的捐助,这些捐赠者包括挪威工会联合会和德国艾伯特基金会等(Garver et al., 2007)。

全球工会联盟的政治倾向性和资金筹措能力对其自身战略定位产生了影响。以国际运输工人联合会为例,由于其下属分支机构具备较强实力,因此它多采取由下至上的方式开展活动。在1998年发生的澳大利亚码头工人劳动纠纷事件中,三个左翼运输工会联合成立了一个国际运输工人联合会工作组来对抗去工会化倾向(Barton & Fairbrother, 2009)。国际运输工人联合会还因其分支机构沿运输路线广泛分布而能够在谈判中掌握主动。例如,一国码头工人可以通过拒绝卸载船只来支援另一国的工人兄弟(Anner et al., 2006)。在2000年成立伊始,国际工会网络联盟就明确了其以开展各类工人运动为主要目标的定位(Müller et al., 2010)。[①] 国际食品、农业、酒店、饭店、餐饮服务、烟草和相关行业工会联盟也因其以开展工人运动为主的定位而闻名。国际建筑工人及木工联合会,国际化学、能源、采矿和相关行业工会联盟与国际金属工人联合会一直以来都更倾向于进行社会对话和建立社会伙伴关系,也因此更愿意采用签署全球框架协议的战略(Telljohann et al., 2009),尽管国际建筑工人及木工联合会和IndustriALL全球工会联盟也开始越来越频繁地参与到工人运动和活动组织中。虽然它们采取的战略定位各不相同,但是国际建筑工人及木工联合会与国际食品、农业、酒店、饭店、餐饮服务、烟草和相关行业工会联盟在对待外来劳动力这一问题上的态度都十分积极,这也反映出在这两个工会联盟所涉行业领域内出现了数量众多的流动和外来劳动力(Ford, 2013)。

四、全球劳资关系中的行动列表

对于全球工会联盟为了达成目标而采用的行动列表,我们的了解有多少?

[①] 但是需要注意的是,国际工会网络联盟内部对这一定位莫衷一是。比如,其印刷分会认为必须利用国际框架协议加强工人运动的开展,而金融分会则更关注可用于争取更大工会权力的跨国框架协议的签署(Telljohann et al., 2009)。

第一类活动是发挥了重要作用的知识生产和传播。全球工会联盟出版发行（通过各种媒体形式）各类报告，这些报告主要关于工人运动、活动组织及不同国家和行业领域内的分支机构所面临的各种挑战，也涉及更广泛的全球性问题和全球性行动。后者的典型代表包括由 IndustriALL 全球工会联盟发布的关于"不稳定就业"在全球的流行和各种旨在打击无保障就业的工会活动的报告和文章（Holdcroft，2013）；由国际食品、农业、酒店、饭店、餐饮服务、烟草和相关行业工会联盟发布的关于金融化和私募股权对工人产生影响的报告（IUF，2007）；以及关于如工会对外来劳动力的代表和工作场所中的性别歧视等此类热门话题的大量全球工会联盟通讯和报告。在某些情况下，全球工会联盟内部的知识生产具有及时性和实用性的特点。例如，针对某一生产网络和某一具体的公司，国际运输工人联合会就研究和分析了在全球物流和运输网络中发挥关键作用的第三方物流公司的活动，并将此作为在这些公司中开展工会活动的切入点（Anderson et al.，2010）。同样地，在服装行业，国际纺织、服装和皮革工人联合会对某些龙头企业和供应商网络进行研究，以此创造谈判主动权，并与非政府组织等民间社团联合开展工人运动，最终取得了不同程度的成功（Croucher & Cotton，2009：92 - 93；Miller，2004，2008）。尽管如此，由于供应商网络和公司战略具有复杂性和易变性的特点，全球性工会持续性地进行准确而有效研究的能力非常值得怀疑（Anderson et al.，2010：392）。

第二类活动是教育和培训。研讨会和培训活动很长时间以来都是全球工会联盟的核心特色活动，这一点克鲁克和科顿（Croucher & Cotton，2009）在其合作著作中已就此进行了详尽探讨。通常由团结互助组织资助，工会教育的重点有以下几方面：培训和提高工会代表争取各类工人权益的能力；培训各分会教师其他方面的知识，如工会活动中的妇女参与；以及健康和安全问题，如艾滋病病毒和艾滋病（Croucher & Cotton，2009：83 - 87）。然而，这些教育活动的普遍开展却导致外界和联盟内部出现了一些批评之声，这些声音认为研讨会和教育项目的举办并不总能够对组织工人运动或增强工会力量产生实际影响。① 一些全球工会联盟成员开始尝试将教育活动与活动组织和工会建设更好地联系起来。②

第三类活动与知识生产和传播密切相关。这类活动就是全球工会联盟在各类全球性机构或跨国行动中作为正式工人代表方并参与其中。全球工会联盟在国际劳工组织（ILO）中所发挥的协调国际劳工组织与国际工会联盟关系的作用无疑是最为重要的。全球工会联盟也对许多全球性机构，如世界银行和各种国际政府间机构，进行游说和交涉（Müller et al., 2010）。对这一类活动最主要的批评就是它将"劳动外交"这一能够赋予全球工会联盟在全球性机构中正式代表权和游说能力的形式放在优先位置，但是却脱离了基层工会活动和成员参与，也取代了其他争议性更大的围绕跨国运动和组织而形成的劳动国际主义传统（Hyman, 2005）。前国际食品、农业、酒店、饭店、餐饮服务、烟草和相关行业工会联盟秘书长丹·加林（Dan Gallin）曾表示几十年来对全球性机构的游说并未对国际工人运动起到促进作用，反而削弱了全球性工会在基层工会中的影响力（Lambert & Gillan, 2010: 398）。虽然加林的观点是最为尖锐的批评声之一，但其他人也大都清醒地意识到了游说和参与全球性机构产生的作用十分有限（Croucher & Cotton, 2009: 61; Fairbrother & Hammer, 2005）。③

全球工会联盟是工人和地方性工会可利用的一种资源，第四类活动就与此相关。尽管全球工会联盟被要求主要在全球范围内，特别是在跨国属性明

---

① 克鲁克和科顿（Croucher & Cotton, 2009: 91）坚持和强调工会教育的重要意义，同时他们也指出在国际工会执行委员会中这类活动通常被边缘化。他们认为这种倾向与"要证明教育工作能够产生明显可见的结果异常困难"有关。

② 例如，在国际建筑工人及木工联合会2013年世界大会上通过的"战略计划"中讨论了将教育项目和涉及能力建设的其他相关形式作为"组织、协商和动员"这一战略重心的一部分。

③ 在广义体系层面，政策和机构干预可能也的确出现过。例如全球工会联盟曾代表成员和下属机构表达了在如全球金融危机（Le Queux & Peetz, 2013）和环境可持续性（Felli, 2014: 379 - 380; Räthzel & Uzzell, 2011）等国际共同关心问题上的整体政策立场。但是，对如环境等问题的干预也可以采取一种个别的具有针对性的方式。一个明显的例子就是国际建筑工人及木工联合会着力推进"可持续林业"（资源管理和林产品认证）同劳工标准和工会权利的结合（Khazri et al., 2009; White, 2006）。

第二部分　全球劳动治理：机制与执行

显及在一定程度上需要全球性工会代表正式参与的问题和行动上发挥作用，但是它们也帮助工会成员"国际化"某些局部性问题，包括那些涉及侵犯工人权益或违反健康和安全标准，抵制或拒不接受集体协商及不承认工会地位的问题。由于全球工会联盟是一种可使斗争或问题扩大化的战略资源，有些地方性及（或）国家性工会和工人通过与全球工会联盟建立联系增强自身在罢工、争端、产业或政治运动中的力量和能力。很多研究都对这类情况做了描述性叙述和批判性分析。有关地方性产业矛盾或运动在全球工会联盟的协助或协调下成为"全球性"（跨范围）问题或运动的研究有很多，其中就包括对国际食品、农业、酒店、饭店、餐饮服务、烟草和相关行业工会联盟在南亚、东南亚和拉丁美洲地区开展的有关种植园农业和食品饮料制造企业的运动的研究（Garver et al.，2007；Gillan & Lambert，2013：195 – 196；Rossman，2013）。全球工会联盟对在不同地区和产业领域内组建工会及（或）招募工会成员的直接参与也是研究者观察和分析的对象（Garver et al.，2007；Lillie，2005；McCallum，2013）。但是，相较于其他战略这种战略并不具备代表性。在某种程度上，这主要是由于全球工会联盟掌握的权力有限。全球工会联盟不掌握直接指挥控制国家性或地方性工会的权力。它们通常是对下级工会组织的活动提供支持和协助，而不是直接参与工会建立或活动组织。全球工会联盟的这种定位被称为"辅助性功能"，即"地方性或国家性机构掌握权力，而中央机构则发挥框架构建、协调和监督的作用"（Cotton & Gumbrell-McCormick，2012：718）。在组织活动方面全球工会联盟仅拥有有限的直接参与权，这无疑是由两方面原因导致，一是直接参与此类活动的成本过高，二是全球工会联盟成员在调动捐献资金组织活动方面的能力参差不齐。尽管全球工会联盟成员在资金调度方面的问题持续存在，但是全球工会联盟开始对一种类型的工作越来越感兴趣。那就是在工会存在感不强甚至不存在工会的行业或工人群体中，能够对工会存在感或会员人数增长产生重要影响的项目化工作（BWI，2013；Holdcroft，2013）。

近年来，引发最多学术关注的一类活动就是全球工会联盟为了开拓在全球公司网络中对劳工标准和雇佣关系实践进行跨国管理的新空间而与跨国公司就全球性协议进行谈判及在推进协议实施方面做出的努力（Fichter et al.，2012；Hammer，2005；Niforou，2012）。近几十年来，全球工会联盟在不同程度上参与到为普及强制性总体偏弱、自愿性日益增强的超国家规则形式而进行的管理和设计中。从发起道德贸易倡议和普及卷标制度，到开展如签订全球契约这种多方行动，再到完善那些据称是通过审计和监督形式进行管理的私营企业行为准则，都属于这类活动。对国际框架协议或称全球框架协议的发展和完善可以被看作是全球性工会为按照自身情况确定这种自愿性规则的内容而做出的尝试。尽管内容千差万别，但是所有国际框架协议或全球框架协议都普遍认同包括结社自由和集体谈判权等核心劳工标准。其中有些还为核心雇员获得更好的工作环境、工资待遇和安全防护提供保障（Telljohann et al.，2009：6）。根据哈默（Hammer，2005）的研究，第一批全球性协议旨在保护工人的核心劳动权益，虽然其中有些协议更主要的目的是为了在全球、国家或地区范围内进行持续性工会谈判创造空间。第一个国际框架协议是由国际食品、农业、酒店、饭店、餐饮服务、烟草和相关行业工会联盟与食品生产跨国企业法国达能集团（当时被称为BSN公司）于1988年签署的。尽管由国际食品、农业、酒店、饭店、餐饮服务、烟草和相关行业工会联盟和集团公司签署，这份协议意在维护更广泛的工会权益，并促进了集团下属所有子公司工会间的信息交流（Gallin，2014：164-165）。此后，多数全球工会联盟都制定了全球框架协议或国际框架协议。相关研究表明，全球框架协议在内容和覆盖范围上存在很大差异。某些协议仅局限于对在所有子公司内履行国际劳工组织提出的"核心"劳工标准做出正式承诺，而有些协议包含的有关监督、实施以及雇佣关系实践的条款则适用于所有处于企业供应和承包网络中的公司。在签署协议方面，IndustriALL全球工会联盟、国际建筑工人和木工联合会及国际工会网络联盟最为积极活跃。

全球工会联盟也尝试开展非工会性管理和监督行动。全球工会联盟与各种国际非政府组织和宣传团体协力，共同推进行为准则和"多方利益协作机制"的构建和实施（Miller，2008：177 - 179）。① 这类活动多见于电子、纺织、服装和制鞋行业中，因为这些行业内的工会能力薄弱且这些行业的供应链具有复杂程度高和流动性大的特点。全球框架协议和其他自愿性跨国规则形式之间也相互影响。后者主要包括公司行为准则，社会报告制度和各种多方参与的企业社会责任倡议行动，如联合国发起的"全球契约"计划，以及道德贸易倡议行动等。但是，全球性协议关注的重点是维护工会在谈判和运用各种谈判手段时的独立地位，以及工会在某一企业网络中获得新的谈判优势和扩大工会覆盖范围的潜力。

最后，全球工会联盟在发展和支持跨国工会网络中发挥的作用逐渐成为了研究热点，这主要是由于某些研究者认为在某一企业网络或某一行业内建立工会网络是监督全球性协议实施和利用协议条款增强工会在行动时的存在感和影响力的基础。根据赫尔芬和费切特（Helfen & Fichter，2013）的划分方法，工会网络可以分为企业工会网络和全球工会联盟网络。前者的形成与工会的各种能力密切相关，在某些跨国企业中工会利用谈判力和工会影响力促进公司内部工会间网络的发展。这种公司内部工会间网络可能是一种牢固的和制度化的形式（典型的例子是存在于如大众汽车这种企业中的世界职工委员会和工会网络会议），也可能是一种根据工会行动需要而临时设立的形式。尽管按照这种分类方式，全球工会联盟网络和企业工会网络是两种不同类型的工会网络，但是几乎所有跨国企业工会网络都将与全球工会联盟的关系纳入其中。考虑到能够被视为工会"网络建设"的倡议和活动十分广泛，因此关于建设和维护工会网络的能力和可利用资源的问题就显得尤为重要。赫尔芬和费切特（Helfen & Fichter，2013：560）认为全球工会联盟通常"主要依靠其能力最强和在国际上最为活跃的下属机构的资源和投入"，由于全球工会联盟无法"利用其层级优势"，反而必须负责协调"按照各自组织要求运行并在政策目标上相差甚远的下属成员"的行动，因此对跨国工会网络的建

---

① 全球工会联盟成员都曾直言不讳地对这些活动不具强制执行力的特点提出批评，它们认为这类活动不可能也不应该替代通过工会开展的独立的工人代表活动。

设和维持也很吃力。由于所有级别的工会可获取的资源都十分有限，因此尝试建立牢固的和制度化的工会网络是否可行，甚至是否值得都不得而知。此外，建立这些网络的根本目的也仍是个问题，这些工会网络应该促进工会和公司管理层之间开展正式"对话"和交流，还是应该在必要的情况下通过以开展工会运动为目的的动员，增强工会"在斗争中"组织工会成员和代表工人权益的能力？

五、变革的动力还是边缘化组织

全球性工会固有的跨范围的活动形式为其创造了各种可能性，而如何将这种潜力转化为作用于劳资关系的可见影响力还未有定论。以全球协议的签署为例，一些研究指出全球框架协议/国际框架协议在某些情况下能够发挥积极的作用，但是还有很多研究则强调从全球或公司层面签署的正式协议到某一产业或企业的管理者、工人和工会的实际行动，这之间的转化率并不高（Davies et al., 2011；Niforou, 2012）。这主要是由于协议本身脱离实际情况，因此这种协议很难被付诸实际行动。一项关于全球框架协议的普及情况和实际效果的研究（Fichter et al., 2012）发现，在大多数情况下，在某一企业或局地范围内，全球框架协议鲜少为人所知，与供应商企业的关联甚少，因此地方性工会也很少利用这些协议。一些全球工会联盟成员正在设法改变这种情况。例如，IndustriALL全球工会联盟最近与世界上最大的服装制造商之一的印第纺织集团（Inditex）签订了一份全球框架协议，在这份协议中印第纺织集团承诺为印度、孟加拉国、柬埔寨、土耳其、拉丁美洲和中国的独立工会官员提供资助，以帮助他们监督和报告所在地的集团子公司和供应商企业遵守协议相关规定的情况（Guguen, 2014：22）。

此外，这些协议必须在不同的国家背景下发挥作用。在落实协议内容时，时常会遭遇像美国这样抵触工会和劳动法规的国家（Fichter & Stevis, 2013），或者会遇到工人几乎没有谈判权且工会力量也十分薄弱和（或）分散的发展中国家（Brookes, 2013）。比如，国际建筑工人和木工联合会与一个成立于德国的跨国建筑企业共同签署了一份全球性协议,一项针对这份协议在马来西亚、巴西和乌克兰的影响范围和实施情况的研究表明,"从只是单纯地利用投诉机制到积极地解决不利于协议发挥作用的地方性障碍,这种转变是十分重要的"。这项研究进而还提出了"应用政治学"这个说法,即在不同背景下对协议的解读和实施与当地的劳动和资本间权力关系、治理和市场结构紧密相关(Davies et al.,2011:135)。在一本关于国际框架协议/全球框架协议的设计和实施的研究论文集中,有研究者发现虽然这些协议可能会"推进基本工作权利的有效落实",但是"一份国际框架协议的签署与工作条件的改善之间的关系就不那么明显了"(Papadakis,2011:12)。最终,跨国公司本身也会对这样的协议进行制约(Papadakis,2011:16-17)。唯一覆盖某一行业并包含明确落实流程的全球性集体协议就是国际运输工人联合会与国际海员雇主们签署的一份全球框架协议。这份协议的签署经过了不断的动员和持续的斗争,方便旗运动是主要推手,这一运动"采取了利用工会网络发动互相配合的劳工行动这一全球性战略",以此结合了"海员和码头工人的斗争力量"(Lillie,2005:89)。

显而易见,推动工会网络形成和发展的一个目标,特别是在 IndustriALL 全球工会联盟中(所有全球工会联盟成员里在推进跨国工会网络的建立和为跨国工会网络建立创造条件方面最为著名的一个),就是为了利用更强大和更活跃的工会网络和工会间交流强化监督和落实全球框架协议的成效。尽管如此,在全球生产网络(GPN)或跨国企业中的工会网络的持续性和影响力还未得到证实。在某些领域还出现了一种担忧,那就是这种正式的网络和组织架构所起的作用不过是促进工会成员间的零星信息交流,但是却无法直接有效地参与到跨国工会行动中,也无法为工会重获力量而组织相关活动。在现在这种工会网络发展的初期阶段,出现在汽车行业的工会网络的发展是最为完善的,而在这一工会网络中,一部分跨国企业已准备为工会网络会议提供资助并主要将其作为进行社会对话的一种手段(Guguen,2014)。这也证明上述担忧不无道理。

我们还注意到,全球工会联盟经常被要求对地方性劳资矛盾和问题提供支持和多加关注。一方面，这类工作很容易做出成绩，这可以从很多记录在案的实例中看出，比如某一全球性工会与其地方成员合力进行持续的斗争和运动，最终不仅完善了工人代表机制，也改善了工人工作条件。另一方面，这种工会运动需要耗费大量资源，而最终能否起到提高公司内部工会谈判能力的作用也是未知数（Anderson，2014）。针对某一公司的工会运动多数是按自下而上的方式开展：当某一企业的员工待遇极差或企业故意回避工会维权问责，全球工会联盟通常就会被迫以某种方式响应地方性工会的倡议。但是，如安德森（Anderson，2014）所言，即使地方性工会运动取得成功，但是对于同一行业其他工作场所内的工人来说，要改善和提升工会代表他们争取权益的条件和能力，那些已经成功的工会运动所产生的溢出效应也极其有限。

一个可能解开这一困局的方法就是全球工会联盟将局限于"地方"的劳资问题、工会斗争和运动转变为全球工会联盟在公司网络中的持续性谈判优势或对结构性调整的更广泛的需求。关于转变为持续性谈判优势，一个典型案例是国际食品、农业、酒店、饭店、餐饮服务、烟草和相关行业工会联盟通过在某一跨国集团公司的不同分公司中开展有力的工会运动，从而对公司管理层持续性施压。关于转变为对结构性调整的需求，最近的案例包括由国际建筑工人和木工联合会（与国际工会联盟联合）发起的针对外来务工人员在大型建筑项目中受到剥削的工会运动，这些大型建筑项目都与全球性活动相关，如足球世界杯等；以及在2013年孟加拉国发生了一起因工厂倒塌导致1000多名工人丧命的事故之后，由IndustriALL全球工会联盟发起的旨在与孟加拉国服装行业的供应商企业签订一份协议并监督协议执行的工会运动。在以上这两个案例中，工会运动的发起都与意外事件相关，要么是因全球性盛会而引发各路媒体的集中关注，要么是发生了骇人听闻的行业事故，这为推动产业或国家层面的关于劳资关系的结构性调整，提升对工会认可程度和促进工会行使代表权提供了机会。

六、结语

全球工会联盟最突出的特点也许就是它们一方面在努力克服范围带来的

局限性,另一方面也在利用范围创造的机遇。有人曾说过,即使研究者开始"就成功的工人运动的跨范围属性达成一致,但关于这种推动运动成功开展的力量是如何形成的,研究者们仍会众说纷纭、各持己见"(Tufts and Savage, 2009: 946)。一种认识这种力量形成过程的方法是密切关注在跨范围运动中发挥中介或辅助作用的主要机构组织的特点和内部动态。正如我们在此文中所探讨的,全球工会联盟在设计、发起和协调跨国工人运动中的地位独特,甚至享有特权。通过成员数量的增加和地理分布的拓展,它们的相关性和正当性也在不断增强。它们在不同行业领域内发挥作用,并尝试扩大和发展跨国工会运动、网络和谈判能力。然而全球工会联盟对各种经济部门、生产网络和特定国家背景下劳资关系的干预是零散随机的,缺少一个持续性的跨国战略。它们有效地代表工人和分支机构的能力仍然受到资金和人员等有限资源的严重约束;它们自身的内部组织特点包括主要由欧洲成员构成,以及协调不同层级机构落实某一行动十分困难;最后,相较于国家工会联合会,它们的权力有限。

有些学者也指出了大环境对跨范围工会战略或行动能否转化为影响和改变某一行业、职业、地域或工作场所的力量具有重要意义。有人认为,作为行业性工会联盟,在战略制定和在不同生产网络中的行动落实方面,全球工会联盟成员间存在很大差异,而这种差异性也被认为决定了联盟成员间的关系(Cumbers et al., 2008)。有研究指出,为了能够对目标雇主和国家发挥作用和影响力,全球工会联盟必须制定多种多样的、精心设计的和有针对性的行动战略(Brookes, 2013: 194)。而对具体工人运动和活动的研究(Davies et al., 2011; McCallum, 2013; Niforou, 2012)表明无论是地方或国家性工会的既定组织形式和活动方式,还是在特定背景下的政治生态、治理结构和雇佣关系,局地或地区大环境在决定"全球性"行动的成败方面都发挥着重要作用。这一结论特别适用于分析在南半球国家工作场所中发起的全球性工人运动和监管行动的效果,在这些国家的工会组织通常力量薄弱、分散,机构性权力和结社能力有限(Brookes, 2013)。然而在很大程度上,我们对全球工会联盟与其他不同范围内工会间相互作用的过程和动力的了解仍然十分有限。想要真正了解和分析形成跨国工会主义的机遇和约束条件,还需要进行大量相关研究,包括对每一个全球工会联盟成员的战略与历史发展过程,以及它们对具体行业、职业、生产网络和地理范围内劳资关系干预的效果(或不足)进行更加细致的实证分析。

参考文献

1. Anderson J., "The Resonant Places of Transnational Union Struggles: Reflections on the Organising Strategy of the International Transport Workers' Federation", Paper presented at the XVIII ISA World Congress of Sociology, Yokohama, Japan, 2014, 13 – 19 July.

2. Anderson J., Hamilton P. and Wills J., "The Multi-scalarity of Trade Union Practice", In McGrath-Champ S., Herod A. and Rainnie A. (eds), *Handbook of Employment and Society: Working Space*, Cheltenham: Edward Elgar, 2010.

3. Anner M. and Caraway T., "International Institutions and Workers' Rights: Between Labor Standards and Market Flexibility", *Studies in Comparative International Development*, 2010, 45 (2): 151 – 169.

4. Anner M., Greer I., Hauptmeier M., et al., "The Industrial Determinants of Transnational Solidarity: Global Interunion Politics in Three Sectors", *European Journal of Industrial Relations*, 2006, 12 (1): 7 – 27.

5. Barton R. and Fairbrother P., "The Local is Now Global: Trade Unions Organising Globally", *Industrial Relations*, 2009, 64 (4): 685 – 793.

6. Bendt H., *Worldwide Solidarity: The Activities of the Global Unions in the Era of Globalisation*, erlin: Friedrich-Ebert-Stiftung, 1996.

7. Bourque R. and Hennebert M-A., "The Transformation of International Trade Unionism in the Era of Globalization", *Just Labour: A Canadian Journal of Work and Society*, 2011, 17&18: 1 – 17.

8. Boyer R., "The Collapse of Finance But Labour Remains Weak", *Socio-Economic Review*, 2010, 8 (2): 348 – 353.

9. Brenner N., Peck J. and Theodore N., "Variegated Neoliberalization: Geographies, Modalities, Pathways", *Global Networks*, 2010, 10 (2): 182 – 222.

10. Bronfenbrenner K (ed.), *Global Unions: Challenging Transnational Capital Through Cross-border Campaigns*, Ithaca: Cornell University Press, 2007.

11. Brookes M., "Varieties of Power in Transnational Labor Alliances: An Analysis of Work-ers' Structural, Institutional, and Coalitional Power in the Global Economy", *Labor Studies Journal*, 2013, 38 (3): 181–200.

12. Building and Woodworkers' International (BWI), BWI Strategy Plan 2014–2017, 3 Statutory Documents, 3rd World Congress, Bangkok, Thailand, 1–5 December 2013, pp. 1–16.

13. Burawoy M., "From Polanyi to Pollyanna: The False Optimism of Global Labor Studies", *Global Labour Journal*, 2010, 1 (2): 301–313.

14. Castells M., *The Information Age*, Volume II: *The Power of Identity*, Oxford: Blackwell, 1997.

15. Coe N., "Geographies of Production III: Making Space for Labour", *Progress in Human Geography*, 2013, 37 (2): 271–284.

16. Cotton E. and Gumbrell-McCormick R., "Global Unions as Imperfect Multilateral Organizations: An International Relations Perspective", *Economic and Industrial Democracy*, 2012, 33 (4): 707–728.

17. Croucher R. and Cotton E., *Global Unions, Global Business: Global Union Federations and International Business*, London: Middlesex University Press, 2009.

18. Cumbers A., Nativel C. and Routledge P., "Labour Agency and Union Positionalities in Global Production Networks", *Journal of Economic Geography*, 2008, 8 (3): 369–387.

19. Davies S. and Williams G., "From Global Union Federations to Global Unions? Playing to the Strengths of Democracy", Kassel: International Workshop on Global Challenges for Labour, University of Kassel, 2006.

20. Davies S., Hammer N., Williams G., et al., "Labour Standards and Capacity in Global Subcontracting Chains: Evidence from a Construction MNC", *Industrial Relations Journal*, 2011, 42 (2): 124–138.

21. Evans P., "Is It Labor's Turn to Globalize? Twenty-first Century Opportunities and Strategic Responses", *Global Labour Journal*, 2010, 1 (3): 352–379.

22. Fairbrother P. and Hammer N., "Global unions: Past Efforts and Future Prospects", *Relations Industrielles/Industrial Relations*, 2005, 60 (3): 405–431.

23. Fairbrother P., Le' vesque C and Hennebert MA (eds), *Transnational Trade Unionism: New Capabilities and Prospects*, New York, NY: Routledge, 2013.

24. Felli R., "An Alternative Socio-ecological Strategy? International Trade Unions Engagement with Climate Change", *Review of International Political Economy*, 2014, 21 (2): 372 – 398.

25. Fichter M. and Stevis D., *Global Framework Agreements in a Union-hostile Environment: The Case of the USA*, Berlin: Friedrich-Ebert-Stiftung, 2013.

26. Fichter M., Sydow J., Helfen M., et al., *Globalising Labour Relations-On Track with Framework Agreements?*, Berlin: Friedrich-Ebert-Stiftung, Department for Global Policy and Development, 2012.

27. Ford M., "Migrant Labor NGOs and Trade Unions: A Partnership in Progress?", *Asian and Pacific Migration Journal: A Quarterly on Human Mobility*, 2006, 15 (3): 299 – 318.

28. Ford M., "The Global Union Federations and Temporary Labour Migration in Malaysia", *Journal of Industrial Relations*, 2013, 55 (2): 260 – 275.

29. Ford M. and Dibley T., "Experiments in Cross-scalar Labour Organizing: Reflections on Trade Union-building Work in Aceh after the 2004 tsunami", *Antipode*, 2012, 44 (2): 303 – 320.

30. Gahan P. and Pekarek A., "Social Movement Theory, Collective Action Frames and Union Theory: A Critique and Extension", *British Journal of Industrial Relations*, 2013, 51 (4): 754 – 776.

31. Gallin D., *Solidarity: Selected Essays*, London: Labour Start, 2014.

32. Garver P., Buketov K., Chong H., et al., "Global Labor Organizing in Theory and Practice", *Labor Studies Journal*, 2007, 32 (3): 237 – 256.

33. Gillan M. and Lambert R., "Labour Movements and the Age of Crisis: Scale, Form and Repertoires of Action in India and Beyond", *South Asia: Journal of South Asian Studies*, 2013, 36 (2): 180 – 198.

34. Guguen L., "Inditex and IndustriALL Global Union: Getting Results from a Global Framework Agreement", *Global Worker* No.1, May, Available at http://www.industriall-union.org/special-report-inditex-and-industriall-global-union-getting-results-from-a-global-framework (accessed 30 May 2014).

35. Gumbrell-McCormick R., "The International Trade Union Confederation: From Two (or More?) Identities to One", *British Journal of Industrial Relations*, 2012, 51 (2): 240 – 263.

36. Hammer N., "International Framework Agreements: Global Industrial Relations between Rights and Bargaining", *Transfer: European Review of Labour and Research*, 2005, 11 (4): 511 – 530.

37. Harrod J. and O'Brien R. (eds), *Global Unions? Theory and Strategies of Organized Labour in the Global Political Economy*, London: Routledge, 2004.

38. Helfen M. and Fichter M., "Building Transnational Union Networks across Global Production Networks: Conceptualising A New Arena of Labour-management Relations", *British Journal of Industrial Relations*, 2013, 51 (3): 553 – 576.

39. Herod A., *Geographies of Globalization: A Critical Introduction*, Malden, MA: Wiley-Blackwell, 2009.

40. Holdcroft J., "Implications for Union Work of the Trend Towards Precarization of Work", *International Journal of Labour Research*. 2013, 5 (1): 41 – 57.

41. Hyman R., "Shifting Dynamics in International Trade Unionism: Agitation, Organisation, Bureaucracy, Diplomacy", *Labor History*, 2005, 46 (2): 137 – 154.

42. International Union of Food, Agricultural, Restaurant, Catering, Tobacco and Allied Workers' Associations (IUF) (2007), *A Workers' Guide to Private Equity Buyouts*, Geneva: IUF.

43. Jackson G., Kuruvilla S. and Frege C., "Across Boundaries: The Global Challenges Facing Workers and Employment Research", *British Journal of Industrial Relations* 2013, 51 (3): 425 – 439.

44. Kalleberg A., "Precarious Work, Insecure Workers: Employment Relations in Transition", *American Sociological Review*, 2009, 74 (1): 1 – 22.

45. Khazri O., Poschen P. and Ramsay B., "At Loggerheads? Global Production Chains and Sustainable Development in the Forestry Industry", *International Journal of Labour Research*, 2009, 1 (1): 49 – 72.

46. Lambert R. and Gillan M., "Working Space and the New Labour Internationalism", In McGrath-Champ S., Herod A. and Rainnie A. (eds), *Handbook of Employment and Society:*

Working Space, Cheltenham: Edward Elgar, 2010.

47. Le Queux S. and Peetz D., "Between 'Too Big to Fail' and 'Too Small to Matter': The Borderless Financial Crisis and Unions", *International Journal of Manpower*, 2013, 34 (3): 198 – 212.

48. Levinson C., *International Trade Unionism*, Abingdon: Routledge, 1972 (Routledge Revivals Series, Republished 2013).

49. Lillie N., "Union Networks and Global Unionism in Maritime Shipping", *Relations Industrielles/Industrial Relations*, 2005, 60 (1): 88 – 111.

50. McCallum J., *Global Unions, Local Power: The New Spirit of Transnational Labor Organizing*, Ithaca: ILR Press, 2013.

51. McGrath-Champ S., Herod A. and Rainnie A. (eds), *Handbook of Employment and Society: Working Space*, Cheltenham: Edward Elgar, 2010.

52. Miller D., "Negotiating International Framework Agreements in the Global Textile, Garment and Footwear Sector", *Global Social Policy*, 2004, 4 (2): 215 – 239.

53. Miller D., "The ITGLWF's Policy on Cross-border Dialogue in the Textiles, Clothing and Footwear Sector: Emerging Strategies in a Sector Ruled by Codes of Conduct and Resistant Companies", *Cross-border Social Dialogue and Agreements: An Emerging Global Industrial Relations Framework?* Geneva: ILO, 2008.

54. Müller T., Platzer HW. and Rüb S., *Global Union Federations and the Challenges of Globalisation*, Berlin: Friedrich Ebert Stiftung, 2010.

55. Munck R., "Globalisation, Contestations and Labour Internationalism: A Transformationalist Perspective", in Taylor M. (ed.), *Global Economy Contested: Power and Conflict across the International Division of Labour*, Abingdon: Routledge, 2008.

56. Munck R., "Unions, Globalisation and Internationalism: Results and Prospects", In Gall G., Hurd R. and Wilkinson A. (eds), *International Handbook on Labour Unions*, London: Edward Elgar, 2011.

57. Niforou C., "International Framework Agreements and Industrial Relations Governance: Global Rhetoric Versus Local Realities", *British Journal of Industrial Relations*, 2012, 50 (2): 352 – 373.

58. Papadakis K. (ed.), *Shaping Global Industrial Relations: The Impact of International*

Framework Agreements, New York: Palgrave Macmillan, 2011.

59. Platzer H-W and Müller T. , *Global and European Trade Union Federations: A Handbook and Analysis of Transnational Union Organizations and Policies*, Oxford: Peter Lang, 2011.

60. Räthzel N. and Uzzell D. , "Trade Unions and Climate Change: The Jobs Versus Environment Dilemma", *Global Environmental Change*, 2011, 21 (4): 1215 – 1223.

61. Rossman P. , "Establishing Rights in the Disposable Jobs Regime", *International Journal of Labour Research*, 2013, 5 (1): 23 – 40.

62. Snyder M. , *Globalizing Solidarity: The Changing Roles, Relevance and Strategies of Global Union Federations*, Ithaca: Center for the Study of Inequality, Cornell University, 2008.

63. Tarrow S. , "Cycles of Collective Action: Between Moments of Madness and the Repertoire of Contention", *Social Science History*, 1993, 17 (2): 281 – 307.

64. Telljohann V. , da Costa I. , Müller T. , et al. , "European and International Framework Agreements: New Tools of Transnational Industrial Relations", *Transfer: European Review of Labour and Research*, 2009, 15 (3 – 4): 505 – 525.

65. Tufts S. , "Emerging Labour Strategies in Toronto's Hotel Sector: Toward a Spatial Circuit of Union Renewal", *Environment and Planning*, 2007, A39 (10): 2383 – 2404.

66. Tufts S. and Savage L. , "Labouring Geography: Negotiating Scales, Strategies and Future Directions", *Geoforum*, 2009, 40: 945 – 948.

67. Waterman P. and Timms J. , "Trade Union Internationalism and A Global Civil Society in the Making", In Anheier HK, Kaldor M. and Glasius M. (eds), *Global Civil Society*, 2004/5. London: SAGE Publications, 2005.

68. Webster E. , Lambert R. and Bezuidenhout A. , *Grounding Globalisation: Labour in the Age of Insecurity*, Oxford: Blackwell, 2008.

69. White A. (ed.), *Making a World of Difference: Global Unions at Work*, Brussels: International Federation of Journalists, 2006.

互补还是替代？私人准则、国家管制与全球供应链中的劳动标准执行[*]

[美] 理查德·洛克　　[美] 本·瑞思恩　　[美] 梯米亚·帕尔　著
鲍传健　译[**]

一、引言

生产的碎片化与分散化是当今全球化时代的标志性特征之一。全球生产的产地与组织的转变为发展中国家同时带来了机遇和挑战。一方面，内嵌于全球供应链中的签约生产者为其所在的发展中国家带来了就业和税收收入。另一方面，低利润和许多生产者的激烈竞争导致在为全球品牌代工的车间中，工人工作条件恶化，环境标准执行乏力（Connor & Dent, 2006；Overeem, 2009；Pruett, 2005；Verite, 2004）。这引起了政策制定者和学者越来越多的争论：如何在这些新的、分散于全球各个角落的生产网络中更好地改进工作条件和环境实践。

---

[*] 本文原载《英国产业关系杂志》（*British Journal of Industria Relations*）2013 年第 51 卷第 3 期。
[**] 作者简介：理查德·洛克（Richard M. Locke），麻省理工学院；本·瑞思恩（Ben A. Rissing），麻省理工学院；梯米亚·帕尔（Timea Pal），麻省理工学院。译者简介：鲍传健，中央编译局世界发展战略研究部助理研究员。

为回答这些问题，研究者将注意力转向了由跨国公司和劳工导向的非政府组织实施的私人自愿管制体系（O'Rourke，2002；Seidman，2007），或者更关注国家管制及国家劳动和环境法规的执行（Piore & Schrank，2008；Pires，2008）。尽管发展中国家往往拥有严格的法律规章，但实践中许多国家缺乏执行国家法律的能力（Baccaro，2001；Elliott & Freeman，2003；Estache & Wren-Lewis，2008；Laffont & Tirole，1993）与意愿（Bhagwati，1995）。由于缺乏严格的国家执行，许多私人管制努力（即行为准则、监督项目、认证项目等）出现，以应对不同产业全球供应链中的劳动和环境议题。不过，直到今天，还很少有证据表明这些私人项目本身引致了劳动和环境标准显著和持续的改进（Locke et al.，2007a，2009）。近期的一些研究表明，国家管制抑或私人自愿管制不能单独地有效起作用，因而联合私人和公共干预对于有效应对这些议题是必要的（Bartley，2011；Haufler，2001；Kolben，2007；Locke et al.，2007b；Pessoa，2006；Trubek & Trubek，2007；Utting，2005；Weil，2005）。不过，简单地强调（潜在的）互补性干预和公私合作并不能明确实践中这些不同形式的管制如何互动。正如巴特利（Bartley，2011）及特鲁贝克和特鲁贝克（Trubek & Trubek，2007）所指出的那样，一定条件下，这些管制方法可能互补，也可能相互矛盾，从而削弱了彼此的有效性，给工人及其群体带来显著不同的结果。

通过对墨西哥和捷克的两家主要电子产品供应商所做的修正式努力的语境化比较（Locke & Thelen，1995），本文检视了私人和公共管制形式如何互动。我们比较了国家间和国家内部的不同特征和解决方法如何影响特定的劳动和环境问题的改善（或不改善）。我们认为，要真正理解这些不同的劳动和环境标准执行方法如何互动，我们不能仅依赖于宏观视角，而要检验不同国家间和国家内部处理特定议题的过程。通过这种更加聚焦于议题本身的方法来检验执行劳动和环境标准的努力，我们观察到，国家管制机构和私人自愿管制形式之间既存在互补性的互动，也存在替代性。我们认为，特定管制方法的适用性随不同议题（如发挥机构工作者的作用或环境污染的管制）和国家背景（墨西哥和捷克）而变化。

这种更加微观的研究劳动和环境标准的方法对于围绕国家管制和企业行为准则有效性的争论具有重要含义。我们通过惠普及其供应商的案例研究来演示我们的观点。

二、数据和方法

惠普在2003年至2009年选择性地在其全球供应商网络中进行了审计，本文使用了这一审计数据。这些审计评估了供应商遵守电子行业行为准则（Electronics Industry Code of Conduct，EICC）的情况。这些审计由惠普员工执行，这些员工经过专门培训，以评估供应商遵守电子产业公民联盟的情况。审计在供应商企业实地进行，部分审计报告由一个外部组织认证，以确保评估的合法性与准确性。我们的惠普供应商审计样本包括276家个体企业，其中137家接受了多次审计。数据中的276家企业，只有7家在最后一次审计中完全执行了惠普行为准则的要求，这些审计一般完成于2008年或2009年。

为充分利用惠普收集的供应商审计记录，我们在数个国家（中国、墨西哥、捷克、匈牙利、泰国、马来西亚和新加坡）进行了定性的田野调研。本文的核心聚焦于一对匹配的案例研究，即检视墨西哥和捷克的电子供应商。这一实地调研包括了70多人次的访谈，访谈对象包括惠普经理、供应链工厂的所有者、工厂经理、生产经理、人事经理、环境卫生与安全（Environment, Health & Safety，EHS）代表及生产率监工。对供应商的访谈得到了惠普的支持。我们有机会访谈了不同供应商的经理（负责不同的领域），但我们没有访谈这些供应商工厂的生产线工人，因为我们不能保证这些工人随后不会因为分享信息而被惩罚。考虑到对这些"人体试验者"的关注，我们选择放弃这一非常重要的信息来源。不过，我们通过自己在工厂的实地观察评估了工作条件，并寻求外部非政府组织对工作环境的评估，在墨西哥和捷克我们还通过访谈不同的致力于维护劳动权利的非政府组织了解工人的看法。

为遵守与惠普达成的不公开协议，供应商员工的评论是严格匿名的。基于同样原因，我们不提供能够识别受访供应商的信息。我们使用学术研究、工业报告及对当地专家的谈话来识别墨西哥和捷克电子产业领域活跃的非政府组织。

三、私人遵守项目：对争论的批判性评述

行业准则及其监督努力具有悠久的历史。最初这些努力主要集中在企业是否遵守国家对于不同商业实践的管制（如预防腐败）上，后来监督越来越指向是否遵守私人和自愿的行为准则，特别是当这些准则适用于劳动、卫生和安全以及环境标准时。作为对20世纪90年代消费者团体和劳工权利非政府组织压力的回应，大量的跨国企业开发了他们自己的私人行为准则以及确保这些准则得到执行的监督机制。

批评者认为，私人执行项目将政府和工会排除在外，其设计初衷并非是为了保护劳工权利或改善工作条件，而是为限制全球品牌的法律责任并保护其声誉不受损害。不过，另外一些人认为，私人自愿性的自我管制并不意在侵蚀国家的权威，而是对全球生产网络现实和发展中国家缺乏完全执行劳动法律法规能力的合理灵活的反应（Nadvi & Waltring，2004；Ruggie，2003；Vogel，2008）。根据后一种观点，在特定条件下，品牌的执行行动、多利益相关方倡议及非政府组织可以增强政府对于法律的执行，特别是当国家缺乏这种能力或缺乏系统查验工厂的资源时（Bartley，2005；Fung et al.，2001；O'Rourke，2002；Rodriguez-Garavito，2005）。

人们对于私人行为准则和审计协议的不断增加及其多样性，以及对现有此类审计良莠不齐的质量还存在顾虑。世界银行2003年的一份研究估计，当年有超过1000种企业行为准则存在（Smith & Feldman，2003：2）。更近期的类似估计还难以获得，不过具有自己行为准则的企业数量必然是在增加的。至于应用于全球供应商的准则和监督项目的多样性，已有许多文献讨论（Brown，2005；Jenkins，2001；O'Rourke，2002）。这些不同的准则和执行体系对应了非常不同的原则和目标。一些准则强调了自由结社和非歧视政策，另一些则聚焦于"生活"工资（与最低工资不同）、"过度"工作时间以及卫

生和安全议题。行业领先企业可能更有激励选择性地监督和执行这些准则。一些准则由内部的企业员工来监督，而其他准则是由第三方、外部咨询专家或非政府组织来审计。许多供应商需要同时执行多种行为准则，这可能导致臃肿或困惑。一些工厂抱怨"监督疲劳"：他们一年被其所服务的多种全球品牌监督多次。此外，供应商还抱怨他们处于相互矛盾的不同准则要求下的"执行待定"状态。

私人执行项目的批评者将这些因素作为行为准则和监督项目无效的证据，认为他们没有能力完全替代国家管制。为回应这些关切，本文聚焦于共享相同的行为准则、审计协议以及越来越趋向于使用相同审计者的领先电子企业。我们将在下文看到，通过电子产业公民联盟，电子供应商在相同的议题上、以统一的方法被受过系统培训的审计职员所审计。

简言之，私人执行项目受以下因素影响存在巨大差异：检视的议题（工资、工时、工作条件、童工、结社自由、卫生和安全议题、性骚扰等），收集信息的方法（如访谈——包括或不包括工人、现场或非现场——文件、观察），监督者的技能或经验、独立性，以及如何报告和传播通过工厂审计收集的信息（Jenkins，2001；O'Rourke，2002）。考虑到私人遵守项目设计和执行的多样性，围绕这些项目是否准确、彻底的争议数不胜数，更别说关于其是否有效的争论了。不过，正如我们下文所指出的，劳动和环境标准的执行是借由私人和公共参与者的独有互动来实现的。

四、全球电子产业

全球电子产业是最大和增长最快的制造业之一，其分散的生产网络涉及位于全球各个角落的不计其数的供应商（UNCTD，2004）。20世纪80年代后期，领先的电子企业从垂直一体化生产结构转向了一种新的外包生产的模式，这些企业几乎全部集中于发展各自的竞争能力，而这些能力很少涉及生产。美国大多数领先的电子企业，包括国际商用机器公司（IBM）、北电网络（Nortel）、苹果（Apple）、3Com、惠普、迈拓（Maxtor）和朗讯（Lucent）等，都遵循了这样一种趋势（Gereffi et al., 2005; Sturgeon, 2002）。这段时期许多企业出售了他们的制造和生产设备，这带来了合约制造商的快速增长。这种增长大部分集中于一小部分企业，典型的如伟创力（Flextronics）、天弘（Celestica）、新美亚（Sanmina）、捷普（Jabil）和富士康（Foxconn）。2000年，领先的合约生产商在70个国家拥有生产设备，大部分生产活动集中于发展中国家所在的两三个地区（Ernst, 2004; Lüthje, 2002）。

今天全球电子产业呈现一种高度集中的二分结构，少数国家买家和供应商控制了大部分市场（Sturgeon & Lester, 2003）。出售品牌硬件的企业很大程度上控制了整个产业的产品定义、设计和创新，因而继续占有了高端市场和新技术的附加值（Linden et al., 2009; Sturgeon, 2002）。不过，也有证据表明，这种状态正在发生改变。电子供应商如富士康和伟创力，与领先的电子企业如惠普、苹果或IBM在营收和就业方面展开竞争。此外，几家大型的国际供应商如宏基（2011年营收162亿美元，员工7757人）近期开始建立自己的电脑硬件品牌。尽管近期出现了这些发展，大部分的利润仍然由领先的品牌公司所有，而不是负责生产的供应商。最大的五家电子企业在2011年一共获得了1574亿美元的毛利润，但行业内最大的五家供应商的毛利润仅为53亿美元。

市场需求的波动和更加短暂的产品生命周期导致电子产业面临一个不稳定的制造环境（详细的关于电子产业特有的风险因素的评述，参看Sodhi & Lee, 2007）。技术的持续进步推动了消费电子的快速淘汰（Byster & Smith, 2006）。按照戴尔电脑公司一位主管的说法"库存具有与生菜类似的保质期"[Catholic Agency for Overseas Development（CAFOD），2004]。典型的电子消费产品的生命周期约为9到18个月，最初的产量约为产品整个生产运行中平均产量的3倍（Burruss & Kuettner, 2002）。

作为对不同需求和成本压力的回应，合约生产商采取了灵活的就业政策。这些劳动关系的特征包括低工资和变化的薪酬、不稳定的或临时的工作以及大量雇用女性、少数族裔和移民（CAFOD, 2004; Chan & Peyer, 2008; Smith et al., 2006）。此外，许多合约生产商选择将大部分雇佣劳动者外部化,以限制工人的经常性开支成本,并使得供应商可以对生产需求的变化快速做出反应,如雇用或解雇员工。电子供应商富士康的一位代表说得更直接:"(富士康)相信,直接雇用所有的工人会更好;不幸的是不断变动的产量不允许我们这样做"[劳动问题意见和行动中心(CEREAL,2007)]。企业大量使用临时合同工,阻止了许多电子产业工人行使他们基本的自由结社权。组织工人很具挑战性,电子供应商经常与多家人事机构洽谈雇用装配工人,这使得工会组织者面临巨大的协作挑战。寻求组织工会的机构工人也很容易失败,因为他们的合同通常是短期的。因此,传统的工人代表形式在全球电子产业通常并不存在,尽管人们对这一产业中劳动权利和工作条件的关注在最近有所增加。

电子产业中的这些低技能制造和装配工作的结构性特征引发了人们对于工时、福利和安全等劳动权利的关注,以及对生产行为的环境影响的关注[Good Electronics,2009;Overeem,2009;Smith et al.,2006;Stichting Onderzoek Multinationale Ondernemingen(SOMO),2009]。2010年在富士康所属的为苹果生产产品的中国电子设备生产厂发生的工人自杀悲剧,特别显示了电子产业糟糕的工作条件(Pun & Chan,2012)。这些自杀事件使得投资者和非政府组织(Interfaith Center on Corporate Responsibility,2010)联合起来,谴责这一产业中糟糕的工作环境,并要求进行更严格的监管。2012年,苹果公司同意允许公平劳动协会(Fair Labor Association,FLA)检视其中国供应商的工作条件,包括前述的富士康工厂(FLA,2012;The Economist,2010,2012)。公平劳动协会指出了超过50宗违反中国劳动法和FLA行为准则的相关问题,涉及工作时间、补偿、卫生和安全等。作为对非政府组织和公共检视的回应,苹果和富士康已经做出努力应对这些问题,包括近期工资的增加以及雇用更多的装配工人(Worstall,2012)。

人们对全球电子产业的另一关注是其生产制造的环境风险和电子废弃物(Smith et al.,2006)。电子产品的制造和装配使用了超过1000种有毒物质。绝大多数制造过程都是在环境监督相对薄弱的新兴市场进行的,这些国家的法律和行政规制经常难以有效地监管这些潜在的风险。

作为回应，惠普及其他领先电子企业在20世纪90年代后期发起了企业社会和环境责任（Social and Environmental Responsibility，SER）计划。此外，一些突出的企业如惠普、戴尔和IBM发起了一个合作计划以监督供应商行为，这些企业建立了电子产业公民联盟和行为准则（Electronics Industry Citizenship Coalition and Code of Conduct，一般统称为EICC）。

五、惠普

惠普是一家领先的电子企业，其供应商遍布全球，并致力于履行发行社会和环境责任。在2010财年，惠普个人电脑发货量超过6400万台，在170个国家有大约325000名员工。惠普具有四大运行部门，分别为图像和打印、个人系统组、商业企业和金融服务。在2010财年，惠普在170个国家运行，其1000家合约供应商位于1200多个不同的地点。这些供应商提供了产品材料和部件，以及制造和配送服务。大多数惠普的供应商位于四个主要地理区域的发展中国家，包括亚太地区、中东欧、大中华区域和拉美地区。

自1939年成立以来，惠普一直致力于履行社会和环境责任。作为一种管理哲学，"惠普之道"（HP Way）强调诚信、尊重、团队精神、创新以及对消费者和社区有所贡献（Packard，2006）。尽管历史上惠普曾在自己的工厂避免组织工会，但长期以来在社会和环境责任的其他方面多有贡献。与这种文化一致，惠普成为了全球劳动标准的早期倡议者。例如，20世纪90年代末期，惠普将原本在温哥华和华盛顿的打印制造外包到国外生产；惠普工程师监管这种转型，他们发现部分供应链合作伙伴存在持续的工作条件恶劣和缺乏劳动标准的现象。在一次供应商实地探访中，这些工程师秘密地拍摄了多幅照片，随后将这些照片制成了相册在公司内部分发。2002年，惠普开发了该公司的第一个供应商行为准则，这是对这一内部动员和外部非政府组织和其他公民社会压力的反应，这些外部力量对整个产业的劳动条件非常关注。这是电子产业的第一个行为准则，为整个产业的标准奠定了重要的基础，后来整个产业建立了电子产业公民联盟。

六、电子产业公民联盟

电子产业公民联盟（Electronics Industry Citizenship Coalition，EICC）成立于2004年，其时八家领先的电子企业，包括惠普，寻求通过开发一个产业范围内的行为准则来改善供应商的工作条件和环境影响。2008年，电子产业公民联盟的成员达到45家，这些成员的总营收达到1.2万亿，雇佣人数达到340万（EICC，2009）。加入电子产业公民联盟的企业要求其供应商（某些情况下企业自己的工厂）遵守电子产业公民联盟准则。第一个电子产业公民联盟准则诞生于2004年，此后经过三次修订，目前的版本是2011年修订的。尽管最初这一准则或多或少是由电子产业公民联盟的成员独立执行的，但电子产业公民联盟的成员企业在协调和合作方面已经取得了显著的进展，他们的审计者来自于一个共同的人才库并相互分享审计结果，以减少供应商的审计疲劳并消除互相矛盾的标准，这也是私人监管努力经常遇到的两个问题（Locke et al.，2007a；Nadvi & Waltring，2004；O'Rourke，2002）。

这一准则分为七个部分：第一部分包含了广义的行为准则遵守问题，其他六个部分具体处理劳动、卫生、环境、劳动管理、环境健康和安全管理、伦理方面的问题。对不同国家和供应商的审计是基于53条电子产业公民联盟条款执行结果的独立评估，通常首次审计两天之内可以完成。根据严重程度，问题可被标记为"严重违反"、"轻微违反"或"观察"。严重违反（可以视为不遵守）是指供应商的管理体系无法执行某一条核心电子产业公民联盟标准。其中一些严重的不遵守行为将面临零容忍。这些问题包括使用童工、强迫劳动、导致直接或严重伤害的卫生和安全问题，以及对社会造成直接严重损害的违背环境法律的行为。轻微违反一般指比较分散的问题，如暂时关闭了紧急出口或缺乏安全设备。最后，观察一般来说意味着存在一个良好的记录或监督过程或程序。某一审计项被标记为"观察"则表明此项未违反准则。

具体到此项研究，惠普分享了他们的内部审计数据，这些数据包含了定量的执行数据和定性的评估数据，其来源是2003年至2009年在全球276家供应商的实地评估。对惠普内部审计报告的分析显示,大多数惠普的供应商都存在一些不遵守准则的情况,甚至在惠普社会和环境责任项目实施数年以后。审计记录表明,在全球不同区域违背准则的频率和程度具有很大差异。

促进企业遵守私人自愿行为准则特别是惠普行为准则需要什么样的必要条件?这些发现提供了洞见。惠普的全球供应链代表了一个独特的体系,通过这一体系可以检视自愿私人管制的效能。全球电子产业不仅是一些发展中国家的重要部门,惠普也在行业内不遗余力地宣扬负责任的劳动和环境实践。此外,除了特别聚焦于监督和执行,惠普还开发了特别的"能力建设"项目,为供应商提供应对多种劳动问题深层次原因所必需的技术知识与管理体系。不过,即使在惠普的供应链中,我们仍然发现存在工作环境、工作时间和环境标准等方面持续存在的问题。

七、惠普供应商:"阿尔法(Alpha)"和"贝塔(Beta)"电子

在惠普的全球供应商网络中,西方选取了两家主要的供应商,我们称其为"阿尔法电子"和"贝塔电子",对两家供应商在捷克和墨西哥做一个对应的分析。两家供应商都是产业中的领导企业,在多个国家都有运营,都具有良好的品牌声誉,且有包括惠普在内的许多客户。在墨西哥和捷克,我们比较了这两家制造商所有的工厂,这些惠普的合约工厂发挥相似的功能:台式电脑装配和维修工作。我们在墨西哥的阿尔法电子的工厂只专门为惠普生产产品,而另外三家阿尔法和贝塔的工厂为多个客户服务。因此,阿尔法和贝塔电子的运营同时受到多家客户行为准则的影响。不过,惠普是电子行业社会和环境责任的先行者,其准则奠定了行业准则(EICC)的基础。正如一位贝塔电子代表在访谈中所言,"几乎所有的消费者都要求相同或类似的标准"。因此,其他客户的行为准则可能影响惠普生产线的关键劳动或环境状况,这种担心在本文的设定中出现的可能性比较小。

我们分析了属于不同供应商且在两个不同国家运营的工厂处理相似劳动和环境问题的方法。相同的合约制造商为相同的领先企业(惠普)承担相同

的任务，但在不同的国家运行，通过这种设定我们致力于解释私人和国家管制体系互动以解决多种劳动和环境问题的过程。这种结构性的比较也有助于我们控制不同的因素——审计内容、买家与供应商关系、国家社会经济和管制环境，以及特定的劳动和环境标准，这些因素可能会形成本文所述的结果。此外，外部对于惠普改善劳动和环境条件所做努力的整体评估（de Haan & Schipper，2009；Greenpeace，2011：1－3；van Dijk & Schipper，2007），以及在墨西哥（CEREAL，2007：81，2009：29，2011：32）和捷克（Danish Commerce and Companies Agency，2008；SOMO，2009）的相关评估表明，观察到的供应商内部的改善是真正努力的结果，而不是审计或供应商通过欺骗的结果。

阿尔法和贝塔供应商对于惠普具有战略性意义。阿尔法是世界上最大的电子和计算机部件生产商之一。近年来，阿尔法已经在英国、美国、捷克、匈牙利、墨西哥、巴西、印度和越南建立了生产工厂，2009 年员工接近 50 万人。作为电子产业公民联盟的成员企业，阿尔法拥有一个内部社会和环境责任委员会，这一委员会与包括消费者和非政府组织在内的利益相关方积极开展合作。由于委员会的努力，这一企业投入了大量资源并实行了多种计划，以改善其工厂在诸多议题上的表现。

贝塔是一家电子制造服务提供商，其制造业在超过 30 个国家运行。贝塔也是电子产业公民联盟的成员企业，基于电子产业公民联盟的原则、政策和标准，贝塔执行了自身的企业责任项目。在内部，贝塔开发了自我评估工具和审计过程，这些评估和审计被应用于所有贝塔的工厂以及其供给基地。这些努力使得贝塔能够及时纠正问题，以确保持续遵守内部和外部（即惠普所要求的）企业公民责任。

八、在捷克和墨西哥改善劳动和环境条件：一个语境化比较

通过惠普的社会和环境责任项目执行电子产业公民联盟这一过程及其产生的积极影响，在墨西哥和捷克具有非常不同的路径。准则的内容与执行要

求在所有国家是统一的,国家环境的不同决定了惠普供应商执行劳动和环境标准的过程。为说明这一点,我们检视了两个不同的国家背景,并演示了导致行业内两个重要方面——派遣制工人的工作条件和环境污染——得到改善的过程。

如前所述,我们认为,私人和公共管制体系的互动可以采取多种形式。当私人执行项目与积极的国家执行努力共存时,互补性互动就会出现。在这些框架下,私人执行努力经常聚焦于告知本地供应商国家的劳动和环境法律法规,并帮助他们遵守现有的管制,其逻辑是不遵守这些法律和管制将导致相关政府机构的制裁。因此,通过这些额外的私人项目,积极的国家管制努力得到了支持(而不是损害)。

相反,当政府管制机构比较羸弱或无效,不能确保劳动和环境问题得到解决时,私人执行努力的干预就会形成一种替代。在这些框架下,私人执行项目依赖于国家法律使得他们的行动合法化,但其运行一定程度上是独立的,且与政府管制机构没有明确的合作关系。

我们的匹配分析展示了私人和公共管制的平衡以及二者之间的互动模式如何取决于不同民族国家公共管制机构的相对能力和战略。此外,我们分析了国家和私人执行努力的不同互动如何促进了某项问题的逐步改善。

九、提升派遣制工人(agency workers)的公平就业条件

近年来,电子供应商越来越多地依赖于临时就业机构以满足他们制造从业人员的需求。这种做法涉及外部化其就业关系,制造工厂的工人被一个分离的不同的人事机构所正式雇用。通过使用派遣制工人,制造商可以保持更大的劳动力灵活性,尽管这种做法可能导致这些"外部"员工工作条件和就业补偿方面的弊端。全球电子产业高度依赖于派遣制工人,这种就业形式在整个供应链体系中长期伴随着低工资和不安定的工作条件(Brown, 2009; MakeITfair, 2009)。据估计,墨西哥电子产业中60%的就业人员为派遣制工人,超过60家派遣机构雇用了约24万人(Brown, 2009; CEREAL, 2007,

2009)。许多墨西哥电子供应商通过多个连续的短期合同雇用派遣制工人，这些工人因而不能获得依据国家劳动法给予全职工人的就业福利。以这种方式雇用工人在墨西哥是非法的，不过，这种做法在该国的电子产业已经成为常态（CEREAL，2007）。墨西哥超过80%的派遣制工人的雇佣周期少于一年，因而鲜有人可以获得国家规定的全职工人有权获得的福利（Partida，2004）。

近年来捷克也越来越依赖于派遣制工人（CIETT 2009）。2009年年末，捷克共有2212家注册的临时工人机构，雇用临时工人最多的是那些外资份额比例较高的行业，包括汽车和电子产业［Aleinik，2010；European Industrial Relations Observatory（EIRO），2009］。在捷克，60%的派遣制工人的雇佣周期少于三个月（CIETT，2009）。在墨西哥和捷克，工资平等和福利公平是影响派遣制工人的重要议题。

十、影响捷克和墨西哥派遣工作的国家管制框架

墨西哥的国家劳动立法自20世纪70年代以来很大程度上没什么变化，对临时派遣工人缺乏保护。相反，捷克2004年对劳动法的修订特别提到了这些外部化员工的工作条件和补偿问题。在墨西哥，国家劳动法几十年来很大程度上是无效的，也很少得到执行。墨西哥法律允许兼职岗位（在非常有限的情形下），并为全职工人提供了大量的就业保护，包括年终奖金和一份三个月的离职补偿（参看墨西哥联邦劳动法第35条）。不过，这些保护主义法律在实践中被许多电子企业所忽视，工人保护其工资和福利的能力受到很大限制。电子供应商所使用的一个策略就是雇用短期合同工人，设定明确的结束日期。由于没有全职就业合同，许多联邦规定的福利一般不适用于这些工人，如年终奖励或离职补偿。因而，在法律阴影下利用模糊的报告结构、法律漏洞和国家法律的执行不力，使用派遣制工人开始流行。这些就业关系的细节很少汇报给墨西哥劳动当局。我们在墨西哥访谈的一位总经理形容派遣制就业为"既合法又非法"，认为这取决于个人观点。

捷克有关临时工的法律在2004年年末进行了更新（2005年初正式实行），法律将特定的就业条款延伸到了派遣制工人。根据改革后的法律，派遣工人有权获得与全日制员工可比的就业条件和补偿。如果供应商被发现违反了这些平等补偿和就业条件条款，必须补清所欠差价。此外，同样的病假补偿和养老金福利同等适用于临时工和全职员工。但对于每年工作时间少于100小时的临时工，法律上还甚少保护（Coe et al., 2008; Ward et al., 2005）。最后，法律对临时工超过12个月的就业做出了严格管制，对于雇用派遣工人替代罢工的长期员工的行为也做出了管制（European Foundation for the Improvement of Living and Working Conditions, 2006）。捷克国家劳动监察办公室在2005年对11673位雇主和企业家进行了监察，2008年增加到12845位。在此期间，违背就业法的企业可以被处以最高200万捷克克朗的罚款。2006年，810家企业被罚款，总额为17692500捷克克朗。两年后，共有2196家企业受到处罚，总罚金达到78124500捷克克朗（Ministry of Labour and Social Affairs of the Czech Republic, 2009: 22 - 3）。此外，2012年的新法律将涉及派遣就业违法的最高处罚金额增加到了1000万克朗，捷克劳动监察部门还增加了监察人手，从2009年的327人增加到约400人，预期到2012年针对非法雇佣问题的监察活动将会增加（Audesová & Plešková, 2011: 6）。

关于派遣工作的劳动管制，墨西哥的情形过时且执行差，而捷克近期更新且更加严格，这两个国家具有非常不同的管制背景。劳动标准的执行方式，特别是私人执行项目在这一过程中的作用，展示了私人和公共管制在墨西哥和捷克不同的结合方式。

十一、工厂层面的派遣工作问题

我们研究中的工厂层面数据表明，派遣工人确实在两个国家背景下都比较脆弱。此外，必须注意到电子产业公民联盟在其行为准则中并没有明确提出派遣工人的议题，而是通过评估工人待遇的方式做出规定，不管工人是由供应商直接雇用还是通过人才机构雇用。尽管电子产业公民联盟缺乏派遣工人的规定，通过惠普审计识别的违反劳动权利的情况有很大部分涉及这一工人群体。这些违反情况一般涉及派遣工人的工资、福利和工作时间。

在捷克，阿尔法和贝塔两家工厂都高度依赖于派遣工人。通过三家机构雇用的员工占所有阿尔法和贝塔劳动力的约40%。2007年，惠普审计表明，捷克的阿尔法工厂中的派遣工人工作日加班和周末工作只得到了标准的小时工资，而没有获得捷克劳动法规定的25%的工资溢价。即使这一问题得到纠正，派遣工人的加班补偿（70克朗，约3.85美元）仍然低于核心员工（75克朗，约4.10美元）。此外，有证据表明，两家工厂的派遣工人没有如长期员工一样被纳入绩效工资体系。

位于墨西哥的阿尔法和贝塔电子的工厂都高度依赖于多家人才机构的临时工人。阿尔法电子租赁了惠普的生产厂房进行生产，并通过外部人才机构将其大部分普通员工外包。2009年，只有工厂的经理、监工和行政人员才是全职工。剩下75%的人员，包括技术员、工程师和操作员，都是派遣工人。贝塔电子在瓜达拉哈拉（Guadalajara）的工厂也大量雇用派遣工人，从四家不同的人才机构雇用了超过3000名临时工人。贝塔企业的食堂、保卫和维护等部门也雇用了合同工。

根据惠普的审计记录和一些非政府组织年度报告，阿尔法和贝塔在派遣工人的招收、补偿和培训等方面都经历了问题。在墨西哥瓜达拉哈拉的阿尔法工厂，通过人才机构招聘的临时雇员受到了歧视性的对待，包括被强制要求进行就业前的怀孕检查。非政府组织劳动问题意见和行动中心在2006年的访谈表明，为了限制派遣员工的任期及随后的享受全职员工福利的资格，瓜达拉哈拉的阿尔法电子通过短期的15天合同雇用一批员工的同时辞退另一批员工。惠普对阿尔法和贝塔的审计发现，两家企业都为派遣工人组织提供了一份电子产业公民联盟的拷贝，但两家都缺乏这样一种体系，确保向其输送装配线工人的临时人才机构遵守这一准则。

2005年至2009年间，墨西哥和捷克涉及派遣工人的电子产业公民联盟审计违反数量显著下降，在最近一次惠普审计中没有识别出违反情形。不过，这些在捷克和墨西哥工厂发生的改进，是通过多样化的渠道实现的，特别是这些工厂所嵌入的特殊制度背景。

十二、派遣工人状况改善的制度互动和多样性

墨西哥和捷克的改善是通过分散的渠道实现的，涉及私人和公共管制努力的不同互动模式。在墨西哥，私人参与者，包括惠普及其供应商、本地商会和劳动权利非政府组织，发展了一套做法和制度安排以替代无效的政府管制。在捷克，私人管制努力经由国家法律合法化，因而补充了公共管制安排。

（一）在墨西哥通过对无效公共管制的私人替代实现改进

通过多家墨西哥非政府组织和惠普发起的项目，派遣工人的待遇得到了快速改善；为了防止将来在这些临时就业关系中出现龌龊，还创立了一些长期项目。最近的改善是通过惠普对阿尔法和贝塔工厂的审计实现的。在阿尔法，惠普反对供应商的人事代理机构对新员工进行怀孕测试。接着阿尔法要求其人事代理机构不再进行测试，2005年12月这项测试被取消。类似地，在阿尔法和贝塔，来自惠普的压力使得两家供应商分别对其人事代理机构进行审计，以确保这些企业达到电子产业公民联盟准则关于社会和环境责任的要求。至于临时工的任期和福利资格问题，通过几家墨西哥非政府组织与惠普及其供应商的合作，已经取得了显著进展。特别值得一提的是，这些改进是通过非政府组织的行动而不是工会实现的。阿尔法和贝塔都没有强有力的工会存在，部分是因为大多数工人都是临时的短期合同工人，且不是被阿尔法或贝塔雇用，而是由外部人才机构雇用。这导致这些工人不可能进行罢工和集体行动。一家本地非政府组织代表说："十年里我们没有看到任何工会。"由于人员调整很难建立工会。2006年，非政府组织劳动问题意见和行动中心表明，为了限制派遣工人的福利资格，阿尔法同时雇用和解雇短期的15天合同的工人。劳动问题意见和行动中心这种粗暴的做法同时报告给了惠普和阿尔法的管理层，来自惠普的压力导致了这种做法被停止。还需注意的是，

惠普对阿尔法的首次审计是在劳动问题意见和行动中心行动之前，这表明电子产业公民联盟缺乏对派遣工人的明确关注可能导致这一问题被忽视了。

在这个例子中，改变的发生是通过一家本地非政府组织、来自惠普的外部压力和国家劳动法规的互动实现的，书本上的法律条款是由民间力量来执行的。这种纠正性行动之所以可能，得益于本地非政府组织、本地电子制造工厂和瓜达拉哈拉主要买家之间形成的一种独特关系，参与者称之为"协议"（the Accord）。"协议"是瓜达拉哈拉工业集聚区的电子供应商和本地非政府组织劳动问题意见和行动中心之间一种新颖的争端解决体系，后者兴起于墨西哥法律体系对于电子工厂工人的薪酬、福利和恶劣工作环境介入很少的背景下。工人必须在争议发生的两个月内向法院报告，否则他们就丧失了提出劳动争议的权利。即使如此，除了最初的报告，成功通过仲裁解决问题的过种中，墨西哥法律机构并不介入。

"协议"产生于劳动问题意见和行动中心发起的一个标准的点名指责（naming and shaming）运动，但在惠普的推动下，逐渐深化成一个更加具有协作性的安排，涉及劳动问题意见和行动中心、瓜达拉哈拉电子商会、全国通信电子和信息技术行业企业商会（Cámara Nacional de la Industria Electrónica de Telecomunicaciones y Tecnologías de la Información，CANIETI）以及瓜达拉哈拉地区的多家电子供应商。作为此协定的一部分，劳动问题意见和行动中心与本地电子工厂的人力资源经理发展了一种更直接的关系。当一个工人认为存在劳动违法情形与劳动问题意见和行动中心接触时，这一非政府组织的一位代表将联系其雇主的人力资源经理直接讨论相关问题。如果投诉没有被墨西哥劳动法或行业的行为准则所覆盖，劳动问题意见和行动中心将通知工人其申诉无效，并建议工人（们）继续工作。不过，如果投诉违背了国家劳动法或电子产业公民联盟，人力资源经理将会调查并报告给劳动问题意见和行动中心。如果投诉被证明确实是合理的，雇主将会按墨西哥法律给予员工补偿。"协议"框架内不能解决的案例将上升到更高层级处理，如通过行为组织全国通信电子和信息技术行业企业商会，或通过正式的法律诉讼。

在"协议"产生之前，由于缺乏有力的工会、资源与如何运用国家法律体系的知识，工人们在遇到劳动伤害时几乎没什么办法能获得保护。2007年，劳动问题意见和行动中心总共处理了237起劳动违规行为，占利益团体通过对话解决纠纷案例的78%。4起案例上升到了劳动问题意见和行动中心①层面，47起案例中提起了诉讼（CEREAL，2007）。2008年和2009年，超过4000名工人接触了劳动问题意见和行动中心，大约95%的诉求涉及临时就业问题（Peteterson，2010）。劳动问题意见和行动中心内部关于"协议"投诉的纸质记录表明，2009年，77%的案例涉及不公平的工人解职问题。2009年还有另外3%的案例除了涉及不公正解雇投诉外，还同时涉及其他侵权，如性骚扰、工资或歧视。2010年，"协议"60%的案例涉及不公正解职，另外21%的案例除涉及不公平解职外，还同时涉及其他问题。2009年和2010年的不公平解职案例经常涉及墨西哥国家劳动法规定的工人离职补偿的谈判，尽管这些谈判只零星地使得工人得到复职（更多信息也请参看Salazar Salame，2011）。

"协议"大幅度提升了工人劳动维权得到解决的速度。劳动问题意见和行动中心的职员如此形容这种情形："劳动问题意见和行动中心已经在法庭上处理了几百个案例，但通过需要一至三年。工人未能胜诉。有了（'协议'），我们可以在一到三个月内解决，但他们仍然需要使用法律，因为如果工人没有在两个月以内投诉至法院就会丧失诉求。"这一体系的效率受到了劳动问题意见和行动中心和多家电子供应商经理们的好评，而这两方通常对这些议题多有分歧。惠普的一位高管对墨西哥政府解决劳资争端的过程表示怀疑，认为"本地政府机构拖上好几年（以解决争端），律师是唯一的赢家"。说到"协议"，这位高管继续说道："我们可以解决这些问题，我们是成年人。"

基于"协议"的经验，2009年瓜达拉哈拉出现了一个新的机构，以进一步约束人才机构接受更多监管，从而保障临时合同工人的权益。尽管惠普审计了许多本地人事代理机构，但惠普或电子产业公民联盟准则的许多内容并不适用于这些组织。对这些人事机构的访谈表明，准备和回应惠普的审计很

---

① 根据上下文，此外疑应为CANIETI。——译者注

具有挑战性。墨西哥电子产业商会（CANIETI）的分支机构电子生产链（Cadena Productiva de la Electronica，CADELEC）引进了一种认证体系，专门针对临时人事机构。尽管一开始是自愿的，惠普的管理者已经表达了他们的决心：惠普供应商使用的所有墨西哥临时人事机构都需要经过该电子产业链的认证。通过这一新的认证过程，外部监管意在确保人事代理机构完全遵守关于派遣工人的薪酬、解雇和就业时间等方面的法律规定。这一新兴的机构是惠普和该电子产业链的合作的结果，意在代替国家劳动法脆弱的执行机制与前后不一的应用。尽管这一新兴的认证体系前景看好，但其对企业雇用派遣工人的影响还需要时间来证明。

这些进展与那些认为私人自愿管制必然会挤出国家管制和工人声音的看法形成鲜明对比（Cutler et al.，1999；Esbenshade，2004；Strange，1996）。墨西哥阿尔法和贝塔电子的案例表明，私人努力可以（在一定条件下）有效替代脆弱的或缺席的国家管制。同时，它可以提供一种媒介，使公民可以在缺乏传统工人代表形式的工作环境中实现他们的权利。

（二）在捷克通过互补性的私人和公共管制实现改进

不同于墨西哥，在捷克的阿尔法和贝塔电子工厂的派遣工人工作条件的改善是通过积极的国家劳动管制和惠普的私人执行努力的互补性互动来实现的。这些改进主要集中在为派遣工人提供与长期雇员可比的薪酬待遇。在阿尔法电子的工厂，由于工厂的就业是流动的，雇员薪酬平等的监管和执行具有挑战性。阿尔法的派遣雇员的工作时间和薪酬是由直接雇用这些工人的临时人事企业监管。最初的惠普审计发现，尽管阿尔法具有监督其劳动代理机构的就业和薪酬的程序，最终这一体系并没有发挥作用。审计者发现了三大特别影响派遣工人工资的问题。首先，派遣工人的加班工资率低于阿尔法可比的全职员工的工资率（70捷克克朗相对于75克朗）。其次，尽管加班工资率有据可查，阿尔法派遣工人周末工作和平时加班时间仅仅得到了平时标准的工资。最后，尽管阿尔法对于员工有一个绩效奖励机制，这些薪酬奖励并不对派遣工人开放。

这些审计问题表明阿尔法的薪酬政策违反了捷克的劳动法,作为回应,惠普的社会和环境责任团队开始监督这些法律的执行情况。阿尔法与其人事机构作用以确保全职和临时派遣工人都能平等获得加班报酬,最近的一次审计认可了这一情况。惠普审计者特别留意到,由于工人的工作时间都是手工计算的,持续关注这些外部劳动人事机构非常必要。就其本身而言,这是一个私人执行可以与积极国家劳动管制互补的领域,否则在这个层面上国家管制可能从不会被积极执行。阿尔法也发起了一个试点工程,将绩效奖励向派遣工人开放,以达到捷克劳动法的要求。在2008年这一试点发起一年后,惠普审计中阿尔法的经理证实绩效奖励体系已经将派遣工人包含在内。

在贝塔的捷克工厂,在最初的审计中,惠普代表与员工交流被告知激励工人的薪酬是根据捷克劳动法规定发放的,且这些工人的加班工时没有超过国家法律规定的最大限度。即使如此,贝塔缺乏任何成文的规定决定、管制和控制工人的加班工时,因此,没有可用证据证明法律得到了遵守。类似的问题也影响到贝塔捷克工厂的其他方面。

作为对这些问题的回应,惠普对贝塔管理层施压,要求将电子产业公民联盟准则分发给其自己的供应商和人事代理企业,借此希望增强这些员工对劳动权利的认知。人事机构也被要求将电子产业公民联盟的相关信息涵盖进新员工的培训中。此外,在惠普的要求下,贝塔创立了一个电子计时系统,启用了明确的管理员工工作时间、轮班和加班的程序。惠普审计者对这些新电子系统的评估证实,员工的薪酬标准符合捷克劳动法规定,工人的加班时间在法律允许的最大范围内。

在捷克和墨西哥,阿尔法和贝塔工厂中涉及派遣工人的违反电子产业公民联盟的情形逐年大幅下降。由于涉及派遣工人的劳动问题在私人和公共管制体系中经常被忽视(Barrientos & Smith, 2006),因此,上述这些进展背后的原因和动态机制特别值得进一步探索。在这一节中,我们看到,即使一个特定的问题在两个国家背景下有相似的重要性,如派遣工人的工作条件的案例,考虑到供应商所嵌入的制度环境和利益格局,其改进路径可能显著不同。

电子产业公民联盟执行方面的改进通过私人和公共管制的不同互动形式来实现。在墨西哥，改进是通过一个强有力的工人倡议组织和惠普自身的私人执行努力来实现的，后者代替了执行不力的国家劳动法律。相反，在捷克，惠普的私人监督努力与国家法律关于派遣工人就业和薪酬方面的积极管制报告形成了互补。

十三、机构互动与环境保护的改进

伴随电子产业制造行为的环境风险包括使用有毒和化学物质，有毒或无毒垃圾的产生与处理，以及大量的能源损耗（Overeem，2009）。有效管理这些风险对于全球电子产业的制造工厂是一个严峻的挑战。例如，在墨西哥，2009年约有4000名电子产业的工人接触有毒物质（CEREAL，2009）。在捷克，电子产业的主要环境问题涉及有毒物质的使用与废料管理［Bormann & Plank 2010；Ministry of the Environment of the Czech Republic（MECZ），2004］。

捷克和墨西哥都制定了公共环境规制标准，对特定有害物质的使用、废物和大气污染以及将危险废品移至外资企业来源国等都做了规定。不过，这些规制的严格程度、有效性和执行力度在这两个国家还是有所差异。捷克已经增强了对环境问题的规制能力、监督力度和执行标准（Czech Environmental Inspectorate，2006，2007，2009；MECZ，2005；Stavins，2005）。墨西哥对于环境污染的公共管制也在积极进行，但是在电子产业的监督能力比较有限（Gallagher & Zarsky，2007；Schatan & Castilleja，2007；SEMARNAT 2000，2003）。

十四、工厂层面的环境问题

墨西哥和捷克的阿尔法和贝塔的工厂所存在的环境问题是类似的，因而都违背了同样的电子产业公民联盟标准。大多数问题可归结为缺乏对惠普的一般性环境规格要求（General Specification for the Environment，GSE）的监督、有害废物储存不当以及工厂监督和控制环境问题的管理体系存在漏洞。

在捷克，惠普员工在阿尔法工厂进行的审计表明，工厂对于化学物品的存放和处理程序都存在问题。存放用于生产的化学物品时，没有采取所有必要的预防措施阻止其泄漏，工厂也没有执行特定的控制体系以减少出现泄漏时对于环境的损害。在贝塔的工厂，违背准则的情形表现在没有任何减少固体废物的改进计划，也缺乏对于惠普一般性环境规格要求的认知。这两个工厂的大多数问题，由于缺乏有效的管理体系，从而不能确保化学物质的安全处理，也不能监督可能对环境有害的相关生产过程，从而导致了这两个工厂大多数违背标准的环境问题。

在墨西哥的瓜达拉哈拉，惠普在贝塔电子的最初审计发现，在非毒性固体废物的存放上存在违背环境标准的情形，对于这些物质的处理也缺乏许可。非毒性固体废物存放于一个没有顶棚的露天区域，对于安全措施没有足够的重视。此外，这一贝塔工厂还违背了惠普一般性环境规格要求对于限制物品的使用规定，如消耗臭氧的化学物质和危险的清洁溶剂。阿尔法电子缺乏惠普一般性环境规格要求的文档，无法确认工厂是否遵守了相关的涉及有毒物质使用的国家法律。阿尔法也缺乏识别和评估 EHS 风险、建立内部绩效目标或进行自我审计的体系。最后，阿尔法对其生产线工人可能面临的特殊风险，没有为这些工人提供专业化的培训。

十五、制度互动与改善环境的相似举措

在捷克和墨西哥，阿尔法和贝塔修正环境违法的行动涉及现有的国家公共管制和私人监督努力的互补性互动。在墨西哥，修正计划一般通过惠普、电子产业公民联盟和阿尔法、贝塔的工厂之间的直接互动来实现。对于捷克的工厂，惠普的社会和环境责任（SER）计划被看作是一个改善环境实践和遵守日益严格的公共环境规制的学习机会。在两个国家中，私人监督引起了公共环境立法的关注，并为后者所合法化。

在 2006 年惠普审计者第一次进行电子产业公民联盟审计之前，捷克的阿

尔法和贝塔工厂将申请和管理环境许可、报告工厂绩效、处理有毒物质和废料的工作都进行了外包。根据这些工厂的环境管理者所言，由诸如惠普这样的大客户所引介的私人标准和审计，在将环境问题引入高层管理日程时发挥了必不可少的作用。这使得更多的资源被用于处理环境问题。阿尔法和贝塔可以通过分别咨询本地的国际标准化组织（ISO）14001认证办公室、惠普审计者以及其他阿尔法和贝塔工厂的人员改善他们的环境绩效。特别是在阿尔法，具有专业知识的惠普审计者和世界其他地方的阿尔法工厂的人员帮助他们开发了有效的体系和好的做法，提升了能源效率，促进了持续改善。按照阿尔法环境经理所言，这些外部参与者帮助他们"为系统注入了活力"。贝塔工厂建立了一个新的环境、卫生和安全部门，以对环境影响和能源消费做出指引。

  在墨西哥，阿尔法和贝塔两工厂的环境改善主要是由于私人规制行动，这些私人规制得到了墨西哥关于环境污染和废物标准的相关法律的支持。墨西哥的环境保护机构联邦环境保护署（Procuraduría Federal de Protección al Ambiente，PROFEPA）负责对国内电子产业进行监管和督查，不过其审计国内电子供应商的能力有限（Gallagher & Zarsky，2007）。惠普的私人监督请求得到了这些公法的支持，从而形成了互补性互动，使得墨西哥阿尔法和贝塔工厂的环境状况得到了切实改善。

  为了应对惠普对于贝塔工厂存放固体非危险废料的关切，贝塔工厂也采取了一些措施。关于废料问题，贝塔工厂启用了一个新的外部供应商，此供应商拥有所有必要的许可，工厂还安置了一批压实机和存储仓，存放这些固体非危险废料。贝塔还采取措施，确保其不违背惠普一般性环境规格要求（GSE）中关于危险品的规定。贝塔的后勤部门拥有一份惠普一般性环境规格要求的文档，以防止贝塔从使用这些危险品的供应商处获得配件。阿尔法应对违背环境准则的措施包括：与惠普直接商谈，参加这一领域电子产业公民联盟关于最佳实践的会议以及借鉴世界其他地区阿尔法工厂的知识经验。在惠普连续四次的审计过程中，阿尔法制定了新的内部监管程序，并优化了其他相关规定。阿尔法工厂开发并执行了新的项目，以评估内部风险和适用的国家 EHS 法律，教导工人正确面对生产过程中的特殊风险，从而达到惠普一般性环境规格要求的相关要求。

通过公共和私人项目的互补性互动，位于两个国家的阿尔法和贝塔工厂最终呈现了可比的环境标准。在捷克，惠普的社会和环境责任（SER）审计触发了管理体系和实践的重大改变，这得益于两种不同的私人规制形式，即国际标准化组织的认证和企业自身的环境责任项目。在墨西哥，不同私人参与者共享信息和提供技术援助，促进了企业对于准则的遵守。私人监督对企业施加了额外的压力，促使企业应对环境问题，否则仅由墨西哥联邦环境保护署应对的话，其执行能力是有限的。

十六、结论

近期的学术文献表明，公共和私人管制的混合是执行全球供应链中的劳动和环境标准的必要条件（Bartley，2011；Haufler，2001；Kolben，2007；Locke et al.，2007b；Pessoa，2006；Trubek & Trubek，2007；Utting，2005；Weil，2005）。私人规制项目并不是在真空中运行，而是建立在现有法律的基础上，并对来自于国家和其他非政府参与者的压力进行回应（Bartley，2011；Locke et al.，2012；Trubek & Trubek，2007）。不过，在具有不同规制执行水平和方式的国家之间，这些不同的规制互动的形式也大相径庭。通过对比墨西哥和捷克电子供应商的行为，我们发现，在政府执行劳动和环境规制更主动的民族国家，私人执行项目往往对更严格的政策管制形成了一种补充；而在公共管制执行不力或非系统性执行的国家，私人执行项目通常是对政府执行或国家法律法规的一种替代。

不仅在具有不同执行能力或风格的国家之间，规制互动表现出不同的形式，在一个国家内部不同的问题上也会有规制的差异，这些不同的问题可能受到不同管制机构的约束，可能对不同的干预手段做出回应。例如，在墨西哥，工厂层面的劳动规制执行主要是通过创立私人倡议和机构来实现的，这些倡议和机构替代了弱势的或不存在的政府规制机构，而环境标准则是通过私人监督努力与政府环保机构的行动之间的互补性的互动来执行的。在捷克，劳动和不同环境议题规制的执行都是通过私人遵守倡议和国家管制机构的互补性的互动来实现的。

本文的研究表明了工人的不满（如影响电子产业派遣工人工资与离职的事件）可以通过多种途径得到处理，但我们必须意识到，在整个全球电子产业中，限制工人基本结社权的显著壁垒仍然存在。由于供应商对外部派遣工人的依赖，以及发展中国家没有意愿或能力执行国家法律，这些壁垒得到了强化。创新性的工人代表形式（如积极呼吁工人权利的非政府组织CEREAL）可以使得一些较积极的劳动者有机会在国家法律范围内寻求补偿与离职赔偿，特别是当这些劳动者与强大的私人主体如惠普联合起来时。不过，电子产业的自由结社仍然面临持续的挑战，在这一问题上，没有什么可以替代政府有效地执行国家劳动法律所起的作用。

本文表明，在供应链内实现某些具体的改进比之前理论化的过程更为复杂。主体的联合或机构的绑定对于供应链改进可能是重要的，这些主体或机构通过互动以使得劳动和环境法律得到履行，但这些互动形式取决于不同的国家语境和具体的议题。充分理解私人和公共管制在不同国家与不同议题领域的不同互动形式超过了本文的范围。如果我们致力于理解和制定有效的政策与战略，以改进当今全球供应链的劳动和环境标准，未来继续在这一重要领域进行研究十分关键。

参考文献

1. Aleinik, M., "Employment Agencies——The Open Door for Migrant Workers: Recruitment Mechanisms and Working Conditions of Russian Speaking Female Migrants in the Czech Republic", Open Society Institute and Soros Foundation Network Report, 2010, http://www.strada.cz/images/Publikace/English/recruitment_mechanism_and_working_conditions.pdf.

2. Amengual, M., "Complementary Labor Regulation: the Uncoordinated Combination of State and Private Regulators in the Dominican Republic", *World Development*, 2010, 38（3）:

405 – 414.

3. Audesová, S. , and Plešková, V. , "SVARC System Declared Illegal", Legal News in the Field of Labour Law, 2011, http://www.havelholasek.cz/images/stories/publikace/legal_news_pp_en_2011_12.pdf.

4. Baccaro, L. , "Civil Society, NGOs, and Decent Work Policies: Sorting Out the Issues", International Labor Organization (International Institute for Labour Studies), 2001, http://www.ilo.org/wcmsp5/groups/public/-dgreports/-inst/documents/publication/wcms_079070.pdf.

5. Barrientos, S. , and Smith, S. , "The ETI Code of Labour Practice:Do Workers Really Benefit?", *Ethical Trading Initiative*, Sussex, 2006, 1 – 63.

6. Bartley, T. , "Corporate Accountability and the Privatization of Labor Standards: Struggles over Codes of Conduct in the Apparel Industry", In H. Prechel (ed.), *Politics and the Corporation*, Vol. 14 (Research in Political Sociology), Greenwich, CT: JAI Press, 2005, pp. 211 – 244.

7. Bartley, T. , "Transnational Governance as the Layering of Rules: Intersections of Public and Private Standards", *Theoretical Inquiries in Law*, 2011, 12 (2): 6.

8. Bhagwati, J. , "Trade Liberalisation and 'Fair Trade' Demands: Addressing the Environmental and Labour Standards Issues", *The World Economy*, 1995, 18: 745 – 759.

9. Bormann, S. , and Plank, L. , "Under Pressure: Working Conditions and Economic Development in Central and Eastern Europe", WEED — World Economy, Ecology and Development Report 2010, 2010, http://www.pcglobal.org/files/under-pressure_final_version.pdf.

10. Brown, D. K. , "A Review of the Globalization Literature: Implications for Employment, Wages and Labor Standards", In R. Robertson , D. Brown , G. Pierre and M. L. Sanchez-Puerta (eds.), *Globalization, Wages, and the Quality of Jobs*, Five CountryStudies. Washington, DC: The International Bank for Reconstruction and Development/The World Bank, 2009, pp. 63 – 96.

11. Brown, D. L. , "Challenges and Opportunities for the Fair Labor Association in the Post-MFA Period", Prepared under the supervision of Professor Richard Locke for The Fair Labor Association (FLA) Strategic Planning Meeting, 26 – 27 July, 2005, at MIT Sloan School of Management, Cambridge, MA.

12. Burruss, J. , and Kuettner, D. , "Forecasting for Short-lived Products: Hewlett-Packard's Journey", *Journal of Business Forecasting Methods & Systems*, 2002, 21 (4): 9.

13. Byster, L., and Smith, T., "From Grassroots to Global: the Silicon Valley Toxics Coalition's Milestones in Building a Movement for Corporate Accountability and Sustainability in the High-tech Industry", in T. Smith, D. A. Sonnenfield and D. Pellow (eds.), *Challenging the Chip: Labor Rights and Environmental Justice in the Global Electronics Industry*, Philadelphia, PA: Temple University Press, 2006, pp. 111 – 119.

14. Catholic Agency for Overseas Development (CAFOD) (2004), Clean Up Your Computer, http://goodelectronics.org/publications-en/Publication_854.

15. Centre for Reflection and Action on Labour Issues (CEREAL) (2007), Electronics Multinationals and Labour Rights in Mexico, http://goodelectronics.org/publications-en/Publication_2281/at_download/fullfile.

16. Centre for Reflection and Action on Labour Issues (CEREAL) (2009), Labour Rights in a Time of Crisis, http://goodelectronics.org/publications-en/Publication_3281/at_download/fullfile.

17. Centre for Reflection and Action on Labour Issues (CEREAL) (2011), The Crisis that Never Went Away, http://goodelectronics.org/news-en/the-crisis-that-never-went-away-report-on-labour-conditions-in-the-mexican-electronics-industry/at_download/attachment.

18. Chan, J., and Peyer, C. (2008), "High Tech—No Rights? A One Year Follow up Report on Working Conditions in China's Electronic Hardware Sector", *Students and Scholars Against Corporate Misbehavior (SACOM) and Pain pour le Prochain* (Bread for All): pp. 1 – 64.

19. Coe, N. M., Johns, J. and Ward, K., "Flexibility in Action: the Temporary Staffing Industry in the Czech Republic and Poland", *Enforcement and Planning*, 2008, 40: 1391 – 1415.

20. Connor, T. and Dent, K., "Offside! Labor Rights and Sportswear Production in Asia", Oxfam International, 2006, http://www.oxfam.org/sites/www.oxfam.org/files/Offside.pdf.

21. Cutler, A. C., Haufler, V. and Porter, T., *Private Authority and International Affairs*, Albany, NY: SUNY Press, 1999.

22. Czech Environmental Inspectorate (CEI), Annual Report 2006, http://www.cizp.cz/files/=1756/VZ_CIZP_2006-EN.pdf.

23. Czech Environmental Inspectorate (CEI), Annual Report 2007, http://www.cizp.cz/1362_Annual-Report-2007.

24. Czech Environmental Inspectorate (CEI), Annual Report 2009, http://www.cizp.cz/

2667_Annual-Report-2009.

25. Danish Commerce and Companies Agency (2008), Small Suppliers in Global Supply Chains: How Multinational Buyers Can Target Small and Medium-Sized Suppliers in Their Sustainable Supply Chain Management, http://www. eogs. dk/graphics/publikationer/CSR/Small%20Suppliers%20in%20Global%20Supply%20Chains. pdf.

26. de Haan, E. and Schipper, I., "Computer Connections: Supply Chain Policies and Practices of Seven Computer Companies", Stichting Onderzoek MultinationaleOndernemingen (SOMO) Paper, 2009, http://www. goodelectronics. org/publications-en/Publication_3054/at_download/fullfile.

27. Electronics Industry Citizenship Coalition (EICC), 2008 Annual Report, 2009, http://www. eicc. info/documents/2008AnnualReport. pdf.

28. Elliott, K. A. and Freeman, R. B., *Can Standards Improve under Globalization?* Washington, DC: Institute for International Economics, 2003.

29. Ernst, D., "Pathways to Innovation in Asia's Leading Electronics Exporting Countries—a Framework for Exploring Drivers and Policy Implications", *International Journal of Technology Management*, 2004, 29: 6 – 20.

30. Esbenshade, J., *Monitoring Sweatshops: Workers, Consumers, and the Global Apparel Industry*, Philadelphia, PA: Temple University Press, 2004.

31. Estache, A. and Wren-Lewis, L., "Towards a Theory of Regulation for Developing Countries:Following Laffont's Last Book", ECARES Working Paper 2008_018, Brussels, 2008, http://www. ecares. org/index2. php? option = com_docman&task = doc_view&gid = 32&Itemid = 20.

32. European Foundation for the Improvement of Living and Working Conditions (2006), Temporary Agency Work in an Enlarged European Union, http://www. eurofound. europa. eu/pubdocs/2005/139/en/1/ef05139en. pdf.

33. European Industrial Relations Observatory (EIRO) (2009), Czech Republic: Industrial Relations Profile, http://www. eurofound. europa. eu/eiro/country/czech. republic. pdf.

34. Fair Labor Association (March 2012), Independent investigation of Apple supplier, Foxconn, http://www. fairlabor. org/sites/default/files/documents/reports/foxconn_investigation_report. pdf.

35. Frundt, H. J., "The Impact of Private Codes and the Union Movement", Paper presen-

ted at XXIII International Congress of the Latin American Studies Association, Washington, DC, 2001, http://lasa.international.pitt.edu/Lasa2001/FrundtHenry.pdf.

36. Fung, A., O'Rourke, D. and Sabel, C. F., *Can We Put an End to Sweatshops? A New Democracy Forum on Raising Global Labor Standards*, Boston, MA: Beacon Press, 2001.

37. Gallagher, K. P. and Zarsky, L., *The Enclave Economy: Foreign Investment and Sustainable Development in Mexico's Silicon Valley*, Cambridge, MA: The MIT Press, 2007.

38. Gereffi, G., Humphrey, J. and Sturgeon, T., "The Governance of Global Value Chains", *Review of International Political Economy*, 2005, 12: 78 – 104.

39. Good Electronics (2009), Good Electronics Newsletter, http://www.goodelectronics.org/news-en/Newsletter/archive-newsletter/goodelectronics-newsletter-december-2009/at_download/file.

40. Greenpeace, Guide to Greener Electronics 2011, pp. 1 – 3, http://www.greenpeace.org/international/Global/international/publications/climate/2011/Cool% 20IT/greener-guide-nov-2011/guide-to-greener-electronics-nov-2011.pdf.

41. Haufler, V., "A Public Role for the Private Sector:Industry Self-Regulation in a Global Economy", Carnegie Endowment for International Peace, Washington, DC, 2001.

42. Hewlett-Packard (HP), Electronics Industry Code of Conduct (version 3.01 – 1 June 2009), 2009, http://www.hp.com/canada/corporate/hp_info/environment/pdf/supcode.pdf.

43. Interfaith Center on Corporate Responsibility (2010), International Investor Coalition Urgently Calls for Improved Working Conditions in Electronics Manufacturing Facilities, http://www.iccr.org/news/press_releases/pdf%20files/072210Foxconn.pdf.

44. International Confederation of Private Employment Agencies (CIETT) (2009), The Agency Work Industry around the World, http://www.ciett.org/fileadmin/templates/ciett/docs/Agency_work_industry_around_the_world_-_2009_Edition.pdf.

45. International Labour Organization Governing Body (1998),Overview of Global Developments and Office Activities Concerning Codes of Conduct, Social Labeling and Other Private Sector Initiatives Addressing Labour Issues, Report GB.273/WP/SDL/1 (Rev.1). 273rd Session of the Working Party on the Social Dimensions of the Liberalization of International Trade, International Labour Organization Governing Body, http://www.ilo.org/public/english/standards/relm/gb/docs/gb273/sdl-1.htm.

46. Jenkins, R. (2001), Corporate Codes of Conduct: Self-Regulation in a Global Economy. Geneva: United Nations Research Institute for Social Development, http://www.unrisd.org/unrisd/website/document.nsf/(httpPublications)/E3B3E78BAB9A886F80256B5E00344278? OpenDocument.

47. Justice, D. W. (2005), The Corporate Social Responsibility Concept and Phenomenon: Challenges and Opportunities for Trade Unionists, Paper presented at the ILO Training Seminar: 'Trade Union Training for Global Union Federations in Asia/Pacific on Globalization, Workers' Rights and CSR, Kuala Lumpur, November 28-December 3, 2005, http://training.itcilo.org/actrav/courses/2005/A3-50909_web/resources/technical_files/3.2%20CSR_unions.PDF.

48. Kolben, K., "Integrative Linkages: Combining Public and Private Regulatory Approaches in the Development of Trade and Labor Regimes", *Harvard International Law Journal*, 2007, 48(1): 203–256.

49. Laffont, J. J. and Tirole, J., *A Theory of Incentives in Procurement and Regulation*, Cambridge, MA: MIT Press, 1993.

50. Linden, G., Kraemer, K. L. and Dedrick, J., "Who Captures Value in a Global Innovation Network? The Case of Apple's iPod", *Communications of the ACM*, 2009, 53(3): 140–144.

51. Locke, R. M., Amengual, M. and Mangla, A., "Virtue Out of Necessity?: Compliance, Commitment and the Improvement of Labor Conditions in Global Supply Chains", *Politics and Society*, 2009, 37: 319–351.

52. Locke, R. M., Amengual, M. and Mangla, A., Distelhorst, G., Pal, T. and Samel, H. M. (2012), Production Goes Global, Standards Stay Local: Private Regulation in the Global Electronics Industry, MIT Political Science Department Working Paper No. 2012–1, http://papers.ssrn.com/sol3/papers.cfm?abstract_id=1978908.

53. Locke, R. M., Amengual, M. and Mangla, A., Distelhorst, G., Pal, T. and Samel, H. M., Kochan, T., Romis, M. and Qin, F., "Beyond Corporate Codes of Conduct: Work Organization and Labour Standards at Nike's Suppliers", *International Labour Review*, 2007b, 146: 21–40.

54. Locke, R. M., Amengual, M. and Mangla, A., Distelhorst, G., Pal, T. and Samel, H. M., Kochan, T., Romis, M. and Qin, F., Qin, F. and Brause, A., "Does Monitoring Improve Labor Standards? Lessons from Nike", *Industrial and Labor Relations Review*,

2007a, 61: 3-31.

55. Locke, R. M., Amengual, M. and Mangla, A., Distelhorst, G., Pal, T. and Samel, H. M., Kochan, T., Romis, M. and Qin, F., Qin, F. and Brause, A. and Thelen, K., "Apples and Oranges Revisited:Contextualized Comparisons and the Study of Comparative Labor Politics", *Politics and Society*, 1995, 23 (5): 337-367.

56. Lüthje, B., "Electronics Contract Manufacturing:Global Production and the International Division of Labor in the Age of the Internet", *Industry & Innovation*, 2002, 9: 227-247.

57. MakeITfair (2009), On the Move: Electronics Industry in Central and Eastern Europe, http://www.karat.org/wp-content/uploads/2012/07/on-the-move-EN.pdf.

58. Ministry of the Environment of the Czech Republic (MECZ) (2004), State Environmental Policy of the Czech Republic 2004-2010, http://www.cenia.cz/web/www/web-pub-en.nsf/$pid/MZPMSFJAIK01.

59. Ministry of the Environment of the Czech Republic (MECZ) (2005), Report on the Environment in the Czech Republic in 2005, http://www.mzp.cz/osv/edice.nsf/D6D4FAF-979DB843AC125728E003A8B1B/$file/Report2005.pdf.

60. Ministry of Labour and Social Affairs of the Czech Republic (2009), Labor Inspection in the Czech Republic, http://www.mpsv.cz/files/clanky/7161/Bezpecnost_prace_AJ.pdf.

61. Nadvi, K. and Waltring, F., "Making Sense of Global Standards", In H. Schmitz (ed.), *Local Enterprises in the Global Economy: Issues of Governance and Upgrading*, Cheltenham: Edward Elgar, 2004, pp. 53-94.

62. Ngai, P. and Chan, J., "Global Capital, the State, and Chinese Workers: the Foxconn Experience", *Modern China*, 2012, 38 (4): 383-410.

63. O'Rourke, D., "Monitoring the Monitors:a Critique of Corporate Third Party Labor Monitoring", in R. Jenkins, R. Pearson and G. Seyfang (eds.), *Corporate Responsibility and Ethical Trade: Codes of Conduct in the Global Economy*, London: Earthscan, 2002, pp. 196-208.

64. Overeem, P. (2009), Reset: Corporate Social Responsibility in the Global Electronics Supply Chain, MVO Platform and Good Electronics, http://www.goodelectronics.org/publications-en/Publication_3248/at_download/fullfile.

65. Packard, D. (2006), The HP Way: How Bill Hewlett and I Built Our Company, New York: Harper Business.

66. Partida, R. E. (2004), Efectos de los Tratados de Libre Comercio suscritos con otros paises sobre los salarios y empleo(NAFTA, Union Europea), Universidad de Guadalajara, Guadalajara, Mexique.

67. Pepitone, J., "Apple Supplier Audit Finds Major Wage and Overtime Violations", *CNNMoney*, 2012, http://money.cnn.com/2012/03/29/technology/apple-foxconn-report/index.htm.

68. Pessoa, A. (2006), Public-Private Sector Partnerships in Developing Countries: Prospects and Drawbacks, FEP Working Papers 228, Universidade do Porto, Faculdade de Economia do Porto, http://ideas.repec.org/p/por/fepwps/228.html.

69. Peterson, K., "Temping Down Labor Rights: the Manpowerization of Mexico", *CorpWatch*, 2010, http://www.corpwatch.org/article.php?id=15496.

70. Piore, M. J. and Schrank, A., "Toward Managed Flexibility: the Revival of Labor Inspection in the Latin World", *International Labour Review*, 2008, 147 (1): 1 – 23.

71. Pires, R., "Promoting Sustainable Compliance: Styles of Labour Inspection and Compliance Outcomes in Brazil", *International Labor Review*, 2008, 147 (2 – 3): 199 – 229.

72. Pruett, D., Looking for a Quick Fix: How Weak Social Auditing Is Keeping Workers in Sweatshops, Clean Clothes Campaign, 2005, https://www.cleanclothes.org/documents/05-quick_fix.pdf.

73. Rodriguez-Garavito, C. A., "Global Governance and Labor Rights: Codes of Conduct and Anti-sweat Shop Struggles in Global Apparel Factories in Mexico and Guatemala", *Politics and Society*, 2005, 33 (2): 203 – 233.

74. Ruggie, J. G., "The United Nations and Globalization: Patterns and Limits of Institutional Adaptation", *Global Governance*, 2003, 9: 301.

75. Salazar Salame, H. (2011), Worker Rights Protection in Mexico's Silicon Valley: Confronting Low-Road Labor Practices in High-Tech Manufacturing through Antagonistic Collaboration, Masters Thesis, retrieved from DSpace@ MIT, http://hdl.handle.net/1721.1/69456.

76. Schatan, C. and Castilleja, L., "The Maquiladora Electronics Industry and the Environment along Mexico's Northern Border", *International Environmental Agreements: Politics, Law and Economics*, 2007, 7: 109 – 135.

77. Secretaría del Medio Ambiente, Recursos Naturales y Pesca (SEMARNAT) (2000),

'Informe 1995 – 2000, Mexico City.

78. Secretaría del Medio Ambiente, Recursos Naturales y Pesca (SEMARNAT) (2003), Informe Anual PROFEPA, 2002, Mexico City, http://www.tierradeideas.com/centro/local/profepa/informe2003PROFEPA.pdf.

79. Seidman, G. W., "Monitoring Multinationals: Lessons from the Anti-apartheid Era", *Politics & Society*, 2003, 31 (3): 381 – 406.

80. Seidman, G. W. (2007), Beyond the Boycott: Labour Rights, Human Rights and Transnational Activism, New York: Russell Sage Foundation/ASA Rose Series.

81. Smith, G. and Feldman, D. (2003), Company Codes of Conduct and International Standards: An Analytical Comparison, Part I of II: Apparel, Footwear and Light Manufacturing; Agribusiness; Tourism, The World Bank, http://siteresources.worldbank.org/INTPSD/Resources/CSR/Company_Codes_of_Conduct.pdf.

82. Smith, T., Sonnenfeld, D. A. and Pellow, D. N., Challenging the Chip: Labor Rights and Environmental Justice in the Global Electronics Industry, Philadelphia, PA: Temple University Press, 2006.

83. Sodhi, M. S. and Lee, S., "An Analysis of Sources of Risk in the Consumer Electronics Industry", *Journal of the Operational Research Society*, 2007, 58: 1430 – 1439.

84. Stavins, R. N., "Experience with Market-based Environmental Policy Instruments", *Handbook of Environmental Economics*, 2005, 1: 355 – 435.

85. Stichting Onderzoek Multinationale Ondernemingen (SOMO) (2009), On the Move: The Electronics Industry in Central and Eastern Europe, MakeITfair Publication, http://www.makeitfair.org/en/the-facts/reports/on-the-move/at_download/file.

86. Strange, S., *The Retreat of the State*, Cambridge: Cambridge University Press, 1996.

87. Sturgeon, T. J., "Modular Production Networks: A New American Model of Industrial Organization", *Industrial and Corporate Change*, 2002, 11: 451 – 496.

88. Sturgeon, T. J. and Lester, R. (2003), The New Global Supply Base: New Challenges for Local Suppliers in East Asia, MIT Industrial Performance Center Working Paper 03 – 001, http://web.mit.edu/ipc/publications/pdf/03 – 006.pdf.

89. The Economist, "Light and Death: A Series of Deaths Expose a Big Computer-maker to Unaccustomed Scrutiny", *The Economist*, 2010, 27 May, 395.

90. The Economist, "When the Job Inspector Calls", *The Economist*, 2012 (402), March, 69 – 71.

91. Trubek, D. M. and Trubek, L. G. , "New Governance and Legal Regulation: Complementarity, Rivalry, and Transformation", *Columbia Journal of European Law*, 2007, 13: 539 – 564.

92. United Nations Conference on Trade and Development (UNCTD) (2004), World Investment Report 2004: The Shift towards Services, http://unctad.org/en/docs/wir2004_en.pdf.

93. Utting, P. (2005), Rethinking Business Regulation: From Self-Regulation to Social Control, UNRISD, Technology, Business and Society Programme Paper No. 15, http://www.isnethz.ch/isn/Digital-Library/Publications/Detail/?ots591 = 0C54E3B3-1E9C-BE1E-2C24-A6A8C7060233&lng = en&id = 102693.

94. van Dijk, M. and Schipper, I. ,Hewlett-Packard—CSR Company Profile, Stichting Onderzoek Multinationale Ondernemingen (SOMO) Paper, 2007, http://www.goodelectronics.org/publications-en/Publication_1943/at_download/fullfile.

95. Verite, "Excessive Overtime in Chinese Supplier Factories: Causes, Impacts, and Recommendations for Action", *Verite*, 2004, http://www.eldis.org/assets/Docs/33814.html.

96. Vogel, D., "Private Global Business Regulation", *Annual Review of Political Science*, 2008, 11 (1): 261 – 282.

97. Ward, K., Coe, N. and Johns, J., "The Role of Temporary Staffing Agencies in Facilitating Labour Mobility in Eastern and Central Europe", *Vedior Working Paper*, 2005, http://www.ciett.org/fileadmin/templates/ciett/docs/The_role_of_temporary_staffing_agencies_in_facilitating_labo.pdf.

98. Weil, D., "Public Enforcement/Private Monitoring: Evaluating A New Approach to Regulating the Minimum Wage", *Industrial and Labor Relations Review*, 2005, 58 (2): 238 – 257.

99. Worstall, T., "Apple's Foxconn to Double Wages Again", *Forbes*, 28 May, 2012, www.forbes.com/sites/timworstall/2012/05/28/apples-foxconn-to-double-wages-again/.

特定的准则：国家、市场和公民社会如何促进全球劳动标准得到遵守[*]

[美] 迈克尔·托费尔　[美] 乔迪·肖特　[美] 梅丽莎·奥莱特　著
段　蕾　译[**]

一、引言

在过去的几年中，一系列发生在东南亚的工厂火灾和建筑倒塌致数千名工人死亡的事件高度曝光，引起了人们对国际供应链企业的恶劣工作条件的广泛关注，激起了对更严格管理的呼吁。在近一个世纪以来为建立全球劳动标准做出的努力中这些呼吁仅仅是最近出现的。从历史上来看，国家通过制定国内劳动法律，加入诸如国际劳工组织这样的跨政府组织（IGOs）以及达成贸易协定做出了很多努力。当经济全球化在全球范围内扩展了供应链，改善国际工作条件已经超出了任意一个国家的管辖范围，因此这项工作的重心从国家和跨政府组织转为了一些私营组织比如跨国公司（MNCs）、非政府组织

---

[*]　本文原载《管制与治理》（*Regulation & Governance*）2015 年第 9 卷第 3 期。
[**]　作者简介：迈克尔·托费尔（Michael W. Toffel），哈佛商学院；乔迪·肖特（Jodi L. Short），加州大学哈斯汀法学院；梅丽莎·奥莱特（Melissa Ouellet），哈佛商学院。译者简介：段蕾，北京师范大学硕士研究生。

（NGOs）和涉及多方利益相关者的认证机制。

尽管这些公共或私营组织不断扩张（Bartley，2011），与改善供应链企业的工作条件相关的特定制度情况却鲜为人知。本文旨在填补这一空白。本文首次对包含在供应链企业行为准则中的全球劳动标准的遵守情况进行了大规模的定量研究。我们的数据包含44383份涉及12个行业、47个国家的21836个企业的社会审计报告，我们首次对大范围内的处于不同国内环境下的私人参与者对全球劳动标准的遵守情况进行了评价，这些国内环境以国际、国内、公民社会和市场参与者带来的不同制度压力配置为特征。除此之外，本文也首次研究了那些有大量跨国企业的发达国家的制度条件是否与他们在发展中国家供应链企业的工作条件有关。

我们发现当供应商企业所在国更积极地参与国际劳工组织公约机制、有更好的劳动者保护法和更高的新闻自由，企业会对包含在其行为准则中的全球劳动标准表现出更强的遵守度。本文也发现当供应商企业服务的买家所在国消费者富裕且有亲社会意识，企业会表现出更强的全球标准遵守度。这些发现表明国家、公民社会以及市场组织对跨国商业管理有重要作用，并极大地提高了我们对这些管理制度如何影响私人企业对全球标准遵守的认识。

二、理论框架和实证背景

关于全球标准的传播方式以及何时被遵守学者们一直争论不休，但是这些论文大部分关注国家对标准的遵守情况，而不是私人参与者的遵守情况。比如在国际关系文献中有一个模糊的长期存在的理论辩题，即关于在何种条件下国家会遵守他们批准的条约（Chayes & Chayes，1995；Goldsmith & Posner，2005；Hathaway，2005）。越来越多的实证文献识别了影响国家遵守条约（例如Hafner-Burton & Tsutsui，2005；Simmons，2009）和其他跨国法律约束（Linos，2007；Greenhill，2010）的因素。然而，这些相同的因素是否会促进私营企业比如供应链企业对标准的遵守还不明确。

许多企业已经同意通过契约式行为准则或参与其他的一些拥护全球标准

的自愿性项目来遵守全球标准。大量的文献研究了企业参与这些项目的原因（比如 Campbell，2007；Marx，2008；King & Toffel，2009；Berliner & Prakash，2013），但是企业在何种条件下会实际遵守这些全球标准是不得而知的。

监管和治理学者一直认为分层管理机制可以把多重强制管理机制的功能结合起来，通过它来实施跨国的商业管理是最有效的（Keck & Sikkink，1998；Braithwaite & Drahos，2000；Abbott & Snidal，2009；Scott，2012；Eberlein et al.，2014）。一些实证研究分辨出了哪些机构会促进或阻碍供应链企业有效执行全球劳动标准（比如 Rodríguez-Garavito，2005；Locke & Romis，2007；Seidman，2007；Kocer & Fransen，2009；Locke et al.，2013）。比如罗德里格斯-加拉维托（Rodríguez-Garavito，2005）在他关于两个美国中心服装工厂的研究中指出，游说团体、品牌购买者以及买卖方所在国政府官员对于促进在雇主采用的行为准则管制下雇员有更多的结社自由权方面有关键作用。洛克等（Locke et al.，2013）通过研究两个供应者，指出拥有更严格政府执法机制的国家会表现出更高的标准遵守度，从而强调了政府监管能力的重要性。很多研究表明公共劳工监督和私营劳工监督之间的互补关系可以促进标准的遵守（Amengual，2010；Coslovsky & Locke，2013；Locke et al.，2013）。与主流的理论框架相一致，这些研究证明了公民社会参与者以及强制性公共和私营监管机构在提高对全球劳动标准遵守中所起的重要作用。然而由于这个研究是对一两个国家中一个行业中的少数企业进行密集的案例研究，因此只能找出有限范围内的影响机制。

一些定量研究运用了更大的企业样本数据来调查影响企业对全球劳动标准遵守情况的因素。这些研究发现当企业供应的买方是多方利益相关者协会的成员（Oka，2010a），当企业有严格的内部质量控制机制（Ang et al.，2012）或者与买者建立了长期的合作关系（Locke et al.，2007；Oka，2010b），它会表现出更好的全球标准遵守现象。在耐克的供应链中，外资企业、经常被耐克公司代表光顾的企业和所在国法治规范更严格的企业表现出最强的全球标准遵守度（Locke et al.，2007；Locke，2013）。尽管本文鉴别出了诸如供应商企业等私营机构遵守全球劳动标准条件的一些重要形成机制，它在潜在的广泛应用上依然是存在限制的。大部分这类研究采用的数据都是来自单个国家或者单个供应链，因此没有对不同国际机构、国内政府机构和公民社会机构所产生的不同影响进行比较研究。尽管对耐克供应链的研究涉及了多个不同国内背景之间的比较，但是他们关注于项目设计和商业关系的影响，而不是关注于监管机构的影响。

我们的研究建立在现有研究的基础上，并旨在克服它们的局限性。我们对由一个公司针对47个国家的供应商企业对包含在它们行为准则（由它们的跨国企业买家施加）中的全球标准的遵守情况提供的数万份审计报告中的数据进行了分析。我们的比较结果涉及了不同的机构背景，解决了通过更多实证研究明确鉴别出不同管理机构如何对全球标准（由跨国管制机制所推动）的遵守产生不同影响这一研究需求（Eberlein et al.，2014）。

我们研究的只是那些遵守规则和监督的企业，不打算对规则和监督本身是否是一种能驱使供应商企业工作条件发生改善的机制这一辩题进行讨论（例如 Rodríguez-Garavito，2005；Shamir，2005；Locke & Romis，2007；Kocer & Fransen，2009，Institutional Determinants of Adherence to Codes of Conduct）。在本文研究中，我们认为行为准则是沟通国际劳动准则和供应商企业的桥梁，社会监督则是对企业遵守这些规范情况的一种计量。规范审计对于研究诸如供应商企业这样的私营组织在何种条件下会遵守全球劳动标准开启了一个生动又重要的窗口。

三、行为准则遵守的机构决定因素

私人跨国监管的特色是横向层级的监管机构和参与者（Bartley，2011）。文献中鉴别出的有影响力的机构包括政府间机构（Börzel & Risse，2010；Abbott & Snidal，2013）、国内法定机构（Seidman，2007；Vogel，2008；Büthe，2010；Bartley，2011；Locke，2013）、市民社会机构（Marx，2008；Börzel & Risse，2010）和市场压力（Marx，2008；Börzel & Risse，2010）。下文中，我们从理论上研究并在实践上验证了以上每个机构对供应商企业遵守包含在企业行为准则中的全球标准的影响。

(一) 以国家为基础的机构

1. 政府间机构

公约以及制定公约的政府间机构在全球标准的扩散以及对国际通用标准的遵守施压方面有重要作用（Lim & Tsutsui，2012）。国际劳工组织制定了许多保护工人权利的标准，这些标准包含在条约中，而参与国际劳工组织的条约相关国可能会选择将其中一部分条约合法化为本国的约束性规范。国际劳工组织会监督"批准条约政府"对这些条约的遵守情况，并给国家监管机构提供遵守方面的协助，但是它没有强制"批准条约国家"执行这些条约规范相应的制裁权限。尽管诸如国际劳工组织这些国际合法机构只是明确了国家的行为准则，而不是企业行为准则，一些观察者认为这些机构在促进全球标准更广泛地扩散从而影响到私营机构的行为方面起到了重要的作用（Börzel & Risse，2010）。比如阿伯特和斯内达尔（Abbott & Snidal，2009，p.85）认为当国家之间在全球标准上达成一致后（体现在公约的批准以及加入政府间组织上），它们标志着影响商业行为的非国家参与者已经改变。

先前的一些实证研究在理论上研究了但是在实证中尚未证明国家对公约的批准情况与企业受公约约束情况之间的关系（Hafner-Burton & Tsutsui，2005；Lim & Tsutsui，2012）。因此关于供应商企业的母国加入国际劳工组织公约机制是否会对企业对全球劳动标准的遵守情况产生影响尚未可知。一方面，国际劳工组织被认为是一个很弱的全球标准强制执行者，也几乎没有证据证明加入国际劳工组织可以提高成员国的劳动标准水平（Tsogas，2001）。阿伯特和斯内达尔（Abbott & Snidal，2013）提出了关于国际组织效力的理论，并预见到国际劳工组织没有参与到私人跨国参与者的活动计划中。关于人权公约执行状况的研究表明国家有时候会为了把注意力从糟糕的国内情况中转移出来而加入公约机制（Hathaway，2005）。

另一方面来说，大量的国际法律类文献指出公约是国家标准制定和传播的工具（例如 Chayes & Chayes，1995；Keck & Sikkink，1998）。甚至条约本身并不是改变国家行为的一种机制，它们通常是国家现存的规范类文件的一个标志（Goldsmith & Posner，2005；Hathaway，2005）。进一步来说，在我们的实证背景下，私人的行为准则是对全球劳动标准的一种执行，它强化了由国际劳工组织推动制定的规范，并提供了一种标准执行压力源泉，而这是国际劳工组织所或缺的。鉴于条约或者有潜力作为国内规范环境的一个标志，或者有潜力影响它，诸如国际劳工组织这样的国际参与者有潜力通过与条约相关国之间的相互作用推进全球劳动标准的遵守，跨国企业有潜力提供一个强制执行全球劳动标准的机制，我们假设当供应商企业所在的国家批准了更多的国际劳工组织规定，那么该供应商企业会表现出比其他供应商企业更好的劳动行为准则遵守现象。

2. 国内法定机构

对国内背景下私人自愿规则遵守情况的研究说明，当企业所处的政府管理机制背景有更高的制裁风险时，企业更有可能采用这些规则并有效执行它（Short & Toffel，2008，2010）。尽管当跨国企业违反了全球标准却没有违反国内标准时，国家通常没有权限制裁它们，跨国商业管理通常在受到可靠的国内管理支持时才会更有效。

实证研究说明国内的法律环境的确会影响企业对全球劳动标准的遵守情况。比如洛克等（Locke et al.，2007）发现企业所在的国家有强的法制规范，企业会表现出更强的对劳动规范的遵守。科克和弗兰森（Kocer & Fransen，2009）发现与国际规范相冲突的国内法律会阻碍行为准则类标准的执行。相反，洛克等发现当行为准则被更强的政府管理机制所支持，该行为准则更广泛地被执行。因此我们假设当供应商所在国有更严格的劳动法律，相比其他供应商它会对包含在其行为准则中的全球劳动标准表现出更好的遵守情况。

（二）供应商所在国的市民社会机构

关于跨国商业监管的文献认为，诸如国际非政府组织这样的私人组织、工会、新闻界是一股公司权力的制衡力量（Campbell，2007，p. 958）。大量文献表明国际非政府组织具有对企业进行声誉惩罚的能力，因而可以充当全球规范的扩散者、监督者甚至是执行者（Ayres & Braithwaite，1992；Fung et al.，2001）。比如马特利和伍兹（Mattli & Woods，2009，p. 28）认为国际非政府组织会通过创立他们自身的全球监督项目或加入现有的监督机构起到重要的监督作用。

实证研究表明国际非政府组织在促进跨国商业管理上有重要作用。林和筒井（Lim & Tsutsui，2012）认为国际非政府组织是迫使企业采用联合国全球契约的一个关键规范性压力来源，并证明了如果企业所在国有较多的国际非政府组织，企业更可能采用联合国全球契约。很多文章观察到国际非政府组织会通过"点名指责"机制对没有遵守全球标准的企业进行惩罚（Seidman，2007；Vogel，2008；Soule，2009；Fransen，2012）。鉴于国际非政府组织有诸如制定、监督和强制执行标准等关键性管理职能，我们假设当供应商所在国面临更多来自国际非政府组织的激进人士压力时，相比其他供应商它会更好遵守劳动行为准则。

一个自由的当地媒体可以使企业劳工虐待被曝光这一威胁变得更可信，从而对供应商企业施加管理压力。一个自由的媒体要么通过当地记者的努力，要么通过支持当地劳动和人权活动分子，以起到协助曝光劳工虐待现象的作用。大量的文献表明企业为了防止媒体曝光对企业形象的玷污会对自己的行为进行一定的约束（Campbell，2007；Vogel，2008；Soule，2009）。具体来说，研究表明当企业由于没有较好尽到企业社会责任可能面临负面报道时，它会更好地尽到企业社会责任（Dyck et al.，2008）。这些研究很多关注于跨国品牌对声誉方面的担忧，当企业处于发展中国家市场时，它要面临与国际投资者资本的竞争，会显著受到媒体曝光的驱使而进行较好的企业管理（Dyck et al.，2008）。进一步说，当地人权主义者经常和当地媒体联合，找出供应商企业中的劳工虐待现象并将其公之于众，这样就提高了政府介入、买者惩罚或者当地及国际市场政治动员的可能性。

鉴于有更多的新闻自由的国家，监督标准执行、给企业带来名誉损失威胁以及进行政治动员活动的能力要更强，我们假设当企业所在国有更多的新闻自由，相比其他供应商它会对包含在其行为准则中的全球劳动标准表现出更好的遵守情况。

（三）买方国家的市场机构

关于发达国家有亲社会意识的消费者带来的需求压力是否会激励跨国公司改善他们国际供应链工厂的工作条件存在一个模糊的辩论。一些人认为这些有亲社会意识的消费者会把企业管理推到极致，因为有较高水平社会标准的供应商会具有竞争优势（Fung et al., 2001; Börzel & Risse, 2010）。一些人质疑消费者对人伦基础上生产的产品是否有很强的需求从而形成需求压力，很少有证据表明消费者行为已经变得具有政治性：大部分消费者如果没有例外的话，依然会根据价格、质量以及便利性来简单地进行购买决策（Vogel, 2008, p.16）。尽管有些研究表明消费者对人伦基础上生产的产品有强大的需求（Hainmueller et al., 即将出版），近期的一个关于消费者政治主义的全面的文献综述得出结论说，伦理性的消费者是一个谜（Devinney et al., 2010）。

尽管如此，我们仍然广泛认同跨国公司母国市场内公民的态度和贡献会影响到企业的供应链管理，因为这些态度会反映出本国政治动员活动的可能性。跨国公司对可能影响它们在消费者、公众以及政府监管部门眼中品牌形象的负面报道会非常敏感（Vogel, 2008; Soule, 2009）。因此跨国公司通常通过采取诸如制定行为准则这样的企业社会责任措施，来满足政治动员性消费者和人权主义者的需求（Lenox & Eesley, 2009; Soule, 2009; Fransen, 2012）。有时候仅仅是声誉损失带来的威胁，甚至不考虑政治动员活动，就会让跨国公司屈从于这些需求（Reid & Toffel, 2009; Soule, 2009）。而政治动员活动可能带来的潜在威胁不仅会激励政治敏感的跨国公司采用企业社会责任措施，甚至也会激励它们有效地执行。

当一国的公民对人伦基础上从事生产活动的意义具有广泛一致的认识（Snow et al., 1986; Zald, 1996），以及有财力负担人伦基础上生产的产品

（Börzel & Risse，2010）时，该国发生政治动员活动的可能性是最大的。这类环境通常会向跨国公司传达关于广泛接受的一些标准的明确信号，跨国公司如果违反它们会冒着很大的声誉损害风险（Vogel，2008）。因此我们认为当跨国公司所处的市场是一个消费者很关注包括人权、环境标准等管理领域的高端市场（Börzel & Risse，2010，p. 124），它们在挑选和监管供应商企业时就很小心谨慎。我们假设这些企业反过来也极有可能遵守包含在其行为准则中的全球劳动标准。

四、数据及处理

我们从一个大的社会审计机构手中获得了它的专有数据库，在这里我们对它保持匿名处理作为它与我们分享数据的条件。数据库是审计层面的数据，包括了从2004年到2009年间企业执行的每个行为准则。尽管跨国公司通常会自己制定行为准则，但是这些行为准则的很多特征是高度一致的，它们通常是以诸如国际劳工组织核心劳动标准这样的国际通用标准为基准的具体细化（Abbott & Snidal，2009，p. 84）。这些行为准则很典型地要求供应商企业遵守本国的劳动法律，具体来说会禁止企业的一些诸如使用童工、狱中劳役等做法，甚至当这些做法在供应商企业所在国是合法的，或者只是被一些非强制性的法律所禁止（McBarnet & Kurkchiyan，2007）。

在我们的抽样期间，该公司雇用了来自许多国家的几百人进行不同国家的社会审计，并且该公司在进行该类型的审计方面已有超过十年的经验。绝大部分被审计企业是生产消费品的，其中尤以生产服装居多。为防止一些非典型统计数据对结果产生过度的影响，我们略去了那些五年样本数据中只有不超过30份审计报告的国家。最后我们选取了代表12个国家511个买者的来自47个供应商国家的21836个供应商企业的44383份审计报告为样本数据。样本中的审计的企业主要在中国、亚洲的其他国家，还有美洲、欧洲和非洲（见表1）。81%的审计报告是针对美国的买者做出的，剩下的基本都是针对欧洲的买家，大部分来自德国。

表1 企业所在地的审计数量（47个国家）

非洲（9个国家）	**496**
美洲（12个国家）	**5293**
美国	3131
墨西哥	941
巴西	277
其他	944
亚洲（15个国家）	**37353**
中国（包括香港和澳门）	28281
印度	2029
孟加拉国	1458
越南	1297
印尼	941
泰国	642
菲律宾	630
韩国	483
巴基斯坦	428
斯里兰卡	378
其他	786
欧洲（11个国家）	**1241**
土耳其	480
意大利	335
其他	426
共计	**44383**

(一) 因变量

本文以社会审计机构数据库中的数据为依据，采用每个审计报告中"劳动标准违反"的数量来评价供应商企业遵守私人行为准则的程度。我们的研究只关注可以统一运用到各个国家、各个行业的企业行为准则的违反情况。根据熟悉这些审计报告的专家的建议，这些行为准则领域包括童工、强制性劳动、工作时间、职业健康和安全、最低工资、惩罚措施、怎么样对待外国员工、非法分包。在不同的企业行业或国家文化语境中，有些劳动标准的应用会有显著差别，我们剔除了这些领域的数据，包括结社权、组织和集体谈判的权利、员工宿舍条件以及食堂违规情况。为防止异常值对结果产生过度的影响，我们把该变量调整为 25 个"劳动标准违反"变量的 99% 分位数。"劳动标准违反"的国家间方差是 2.58，然而国家内方差却远远高于它，为 31.60。

本文意识到社会审计报告中的劳动标准违反现象无法对客观的工作条件提供一个精确的计量，鉴于它会不可避免地受到审计者观念和偏见的影响。尽管如此，我们强调本文的方法与之前讲到的民间审计类文献和国内政府规范遵守情况相关文献所采用的常规计量方法是一致的。比如许多采用"柬埔寨更佳工厂项目"社会审计数据进行的劳动标准遵守情况研究都可以表明这类审计结果可以客观地计量参与其中供应商的标准遵守情况（Oka 2010a; Ang et al., 2012）。另外，有两点可以减轻对本文计量误差的担忧，第一，我们的数据出自单个的审计机构，这样就减轻了对于一个机构可能会比另一个机构审计更加严格的担忧。第二点，我们控制了一些常见与审计机构偏见和审计能力相关的因素，其中包括给审计机构付费的主体、审计组所受的培训以及经验。

(二) 自变量

1. 政府间机构

本文以计量供应商企业母国当年批准的"劳动公约"数量来计量它所在国政府间组织对劳动标准遵守情况的影响。我们从国际劳工组织保存的"国际劳动标准数据库"中获得该项数据。为了降低模型的偏斜度，我们对数值取对数 Log（在加 1 之后）。

2. 国内法定机构

本文以"劳动法律"计量在何种程度上政府对工人权利提供法律保护，它是一种由格林希尔等人在 2009 年提出的复合度量，表示在何种程度上国内法律提供集体劳动权，诸如工人加入工会、罢工、集体谈判是否需要政府批准及是否限制出口加工区工人权利等。值越高说明劳动权利保护做得越好。我们从莫斯利（2011b）中获得这些数据，并从可获得的最近数据中选取了 2002 年的数值。

3. 供应商所在国的公民社会机构

本文以每年每百万公民中国际非政府组织的数量（INGO 密度）来计量被审计企业面临激进分子压力的风险程度。我们从"国际组织年鉴"（国际协会联盟，2004—2009）中得到每个国家的国际非政府组织个数，并且像林和筒井（2012）一样，我们关注国际组织联合会、全球性组织、洲际组织、区域性组织（分别对应于国际协会联盟分类中第 I 大类的类型 A 至类型 D）。我们从美国人口普查局的国际数据库中获得年度国家人口数据。为了降低偏斜度，我们在模型中对 INGO 密度取对数。

本文以"无国界记者组织"创建的"年度新闻自由指数"计量被审计企业所在国的新闻自由程度。该指数综合了记者面临的直接或间接威胁；记者遭受的监禁和人身攻击；审查制度和自我审查制度；媒体面临的法律、经济和管理压力；当年被监禁、谋杀、受到人身攻击或恐吓的记者数量。笔者对这个指数取倒数,这样指数越高代表新闻自由程度越高,并且把新闻自由指数修正到了 0~1 之间。

4. 买方国家的市场机构

本文以"社会价值观调查"中的数据计量买方国家的亲社会态度,该调查要求民众就价值观和信仰进行投票。本文关注了其中 6 个问题的回答情况,分别为:受访者是否为环境和消费者组织的成员,他们认为保护环境的重要程度,他们是否愿意拿出部分收入来保护环境,他们是否有意愿为保护环境多缴纳税款,他们在环境保护和经济增长及创造就业中更喜欢哪个。每一项都重新调整从而越高的值对应越高的亲社会态度,并进行标准化处理。鉴于 0.78 分的克伦巴赫 α 系数表明这 6 项形成了一个内部一致且有可信度的规模,我们对这几个标准化之后的项目取平均值作为"买方国家的亲社会态度指数"。大部分审计报告代表的是德国的买家(亲社会态度指数为 -2.1,在我们的样本国家中是最小的)、美国的买家(0.45)以及加拿大的买家(2.9)。

本文以人均国内生产总值(2005 年美元)数据计量每个买方国家的经济发展水平,该数据来源于"美国农业经济研究和服务中心"(US-DAERS),并且为了降低偏斜度,我们在模型中对人均国内生产总值取对数。样本期间内的买方国家年均对数人均国内生产总值,越南最低为 6.63(757 美元),美国最高为 10.65(42468 美元)。大部分审计报告代表的是德国(平均为 10.46,或 34951 美元)、加拿大(10.52,或 37075 美元)以及美国的买家。

(三)控制变量

本文通过对人均 GDP 取对数控制被审计企业所在国的经济发展水平,该数据来源于美国农业经济研究和服务中心。鉴于在发达国家和在发展中国家中,机构对私人参与者的影响是不同的,本文创造了经济合作与发展组织成员虚拟变量以区分发达国家中加入经济合作与发展组织的国家(Greenhill et al.，2009）。

为了控制可能会影响审计强度的经济激励，本文依据社会审计机构的数据库，创造了三个虚拟变量以表示审计报告的接受支付方（接受买家支付的审计报告；接受供应商，代理或者被许可方支付的审计报告；接受企业支付的审计报告）。本文同样创造了一个虚拟变量表示数据库中4001份（约样本量的9%）未指名支付方的审计报告，在本文的模型估计中去除这部分审计报告，结果几乎是一致的，并没有影响到本文的结论。

由于政府检察员的经验会影响他们鉴别违反现象的能力（Bardach & Kagan 1982，2002），本文创造了"审计团队任期"这一变量，它是对每个审计团队内部所有成员在审计公司的工作年数求平均值。为了进一步说明审计员的胜任能力问题，本文也对在进行本文审计之前，审计团队所有成员都完成的审计公司培训课程平均数进行计算，以控制"审计技能培训"这一变量。这些变量的数据都出自社会审计机构的匿名人事记录。

本文创造了"重新审计"这一虚拟变量，以区分重新审计和常规审计，重新审计通常集中于先前出现过违反现象的领域，因此可能会导致记录的违反现象更少。本文创造了一个二分变量"第三方审计协议"，旨在控制审计报告结果受到第三方审计协议使用影响的可能性，比如国际玩具行业协会（ICTI）和供货商商业道德信息交流会员道德贸易审计（SMETA）。本文控制分派给每项审计的审计员数量，是因为通过有经验的社会审计机构表明，审计员数量与企业大小和复杂度高度相关。本文从审计机构数据库中得到这三个审计相关的变量。有156份审计报告（占样本数据的0.3%）的审计员个数在审计机构数据库中丢失了，因此编码从"丢失"变为0，我们为这些审计报告创造了一个数值为1的虚拟变量，其余的则被编码为0。

为了控制不同行业被审计企业违反劳动标准所面临风险的差异，本文从社会审计机构数据库中导出每个企业所处行业的相关信息，并为以下几种行业创造了虚拟变量：配件，建筑材料，化学品和塑料，电子产品，食品、农业制品及饮料，鞋，家具，服饰，金属制品，纸张、印刷及出版，服务和玩具等。本文也创造了一个"待定行业"虚拟变量以表示18681份（占样本数据的42%）我们无法从数据中得到被审计企业行业类别的审计报告；当本文估计模型时从样本中去除这部分审计报告，结果几乎是一致的，并没有影响到本文的结论。基于多重模拟对丢失行业值进行估计，该稳健性检验结果与本文基本方法的结果保持一致。

当企业在先前的审计报告中已经出现了违反现象，后续的审计报告中可能会出现较少的违反现象，因此本文创造了一系列虚拟变量以表示企业的审计次序；即样本中审计报告是企业的第一次、第二次、第三次、第四次、第五次、第六次或六次以上（本文样本中只有3%的审计报告是企业的第七次或第七次以上审计报告）。本文还创造了一整套年份虚拟变量，旨在解释不同年份供应商企业劳动纠纷关注度的不同，处于不同全球经济周期造成劳动需求的不同及被审计企业生产产品的不同。

表2说明了本文样本的行业组成，表3说明了主要统计量及相关关系。

表2 产业组成

产业	审计报告数		企业	
配件	4183	9%	1902	9%
建筑材料	863	2%	371	2%
化学品和塑料	421	1%	243	1%
电子产品	1475	3%	578	3%
食品、农业和饮料	887	2%	559	3%
鞋	803	2%	349	2%
家具	820	2%	362	2%
服饰	14099	32%	6238	29%
金属制品	455	1%	194	1%
纸张、印刷和出版	791	2%	466	2%
服务	172	0%	107	0%
玩具	796	2%	334	2%
待定行业	18618	42%	10133	46%
总计	44383	100%	21836	100%

表3 描述性统计量

面板 A. 主要统计量

变量	均值	标准差	最小值	最大值
劳动标准违反	6.38	5.89	0	25
劳动公约（log+1）	3.3	0.38	0.69	4.88
劳动公约（log+1）†	0	1	-6.92	4.19
劳动法律	-0.91	0.5	-2.96	1.19
劳动法律†	0	1	-4.08	4.2
INGO 密度（log）	1.06	1.26	0.22	6.46
INGO 密度（log）†	0	1	-0.67	4.27
新闻自由	0.37	0.28	0.12	0.98
新闻自由†	0	1	-0.9	2.18
买方国家亲社会态度	-0.67	0.37	-1.44	1.33
买方国家亲社会态度†	0	1	-2.08	5.35
买方国家人均GDP（log）	10.62	0.11	6.61	10.68
人均GDP（log）	7.88	1.05	5.69	10.68
OECD 成员	0.14	0.35	0	1
重新审计	0.32	0.47	0	1
第三方审计协议	0.12	0.32	0	1
审计员个数	1.82	0.63	0	7
接受买方支付的审计报告	0.48	0.5	0	1
接受供应商、代理或被许可方支付的审计报告	0.39	0.49	0	1
未知支付方的审计报告	0.09	0.29	0	1
审计团队任期	4.93	1.98	0	15
审计技能培训	1.79	1.51	0	14
审计报告次序	2.12	1.48	1	6

N=44383 份审计报告，除去 21708 份审计团队任期审计报告和 21967 份审计技能培训审计报告。
† 表示标准化之后变量。GDP，国内生产总值；INGO，国际非政府组织；OECD，经济合作与发展组织。

面板 B. 相关关系

	(1)	(2)	(3)	(4)	(5)	(6)	(7)	(8)	(9)	(10)	(11)	(12)	(13)	(14)	(15)	(16)
(1) 劳动标准违反	1															
(2) 劳动条约（log+1）	-0.06	1														
(3) 劳动法律	-0.02	-0.20	1													
(4) INGO 密度（log）	-0.24	0	-0.09	1												
(5) 新闻自由	-0.27	0	-0.11	1	1											
(6) 买方国家社会态度	-0.20	-0.02	0	0	0	1										
(7) 买方国家人均 GDP（log）	-0.13	0	0	0	0	1	1									
(8) 人均 GDP（log）	-0.19	-0.11	0	0	1	0	0	1								
(9) OECD 成员	-0.20	0	0	1	1	0	0	1	1							
(10) 重新审计	-0.16	-0.02	-0.02	-0.16	-0.18	-0.21	-0.14	-0.11	-0.14	1						
(11) 第三方审计协议	0	-0.01	0	-0.16	-0.15	-0.75	-0.51	-0.07	-0.13	0	1					
(12) 审计员个数	0	-0.13	0	-0.31	-0.28	-0.09	-0.04	-0.12	-0.19	0	0	1				
(13) 接受买方支付的审计报告	0	-0.02	-0.02	0	0	-0.44	-0.27	0	0	0	0	-0.02	1			
(14) 接受供应商、代理或者被许可方支付的审计报告	-0.03	-0.03	0	-0.11	-0.15	0	0	-0.12	-0.14	-0.03	-0.28	0	-0.77	1		
(15) 未知支付方的审计报告	-0.08	-0.05	-0.01	0	0	0	-0.01	0	0	-0.04	0	-0.26	-0.13	-0.02	1	
(16) 审计团队任期	-0.02	-0.10	0	-0.06	-0.05	-0.06	0	0	0	0	0	-0.13	0	-0.06	-0.19	1
(17) 审计技能培训	-0.26	-0.09	0	-0.09	-0.09	0	0	-0.01	-0.06	0	0	0	-0.02	0	-0.14	0

五、实证模型及结果

为便于理解，本文模型运用对劳动公约、劳动法、INGO密度、新闻自由、买方国家亲社会态度进行标准化处理之后的版本。由于因变量是一个呈现出过度离散的计数变量，方差（34.69）与均值（6.38）之比为5.4，本文采用负二项回归估计模型。由于很多本文假设变量都是在年度国家水平上计量，本文以企业所在国来计算群组误差。稳健性检验以两种方式计算群组误差，分别以被审计企业所在国和买方国家分组，结果与采用基本方法得出的几乎保持一致。

本文基本模型回归结果显示在表4的第一列中，包括相关系数和平均边际

表4 回归结果 因变量：劳动标准的违背

设定说明	基本模型 (1)		稳健性检验			
			(2)	(3)	(4)	(5)
	系数	平均边际效应	因变量未做极值调整	另一种亲社会态度的试题（注1）	拟合的产业	群集标准误（注2）
假设变量						
被审计企业国家年变量						
劳动条约(log+1)†	-0.043+ [0.024]	-0.28	-0.043+ [0.024]	-0.043+ [0.024]	-0.041+ [0.023]	-0.043+ [0.024]
劳动法律†	-0.065** [0.023]	-0.41	-0.065** [0.023]	-0.065** [0.022]	-0.064** [0.023]	-0.065** [0.023]
INGO密度(log)†	-0.034 [0.030]	-0.21	-0.034 [0.030]	-0.034 [0.029]	-0.032 [0.030]	-0.034 [0.030]
新闻自由†	-0.268** [0.038]	-1.71	-0.269** [0.039]	-0.265** [0.038]	-0.261** [0.038]	-0.268** [0.040]
买方国家年变量						
买方国家亲社会态度†	-0.155** [0.015]	-0.99	-0.155** [0.015]	-0.185** [0.014]	-0.153** [0.014]	-0.155** [0.030]
买方国家人均GDP(log)	-0.246** [0.088]	-1.56	-0.249** [0.090]	-0.014 [0.105]	-0.239** [0.084]	-0.246 [0.150]
控制变量						
被审计企业国家年变量						
人均GDP(log)	-0.079* [0.031]	-0.50	-0.079* [0.031]	-0.075* [0.031]	-0.081* [0.032]	-0.079* [0.038]

续表

设定说明	基本模型		稳健性检验			
	(1)		(2)	(3)	(4)	(5)
	系数	平均边际效应	因变量未做极值调整	另一种亲社会态度的试题(注1)	拟合的产业	群集标准误（注2）
OECD 成员	0.165 [0.132]	1.05	0.165 [0.132]	0.159 [0.130]	0.169 [0.131]	0.165 [0.134]
审计类变量						
重新审计	-0.172** [0.015]	-1.10	-0.173** [0.015]	-0.173** [0.015]	-0.178** [0.015]	-0.172** [0.035]
第三方审计协议	-0.067* [0.032]	-0.43	-0.067* [0.032]	-0.102** [0.037]	-0.083** [0.032]	-0.067 [0.055]
审计员个数	0.101** [0.022]	0.64	0.100** [0.022]	0.100** [0.022]	0.095** [0.022]	0.101** [0.024]
接受买方支付的审计报告	0.307** [0.029]	1.95	0.308** [0.030]	0.301** [0.029]	0.304** [0.026]	0.307** [0.042]
接受供应商、代理或被许可方支付的审计报告	0.280** [0.039]	1.79	0.281** [0.039]	0.279** [0.041]	0.258** [0.036]	0.280** [0.050]
审计团队任期(平均)	-0.013 [0.012]	-0.08	-0.013 [0.012]	-0.013 [0.012]	-0.013 [0.011]	-0.013 [0.014]
审计技能培训(平均)	0.030** [0.009]	0.19	0.030** [0.009]	0.029** [0.009]	0.030** [0.009]	0.030* [0.013]
企业的第二次检查	-0.320** [0.040]	-2.04	-0.323** [0.041]	-0.319** [0.039]	-0.321** [0.041]	-0.320** [0.041]
企业的第三次检查	-0.534** [0.058]	-3.40	-0.538** [0.059]	-0.532** [0.057]	-0.536** [0.059]	-0.534** [0.067]
企业的第四次检查	-0.568** [0.072]	-3.62	-0.572** [0.073]	-0.566** [0.071]	-0.571** [0.073]	-0.568** [0.073]
企业的第五次检查	-0.637** [0.101]	-4.06	-0.641** [0.102]	-0.634** [0.101]	-0.640** [0.103]	-0.637** [0.108]
企业的第六次及以上检查	-0.675** [0.125]	-4.30	-0.679** [0.127]	-0.671** [0.124]	-0.682** [0.129]	-0.675** [0.130]
2005 年	0.039 [0.055]	0.25	0.038 [0.055]	0.048 [0.052]	0.04 [0.054]	0.039 [0.072]
2006 年	-0.007 [0.072]	-0.04	-0.006 [0.073]	0.002 [0.068]	-0.003 [0.072]	-0.007 [0.092]

续表

设定说明	基本模型 (1)		稳健性检验			
			(2)	(3)	(4)	(5)
	系数	平均边际效应	因变量未做极值调整	另一种亲社会态度的试题（注1）	拟合的产业	群集标准误（注2）
2007年	-0.075 [0.108]	-0.48	-0.074 [0.109]	-0.073 [0.103]	-0.070 [0.106]	-0.075 [0.118]
2008年	-0.151 [0.093]	-0.96	-0.150 [0.093]	-0.148+ [0.090]	-0.146 [0.090]	-0.151 [0.120]
2009年	-0.337** [0.073]	-2.15	-0.338** [0.073]	-0.325** [0.074]	-0.330** [0.072]	-0.337** [0.084]
审计企业所在行业变量						
配件	0.093** [0.024]	0.59	0.094** [0.024]	0.092** [0.024]	0.124** [0.016]	0.093** [0.026]
建筑材料	0.212** [0.038]	1.35	0.214** [0.038]	0.215** [0.038]	0.225** [0.027]	0.212** [0.060]
化学品和塑料	0.099 [0.099]	0.63	0.098 [0.099]	0.102 [0.100]	0.076 [0.055]	0.099 [0.156]
电子产品	0.084* [0.038]	0.53	0.082* [0.039]	0.083* [0.039]	0.157** [0.023]	0.084+ [0.049]
食品、农业和饮料	0.018 [0.055]	0.11	0.019 [0.055]	0.026 [0.057]	-0.078 [0.053]	0.018 [0.058]
鞋子	0.164** [0.032]	1.04	0.163** [0.032]	0.166** [0.033]	0.183** [0.024]	0.164** [0.034]
家具	0.345** [0.050]	2.2	0.347** [0.050]	0.347** [0.050]	0.373** [0.034]	0.345** [0.073]
金属制品	0.170** [0.035]	1.09	0.169** [0.035]	0.175** [0.035]	0.184** [0.028]	0.170** [0.053]
纸张、印刷和出版	0.001 [0.076]	0	0.001 [0.076]	0.003 [0.076]	0.014 [0.048]	0.001 [0.076]
服务	0.096 [0.067]	0.61	0.095 [0.067]	0.098 [0.068]	-0.011 [0.059]	0.096 [0.068]
玩具	-0.050* [0.024]	-0.32	-0.050* [0.024]	-0.048* [0.024]	0.024 [0.025]	-0.050+ [0.027]
审计报告（个数）	44383		44383	44383	44383	44383
企业	21836		21836	21836	21836	21836

注：负二项系数或平均边际效应（AME），以括号中企业所在国为组计算群组标准差。** $P < 0.01$，* $P < 0.05$，+ $P < 0.10$。† 表示标准化处理后的变量。

效应（AME）。该模型与本文基本模型的统计数据相符合——McFadden 调整后 R2 为 0.048，LR 为 12603.8，BIC' 为 -12165.0——表明与替代性的粗略模型相比进步了很多，体现在粗略模型（a）忽略了除行业虚拟变量之外的全部虚拟变量，（b）忽略了全部供应商所在国变量和（c）忽略了所有买方国家变量。

本文首先介绍与政府间和国内政府活动相关的结果。当企业所在国批准了越多的国际劳工组织公约，企业在很小的统计显著性水平下表现出对劳动行为准则更强的遵守度（β = -0.04，P = 0.07）。平均边际效益表明标准化后的劳动公约变量增加一个单位会带来 0.28 个单位的劳动标准违反的减少。当企业所在国有更多管理集体劳动权利的保护性法律，企业显著地表现出更少的劳动标准违反现象（β = -0.07，P < 0.01，AME = -0.41），从而支持了本文关于国内法律制度会影响全球劳动标准遵守度的假设。

至于被审计企业所在国公民社会机构的影响，如预期一致，本文发现 log（INGO 密度）呈现出负相关的点估计结果，本文没有找到证据支持激进分子压力会显著造成更低的劳动标准违反现象。我们的确发现企业所在国较高的新闻自由会显著造成更低的劳动标准违反现象（β = -0.27，P < 0.01）。平均边际效益表明标准化后的新闻自由变量每增加一个单位，相应地有 1.71 个单位的劳动标准违反的降低，样本均值会有 27% 的降低。

至于买方国家市场机构的影响，本文的确发现当买方所在国公民有更强的亲社会意识，企业显著表现出更少的劳动标准违反现象（β = -0.16，P < 0.01）时，该标准变量每增加 1 个单位，对应接近 1（0.99）个单位的劳动标准违反减少，16% 的样本均值减少。针对更富裕国家买方进行的审计报告，正如买方国家 log 人均 GDP 计量的那样，也显著表现出更少的劳动标准违反现象（β = -0.25，P < 0.01）。1 个单位的 log 人均 GDP 增加对应 0.17 单位劳动标准违反减少（标准差 × AME = 0.11 × -1.56），相对样本均值变化来说，该影响较小。

至于控制变量，更富裕国家企业的审计报告显著表现出更少的劳动标准违反现象。与猜想一致，重新审计报告比常规审计报告表现出更少的劳动标准违反现象。以更多审计员为标志的更大型及复杂度更高企业显著表现出更多的劳动标准违反现象。审计报告次序变量呈现出逐渐增加的负相关性，表明后续的审计会出现更少的劳动标准违反现象。

本文结果提供了一些证据证明，如供应链企业审计批评家断言，审计报告中所记录劳动标准违反现象可能确实会受到经济利益冲突和审计员胜任能力的影响（例如 O'Rourke 2002；Esbenshade，2004；Heras-Saizarbitoria & Boiral，2013）。具体来说，接受买方或第三方（供应商、代理或被许可方）支付的审计报告比接受被审计企业（基本类别）支付的审计报告显著呈现出更多的劳动标准违反现象。接受更多培训审计团队出具的审计报告显著呈现出更多的劳动标准违反现象，但本文没有发现审计团队经验对结果有显著影响。对审计员偏见和胜任能力这些源头的控制解释了审计员检测的系统性偏差。这更加表明，假设变量的系数反映了这些变量对供应商企业遵守劳动行为准则的平均影响，剔除了审计者异质性的影响。

六、讨论

（一）贡献

本文揭示了在何种机构配置下，供应商企业最可能遵守包含在其行为准则中的全球劳动标准，极大地拓展了跨国商业管理类文献研究。本文证明当供应商所在国批准越多的国际劳工组织公约，有越严格的劳动保护性规范、越高的新闻自由，企业对全球劳动标准的遵守度越高。本文也证明当供应商的买方所在国的消费者富裕且具有亲社会意识，供应商企业遵守度更高。这些发现对于文献研究有五点重要贡献。

第一，为了鉴别出国际、国内、公民社会和社会机构在私人参与者遵守全球标准方面的影响，本文对于多层管理机制的重要性提供了系统性实证支持，该研究在文献中早已屡见不鲜。在公民社会机构中，我们发现新闻自由是供应商遵守标准的一个极强驱动力。我们猜想原因是新闻自由既有助于遵守情况的监督也有助于对不遵守标准的声誉惩罚。我们发现当供应商所在国渗透了国际非政府组织的影响时，该供应商通常相比其他的供应商会出现更少的劳动标准违反现象，这个现象并不显著。这也有可能是由于统计不确切或者选择效应，即国际非政府组织可能会选择有更多劳动纠纷的国家进行渗透，从而与我们的统计相混淆。我们建议未来的学者对国际非政府组织是否及如何影响全球劳动标准的遵守进行研究。

第二，本文证明了国家法律制度对跨国商业管理效力的重要性。当供应商企业所在国积极参与国际劳工组织公约机制以及有保护性国内劳动规范时，供应商更可能遵守全球劳动标准。本文也证明国家通过提供新闻自由可对促进全球劳动标准遵守起到额外作用。因此，政府的重要作用不只表现在执行一些传统的政府职能诸如制定法律，也体现在让诸如媒体这样的公民社会参与者执行它们自己的管理职能。这些发现与那些强调以国家为基础的管理制度对跨国管制效力有持续增长重要作用的研究保持一致（Seidman，2007；Vogel，2008；Büthe，2010；Bartley，2011；Locke，2013），并且对一些认为国家在管理国际经济上的作用正在不断削弱的研究提出了挑战。

第三，本文首次提供证据表明国家的公约制度参与度与本国公民的全球标准遵守度之间存在关联。尽管很多研究试图建立这样一种关联（Hafner-Burton & Tsutsui，2005；Lim & Tsutsui，2012），但据我们所知没有研究成功建立了关联。该发现至少表明国家的国际劳工组织公约批准情况是本国劳动标准水平的一个可信性标志。反过来即说明通常国家批准劳动公约不是为掩盖国内低水平劳动标准而使的障眼法（Hathaway，2005）。本文研究不能平息关于公约是否有能力作为影响国家或私人参与者的机制这一争论。本文发现的关联性可以源于选择效应，即只有当公约里包含的规范本国国民已经遵守时，国家才会批准该公约（Goldsmith & Posner，2005；Hathaway，2005）；或来源于处理效应，即条约批准情况象征着标准的分布情况（Chayes & Chayes，1995；Börzel & Risse，2010；Abbott & Snidal，2013）；或源于通过国内法律对国际规范的执行（Simmons，2009）；或是这些机制的组合。尽管本文研究并不能明确鉴别出造成国家条约批准情况与私人参与者遵守全球劳动标准情况之间关联的特定机制，在国际法律和 IGOs 传播全球标准相关文献研究的进展过程中，本文的发现是重要的一步。

第四，本文首次从实证上证明了跨国公司所受市场压力与它们的国外供应商企业工作条件之间存在关联。调查激进主义如何影响劳动者收入的相关研究针对的是直接施加于供应商的压力，而不是施加于它们多国买家的压力（Harrison & Scorse，2010）。尽管对私人政治的研究揭示了跨国公司所受的利益相关者压力如何激励它们采用劳动行为准则及其他企业社会责任行为（Reid & Toffel，2009；Fransen，2012），我们没有发现有任何研究对这些企业是否会有效执行它们所采用的行为准则进行评价。类似的是，尽管有研究表明诸如批评和抵制这类激进主义做法如何影响一个跨国公司的底线（King & Soule，2007；Vasi & King，2012），我们没有发现有任何研究建立了跨国公司所受的这些机构压力与它们海外供应商企业工作条件之间的联系。

该发现可能会与之前一个研究有所冲突，其研究证明只有当跨国公司直接拥有它们的外国供应商企业，且不是在它们把生产通过独立交易方式外包给供应商企业的情况下，与发达国家跨国公司的贸易才会提高发展中国家的劳动标准水平（Mosley，2011a）。对这个矛盾的一个可能解释是，莫斯利（Mosley，2011a）是从国家层面上计量劳动标准的，而本文是从个体供应商企业的层面计量的。尽管如莫斯利（2011a）论述的那样，发达国家可能迫于经济和政治压力为吸引外包业务而采取宽松的劳动政策，而当接受跨国公司分包时的个体供应商企业服务于富裕且有亲社会意识的消费者时，则会迫于私人市场压力而维持较高水平的劳动标准。因此本文研究除了从国家层面计量全球劳动标准采用情况，也强调从企业层面计量全球劳动标准遵守情况的重要性，从而全面评价了跨国管制的影响。

最后，尽管本文研究没有验证行为准则和社会审计作为促进全球劳动标准遵守的机制带来的影响，但我们证明了这些机制嵌于独立影响全球标准遵守情况的管理机构网络中。本文强烈建议企业行为准则不应该被看作"单一因素机制"（Abbott & Snidal，2009，p.47），而是受其他这些管理机构共同影响的一个变量。未来有必要综合起来研究什么对管理效应，如果有的话，管理规则和管理监测起作用。

接受企业支付的审计报告和服装行业在基础类别中被略去。所有模型都包括表示审计报告属于企业在样本期间内第二份、第三份、第四份、第五份、第六份或以上的审计报告的虚拟变量。所有模型也都包括年份虚拟变量，审计报告支付方待定虚拟变量，行业待定虚拟变量。当审计员数量、审计团队任期和审计技能培训记录丢失时，虚拟变量从"丢失"变为0。（说明1：第3列表示的是在结合最大变异法的主成分分析中把买方国家的亲社会态度作为第一要素得出的结果。说明2：第5列表示的是用两种方式来计算群组标准差，分别是以被审计企业所在国分组和以买方国家分组得出的结果。GDP，国内生产总值；INGO，国际非政府组织；OECD，经济合作与发展组织。）

（二）不足之处

以下讨论本文的几个不足之处，并给未来研究提议了几条补充研究道路。

第一，尽管本文研究从理论和实践上证明了几个关键宏观机构条件对供应商企业遵守全球劳动标准存在影响，本文方法论不能鉴别这些机构因素影响私人参与者及互相影响的具体机制。我们希望未来研究对本文鉴别出的关联关系下潜在的社会过程进行调查。

第二，本文的发现受限于一些数据。比如，本文数据只出自一个单一的社会审计公司，且只计量了遵守其行为准则并接受买方社会审计的供应商企业对全球标准的遵守情况。鉴于很多国际买家对企业进行规制和监督，我们相信本文样本广泛代表了很大一部分国际厂家，但是由于本文数据这些特征，在不服务国际买家或国际买家不对其施加私人劳动标准的企业，本文应用程度会有所受限。我们发现尽管本文样本只在这几个维度上变化，但国家、行业和跨国买家这些维度是类似研究中所或缺的重要部分。我们希望未来研究对本文的发现进行普遍性检验。鉴于本文为提高计算结果可信度，决定从分析中略去某些特定违反现象领域，这也使本文研究有所受限。影响本文所研究的几类行为准则遵守情况的制度因素是否同样影响诸如结社权等其他劳动标准相关行为准则遵守的情况，这是未来有必要进行研究的。此外，鉴于数据受限,本文没有包含先前研究所发现的影响标准遵守情况的全部变量。比如,我们没有企业大小和规则执行情况的相关数据。如本文前面方法论选择部分描述的那样,我们尝试为关键自变量建立合理的替代变量。然而我们不能排除一些不可观测变量影响全球劳动标准遵守情况的可能性。

七、结论

本文揭示了国家、公民社会和市场治理制度在影响全球劳动标准遵守情况中的重要性。本文证明当供应商企业所在国积极参与国际劳工组织公约体制,有高标准的保护性劳动规范、高水平的新闻自由,供应商企业更可能遵守全球劳动标准。本文进一步证明供应商企业对全球标准遵守情况不仅与供应商本国制度有关,也与国际买家所在国制度有关:当供应商企业所服务买家所在国的消费者富裕且具有亲社会意识时,该企业会表现出更强的全球劳动标准遵守度。这些发现为建立更有效的跨国管制机制指明了道路。

参考文献

1. Abbott K, Snidal D., "The Governance Triangle: Regulatory Standards Institutions and the Shadow of the State", in Mattli W., Woods N. (eds), *The Politics of Global Regulation*, 2009, pp. 44 – 88. Princeton, NJ: Princeton University Press.

2. Abbott K. W., Snidal D., "Taking Responsive Regulation Transnational: Strategies for International Organizations", *Regulation & Governance*, 2013, 7, 95 – 113.

3. Amengual M., "Complementary Labor Regulation: The Uncoordinated Combination of State and Private Regulators in the Dominican Republic", *World Development*, 2010, 38, 405 – 414.

4. Ang D., Brown D., Dehejia R., Robertson R., "Public Disclosure, Reputation Sensitivity, and Labor Law Compliance: Evidence from Better Factories Cambodia", *Review of Development Economics*, 2012, 16, 594 – 607.

5. Ayres I., Braithwaite J., *Responsive Regulation: Transcending the Deregulation Debate*,

OUP, New York, 1992.

6. Bardach E. , Kagan R. A. *Going by the Book*: *The Problem of Regulatory Unreasonableness*, Transaction, New Brunswick, NJ, 1982/2002.

7. Bartley T. , "Transnational Governance as the Layering of Rules: Intersections of Public and Private Standards", *Theoretical Inquiries in Law*, 2011, 12, 517 – 542.

8. Berliner D. , Prakash A. , "Signaling Environmental Stewardship in the Shadow of Weak Governance: The Global Diffusion of ISO 14001", *Law & Society Review*, 2013, 47, 345 – 373.

9. Börzel T. A. , Risse T. , "Governance Without a State: Can It Work?", *Regulation & Governance*, 2010, 4, 113 – 134.

10. Braithwaite J. , Drahos P. , *Global Business Regulation*, CUP, Cambridge, UK, 2000.

11. Büthe T. , "Global Private Politics: A Research Agenda", *Business and Politics*, 2010, 12 (3), Article 12.

12. Cameron AC. , Gelbach JB. , Miller DL. , "Robust Inference With Multiway Clustering", *Journal of Business & Economic Statistics*, 2011, 29, 238 – 249.

13. Campbell JL. , "Why Would Corporations Behave in Socially Responsible Ways? An Institutional Theory of Corporate Social Responsibility", *Academy of Management Review*, 2007, 32, 946 – 967.

14. Chayes A. , Handler Chayes A. , *The New Sovereignty*: *Compliance with International Regulatory Agreements*, Harvard University Press, 1995, Cambridge, MA.

15. Coslovsky SV. , Locke R. , "Parallel Paths to Enforcement: Private Compliance, Public Regulation, and Labor Standards in the Brazilian Sugar Sector", *Politics & Society*, 2013, 41, 497 – 526.

16. Devinney TM. , Auger P. , Eckhardt GM. , *The Myth of the Ethical Consumer*, CUP, Cambridge, UK, 2010.

17. Dyck A. , Volchkova N. , Zingales L. , "Corporate Governance Role of the Media: Evidence from Russia", *Journal of Finance*, 2008, 63, 1093 – 1136.

18. Eberlein B. , Abbott KW. , Black J. , Meidinger E. , Wood S. , "Transnational Business Governance Interactions: Conceptualization and Framework for Analysis", *Regulation & Governance*, 2014, 8, 1 – 21.

19. Esbenshade J., *Monitoring Sweatshops: Workers, Consumers, and the Global Apparel Industry*, Temple University Press, 2004, Philadelphia.

20. Fransen L., *Corporate Social Responsibility and Global Labor Standards: Firms and Activists in the Making of Private Regulation*, Routledge, 2012, New York.

21. Fung A., O'Rourke D., Sabel C., *Can We Put an End to Sweatshops?* Beacon, 2001, Boston, MA.

22. Goldsmith JL., Posner EA. *The Limits of International Law*, OUP, 2005, Oxford, UK.

23. Greenhill B., "The Company You Keep: International Socialization and the Diffusion of Human Rights Norms", *International Studies Quarterly*, 2010, 54, 127-145.

24. Greenhill B., Mosley L., Prakash A., "Trade-based Diffusion of Labor Rights: A Panel Study", 1986-2002, *American Political Science Review*, 2009, 103, 669-690.

25. Hafner-Burton EM., Tsutsui K., "Human Rights in a Globalizing World: The Paradox of Empty Promises", *American Journal of Sociology*, 2005, 110, 1373-1411.

26. Hainmueller J., Hiscox MJ., Sequeira S., "Consumer Demand for the Fair Trade Label: Evidence from a Multi-store Field Experiment", *Review of Economics and Statistics*, Forthcoming.

27. Harrison A., Scorse J., "Multinationals and Anti-sweatshop Activism", *American Economic Review*, 2010, 100 (1), 247-273.

28. Hathaway OA., "Between Power and Principle: An Integrated Theory of International Law", *University of Chicago Law Review*, 2005, 72, 469-536.

29. Heras-Saizarbitoria I., Boiral O., "ISO 9001 and ISO 14001: Towards A Research Agenda on Management System Standards", *International Journal of Management Reviews*, 2013, 15, 47-65.

30. Keck ME., Sikkink K., *Activists Beyond Borders: Advocacy Networks in International Politics*, Cornell University Press, 1998, Ithaca.

31. King A., Toffel MW., "Self-regulatory Institutions for Solving Environmental Problems: Perspectives and Contributions from the Management Literature", in Delmas M, Young O. (eds), *Governing the Environment: Interdisciplinary Perspectives*, pp. 98-115. CUP, Cambridge, 2009, UK.

32. King BG., Soule SA., "Social Movements as Extra-institutional Entrepreneurs: The

Effect of Protests on Stock Price Returns", *Administrative Science Quarterly*, 2007, 52, 413 – 442.

33. Kocer GR., Fransen L., "Codes of Conduct and the Promise of a Change of Climate in Worker Organization", *European Journal of Industrial Relations*, 2009, 15, 237 – 256.

34. Lenox MJ., Eesley CE., "Private Environmental Activism and the Selection and Response of Firm Targets", *Journal of Economics & Management Strategy*, 2009, 18, 45 – 73.

35. Lim A., Tsutsui K., "Globalization and Commitment in Corporate Social Responsibility: Cross-national Analyses of Institu-tional and Political-economy Effects", *American Sociological Review*, 2012, 77, 69 – 98.

36. Linos K., "How Can International Organizations Shape National Welfare States? Evidence from Compliance with European Union Directives", *Comparative Political Studies*, 2007, 40, 547 – 570.

37. Locke RM., *The Promise and Limits of Private Power: Promoting Labor Standards in a Global Economy*, CUP, New York, 2013.

38. Locke RM., Romis M, "Improving Work Conditions in a Global Supply Chain", *MIT Sloan Management Review*, 2013, 48 (2), 54 – 62.

39. Locke RM., Qin F., Brause A, "Does Monitoring Improve Labor Standards? Lessons from Nike", *Industrial and Labor Relations Review*, 2007, 61 (1), 3 – 31.

40. Locke RM., Rissing BA., Pal T., "Complements or Substitutes? Private Codes, State Regulation and the Enforcement of Labour Standards in Global Supply Chains", *British Journal of Industrial Relations*, 2013, 51, 519 – 552.

41. McBarnet DJ., Kurkchiyan M., "Contractual Control: Global Supply Chains and 'Other Regulation'", In McBarnet D., Voiculescu A., Campbell T. (eds), *The New Corporate Accountability: Corporate Social Responsibility and the Law*, pp. 59 – 92. CUP, 2007, Cambridge, UK.

42. Marx A., "Limits to Non-state Market Regulation: A Qualitative Comparative Analysis of the International Sport Footwear Industry and the Fair Labor Association", *Regulation & Governance*, 2008, 2, 253 – 273.

43. Mattli W., Woods N., "In Whose Benefit? Explaining Regulatory Change in Global Politics", in Mattli W., Woods N. (eds), *The Politics of Global Regulation*, pp. 1 – 43. Princeton University Press, 2009, Princeton, NJ.

44. Mosley L. , *Labor Rights and Multinational Production*, CUP, New York, 2011a.

45. Mosley L. , *Replication Data for*: *Collective Labor Rights Dataset*, 2011b, [Last accessed 29 August 2013], Available from URL: http://hdl.handle.net/1902.1/15590. L. Mosley [Distributor] V1 [Version].

46. O'Rourke D. , "Monitoring the Monitors: A Critique of Corporate Third-party Labour Monitoring", In Jenkins R. , Pearson R. , Seyfang G. (eds), *Corporate Responsibility and Labour Rights*: *Codes of Conduct in the Global Economy*, pp. 196 – 207, Earthscan, 2002, London.

47. Oka C. , "Accounting for the Gaps in Labour Standard Compliance: The Role of Reputation-conscious Buyers in the Cambodian Garment Industry", *European Journal of Development Research*, 2010a, 22, 59 – 78.

48. Oka C. , "Channels of Buyer Influence and Labor Standard Compliance: The Case of Cambodia's Garment Sector", Advances in Industrial and Labor Relations, 2010b, 17, 153 – 183.

49. Reid EM. , Toffel MW. , "Responding to Public and Private Politics: Corporate Disclosure of Climate Change Strategies", *Strategic Management Journal*, 2009, 30, 1157 – 1178.

50. Rodríguez-Garavito C. , "Global Governance and Labor Rights: Codes of Conduct and Anti-sweatshop Struggles in Global Apparel Factories in Mexico and Guatemala", *Politics & Society*, 2005, 33, 203 – 233.

51. Scherer AG. , Palazzo G. , "The New Political Role of Business in a Globalized World: A Review of a New Perspective on CSR and its Implications for the Firm, Governance, and Democracy", *Journal of Management Studies*, 2011, 48, 899 – 931.

52. Scott C. , "Non-judicial Enforcement of Transnational Private Regulation", in Cafaggi F. (ed), *Enforcement of Transnational Regulation*: *Ensuring Compliance in a Global World*, pp. 147 – 164. Edward Elgar, 2012, Northampton, MA.

53. Seidman G. , *Beyond the Boycott*: *Labor Rights*, *Human Rights*, *and Transnational Activism*, Russell Sage Foundation, 2007, New York.

54. Shamir R. , "Corporate Social Responsibility: A Case of Hegemony and Counter-hegemony", in de Sousa Santos B, Rodríguez-Garavito CA. (eds), *Law and Globalization from Below*: *Towards a Cosmopolitan Legality*, pp. 92 – 117. CUP, 2005, Cam-bridge, UK.

55. Short JL. , Toffel MW. , "Coerced Confessions: Self-policing in the Shadow of the Regulator", *Journal of Law*, *Economics & Organization*, 2008, 24, 45 – 71.

56. Short JL., Toffel MW., "Making Self-regulation More Than Merely Symbolic: The Critical Role of the Legal Environment", *Administrative Science Quarterly*, 2010, 55, 361–396.

57. Simmons BA., *Mobilizing for Human Rights: International Law in Domestic Politics*, CUP, 2009, Cambridge, UK.

58. Snow DA., Rochford EB. Jr., Worden SK., Benford RD., "Frame Alignment Processes, Micromobilization, and Movement Participation", *American Sociological Review*, 1986, 51, 464–481.

59. Soule SA., *Contention and Corporate Social Responsibility*, CUP, 2009, New York.

60. Tsogas G., *Labor Regulation in a Global Economy*, M. E. Sharpe, Armonk, 2001, NY.

61. Union of International Associations, *Yearbook of International Organizations*, 2004–2009, Various issues, KG Saur Verlag, München.

62. Vasi IB., King BG., "Social Movements, Risk Perceptions, and Economic Outcomes: The Effect of Primary and Secondary Stakeholder Activism on Firms' Perceived Environmental Risk and Financial Performance", *American Sociological Review*, 2012, 77, 573–596.

63. Vogel D., "Private Global Business Regulation", *Annual Review of Political Science*, 2008, 11, 261–282.

64. Zald MN., "Culture, Ideology, and Strategic Framing", in McAdam D., McCarthy JD., Zald MN. (eds), *Comparative Perspectives on Social Movements: Political Opportunities, Mobilizing Structures, and Cultural Framings*, pp. 261–274. CUP, Cambridge, 1996, UK.

第三部分 | **全球劳动治理：问题与前景**

全球化与集体劳动权*

［美］罗伯特·布兰顿　［美］林德赛·布兰顿　著　严若婷　译**

一、引言

　　全球化对社会的影响长期以来未有定论，其对劳动权利的影响尤其具有争议。批评者认为，生产全球化导致了"探底竞赛"：企业寻求劳动权利水平最低的国家（Mosley & UNO, 2007; Schrank, 2004; Silver, 2003）。另一方面，自由主义者断言经济开放将促进经济增长和中产阶级的壮大，从而有助于增强这些劳动权利（Apodaca, 2001; Sen, 1999）。"加利福尼亚效应"也可能存在：经济纽带促进了更高的劳动标准在不同国家间的扩散（Perkins & Neumayer, 2012; Vogel, 2008）。

　　然而，全球化是超出经济纽带之外的多面现象，有可能以其他方式来影响劳动权利。我们专注于研究宏观层面的经济全球化以及社会与政治全球化这三个维度对一个国家集体劳动权利制度的影响。许多研究关注全球化某些方面的影响，比如贸易、外商直接投资（FDI）和一些具体的条约公约

---

　　* 本文原载《社会学论坛》（*Sociological Forum*）2016年第31卷第1期。
　　** 作者简介：罗伯特·布兰顿（Robert Blanton），阿拉巴马大学；林德赛·布兰顿（Lindsey Blanton），阿拉巴马大学。译者简介：严若婷，西南财经大学硕士研究生。

(Blanton & Blanton，2012；Cole，2013；Mosley & Uno，2007），但还没有文献检验全球化本身的更广泛影响。此外，现有的结论取决于检验的是全球化的哪个层面，比如，贸易可能与劳动权利之间呈现负相关关系（Mosley & Uno，2007），但外商直接投资的影响是不明确的（Blanton & Blanton，2012；Mosley，2011a）。尽管全球化特定层面的影响本身很重要，但在准确反映全球化这一概念所揭示的相互联系与相互依赖的社会环境方面，这些特定层面"不够完整"（de Soysa & Vadlamannati，2011：27）。因此，相较于运用微观方法而言，我们选择通过使用更完善的方法，来更好地解释相对来说更加完整而复杂的情况。

经济、社会与政治全球化，它们都提升了对劳动权利的不同预期水平。虽然对劳动的基础权利存在一个广泛的共识，但在"华盛顿共识"（Washington Consensus）上，其展现的全球经济自由化思潮下的行为准则也被大众所接受。此外，在全球会议上尽管劳动权利时常被提及，但是涉及这些权利的政治制度建设却相当薄弱（Bartley，2007）。劳动标准的执行更多靠的是自愿，绝大多数情况下由非政府组织（NGOs）和企业进行协商，而非通过表面的国家强制力（Seidman，2007）。虽然国家可能会愿意改变他们正式出台的劳动法并签署自愿协议，但这样的行为只是一种象征性的努力，在实践中可能并不具有实质作用。简言之，它可能仅仅是一个"组织伪善"（Krasner，1999）的例子。

为了从经验数据上来评估这些联系，我们研究了政治、社会与经济全球化对集体劳动权的影响，特别是在1986年到2002年的发展中国家里，与集体劳动权和在实践中其受保护程度相关的法律情况。为了评估各国在政治上、社会上和经济上的全球一体化程度，我们采用了Konjunkturforschungsstelle（KOF，瑞士经济研究院）的经济全球化指数来衡量（Dreher，2006；Dreher & Gaston，2007），它是被广泛使用的数据库，可为全球化提供全方位的测量指标。

本文余下安排如下：我们首先梳理关于以上问题的宏观理论。接着我们将更为充分地阐述全球化与集体劳动权之间的潜在关联，并对这些联系进行实证检验。最后，我们对得到的结果进行讨论。

二、全球化和劳动权利：理论基础

学术界对全球化的影响研究有着广泛的理论基础。我们将讨论三种最常见的全球化——经济、政治与社会全球化（Keohane & Nye，1979），并讨论它们对劳动权利的影响。但区分不同类型的全球化显然可能有失偏颇，因为全球化各个方面很难从彼此中分离出来。例如某些类型的贸易是存在着较大程度的文化相关性的（Blanton，2006）。政治全球化的形式，如人权公约，最终可能成为全球性"社会以太"（social ether）的一部分（Drori & Krucken，2009：19），不论是否正式批准了条约本身（Cole，2012b）。相反，全球准则可以与政治全球化的方面相关联，例如条约的批准（Wotipka & Tsutsui，2008）。不同类型的全球化之间一定存在着相互重叠和关联的部分，而这三者中的每一种都可能对劳动权利有着独特的影响。

迄今为止，大部分的关注都集中在经济全球化和劳动权利两者之间的关系上。其争论通常是从新自由主义理论出发的，这一理论追求的是正外部性、并且与那些形形色色的大都倾向于世界体系和依赖关系的批判家相抗衡。新自由主义者的观点认为劳动权利本质上来说也有另一个好处，那就是社会在某种意义上来源于全球性的市场参与。由这些思路可以联想到，社会繁荣、经济增长、民主化以及更加和平的环境（Bussmann & Schneider，2007；de Soysa & Vadlamannati，2011）都归功于经济全球化对中产阶级发展所做出的贡献，因为他们只有通过发展本阶级才能更好地去要求更大的权力（Mosley & Uno 2007；也请参看 Apodaca，2001）。

然而批判家们则反驳，他们认为全球化事实上恰恰削弱了劳动权利，因为国家被迫参与"探底竞赛"（Neumayer & de Soysa，2007；Silver，2003），其中"国家可能降低劳动标准，放弃劳动权利，减少社会公益服务，并且在激烈竞争的国外市场中压迫工人以试图吸引并留住外资"（Blanton & Blanton，2012：269）。由于发展中国家的劳动标准较低以及工会代表力量较弱，这就极大地吸引了国外潜在的经济合作伙伴（London & Ross，1995）。虽然有越来越多的评估工作设法去实证研究其间的联系，但就目前所得的记录来看他们得到的结论并不一致：有些人发现贸易与劳动权利之间存在负相关关系（Mosley & Uno，2007），另一些人则发现外商直接投资的影响是多样化的（Blanton & Blanton，2012）。

此外，近来关于经济全球化影响的学术研究还结合了来自全球社会方法的一些深刻见解，这种方法探讨了"与国际社会的联接是如何对当地的参与者施加压力来让其同意国际上认可的模式"（Lim & Tsutsui，2012：77；另请参看 Meyer et al.，1997）。研究还探讨了是否存在一些方法是利用贸易与投资的关系让劳动待遇在不同的国家间更好地传播，具体说来就是那些来自于有着更高劳动标准国家的公司向发展中国家出口贸易，并导致一种"登顶"（climb to the top）的效果（Greenhill, Mosley & Prakash，2009；Perkins & Neumayer，2012）。

三、执行问题与分离

在这些争论中，全球化影响劳动权利的特殊渠道也很重要，因为这些渠道涉及分离的问题。分离的概念是世界政治文献的核心（Cole，2012a；2012b），尤其是涉及意愿不真实的问题或者"战略性批准"（Simmons，2009），这通常发生在当国家签署他们并不能够或者并不愿意去实际遵守的协议和条约时。这种类型的分离在劳动权利领域中是非常严重的问题：即使国家通过新的劳动法律，抑或是阻止现行的法律效力的削弱，这些法律总是有足够多的"机会"被无视，而其后果则由劳动待遇来承受。

鉴于劳动权利的范围之大以及潜在影响之广，这些权利并非总是被认为无可非议，换句话说，不太能够被制定成强制性的政策（Whelan & Donnelly，2007）。因此，劳动权利可能被视作是不可行的，"因为将其实现需要花费巨大的代价"（Craven，1995：130）。因为缺少国家积极参与以及没有能力去追究劳动法、起诉违法者的责任,所以在法律的贯彻和执行方面,雇主们则被迫变相承担起了"非常重要的责任"(Singh & Zammit, 2004:75),然而这并不能改善劳动实践的情况。最后的结果可能就是康(Kang, 2012:1-2)所说的"工会权利的矛盾",其中既充满了"支持工会权利的公开声明",又充斥着"对工会违章行为的控诉"。这个问题在发展中国家尤其令人关注,因为他们可能缺乏必要的资源去为某个协议买单(Meyer, 2000; Meyer et al., 1997),他们也可能没有能力去追究那些公然侵犯员工权利的公司(Caraway, 2009)。

这种动态活动下的整体结果就是劳动实践相比较于劳动法可能更易于改变,这对集体劳动权利的维护十分不利。也就是说,即使一个国家增强对劳动或者现存法律的保护力度,但由于缺乏执行和实施法律的努力,这个国家还是不太可能改善劳动实践状况。相反,即使相关的劳动法没有任何改变,其劳动实践也能够被轻易地削弱。如果一个国家面临着来自雇主或者外国公司的与全球化相关的压力,并且此压力迫使其放松了劳动保护,那么这个国家可能就会减少分配给劳动法执行时所需的资源并允许公司自我管理。这样一来,与其积极地承担起相关责任,倒不如善意地忽视从而放宽劳动权利。因此,全球化将导致劳动实践的恶化而劳动法仍然保持不变。上述讨论使得我们得出如下的假设:

假设1:经济全球化对劳动待遇存在负相关性。

(一) 政治全球化

政治全球化一般是指通过诸如外交关系之中的、成员间的、由国际组织共同参与的政策传播,也包括国际法律条约的签署和批准(Keohane & Nye, 1979;也请参看 Dreher, 2006)。虽然目前关于劳动权利的政治一体化现状的详细资料较为缺乏,但我们可以从非常多的研究中得到相关的答案,比如政治全球化在个体方面是如何影响国家政策的选择,其中包括武装冲突(Pevehouse & Russett, 2006)、环境标准(Perkins & Neumayer, 2012; Zhou,

2015）以及对人权的尊重（Cole，2012a，2012b；Hafner-Burton，2009）。

把这一点应用在集体劳动权上所得到的预期则是综合作用的产物。按理说，劳动权利一直是在联合国下属的国际劳工组织的管辖范围以内。而劳动权利大会专门规定了劳动者所拥有的许多核心权利，并且已得到绝大多数国家的认可（Bartley，2007）。表面上看，更深入地融入国际法及相关组织网络，将更有助于劳动权利的保护，然而更多国家被卷入这一进程，将可能会面临更高的成本，这样看来算是违反了劳动法吗？此外，劳动权利在越来越多的优惠贸易安排（PTAS）中都扮演着重要角色，"目前，包括发达国家和发展中国家在内的多数优惠贸易安排都对劳动标准做出了相应的规定"（Brown，Deardoff & Stern，2011：38）。

然而，鉴于有关机构职能的限制以及劳动权利自身规范性不足，与其他制度相比，劳动权利制度仍相当脆弱。例如，本来国际劳工组织在这个领域内的管理权限是得到广泛认可的（Brown et al.，2011）。但它实际上"基本没有直接执法的能力"（Mosley，2011b：2），劳动权利的管理主要是由像"联合国全球契约"这样的私人主体自愿签署的合约来执行（Lim & Tsutsui，2012）。实践中，这些制度的主要贡献在于信息共享，并提供平台去沟通、建立共识（Berliner & Prakash，2012）。强制力往往是由非政府组织和企业本身的第三方所产生（Greenhill et al.，2009）。虽然劳动权利的发展的确可以由私人主体主导，但这并不意味着对劳动权利的尊重意识真正得到增强（Bartley，2007；Seidman，2007）。鉴于此制度的相对薄弱，因此劳动权利虽然被广泛提及，但相对来说施行力度尚浅。

因此，总体看来，我们对政治全球化最终为劳动权利带来的权益持怀疑态度。全球劳动权利制度的盛行，以及劳工认证和自愿"行为守则"的发展，暗示着那些更多参与全球组织的国家更有可能拥有改善劳动权利的条件。然而，其他因素却与之严重背离：劳动权利制度是相当薄弱的，所以劳动权利广泛认为难以实施。考虑到上述执行劳动保护上的操作困难，我们从法律上进行分离（decoupling）的实践。这就产生了以下假设：

假说2：政治全球化与劳动待遇呈负相关关系。

(二）社会全球化和劳工权利

社会全球化的潜在影响，被广义地定义为"思想、信息和人之间的传播"（Dreher & Gaston，2007：171），而这个定义也是有争议的，最关键的问题是难以界定哪种行为实际上是通过社会渠道传播的。全球化把人们在错综复杂而又相互依赖的网络中关联起来，鼓励人们传播价值观和思想，并能调动国际社会的积极性去防止或纠正有害事物的传播。这正是全球化在社会维度的展现："通过旅游和移民，以及信息的流动，思想交流和传播技术，通过电话、报纸、电台媒体、有线电视频道和互联网，导致更大范围的人与人之间的交流；而文化多样性所带来的沟通与凝聚力，也使得国际文化交流在促进和谐社会方面也发挥着越来越重要的作用"（Flaten & de Soysa，2012：625）。

通过上述渠道，行为和观念的扩散可能会产生许多积极的结果。例如，个人正当权利就得到了普遍的规范性支持；事实上科尔（Cole，2012b：941）指出："人权准则代表着一个高度多样化和差异化国际社会的集体意识。"沿着这样的思路，实证研究表明，通过全球化传播的社会准则与对个人正当权利的保护情况呈正相关关系，如从酷刑或任意监禁中解放出的自由一般（de Soysa & Vadlamannati，2011）。

不过，即使标准的个人正当权利地位可能相当的牢固（Cole，2012b），但个人正当权利并不能等同于集体劳动权。对于培力劳动者的"使权"，如集体谈判权与自由结社权（Rodríguez-Garavito，2005），是相当模棱两可的。就如康（Kang，2012：5）所说，劳工团体经常尝试将他们的维权表现为"人权"运动以劝说国家来提高劳工境遇，但这种尝试难以成功，因为"工会维权运动，并不处理个人正当权利和公平问题，这些问题得到了国内外民众的响应"。

此外，鉴于西方思维在全球范围的盛行，社会关系可以说被转换成了"以个人主义而非集体主义为重心的规范"，这"使集体组织的处境更为艰难"（Dreher & Gaston，2007：176；也请参看 Ebbinghaus，2002）。与其说这些规范维护了劳动权利，不如说他们的传播可能是新自由主义的融合，这削弱了共产主义价值观中作为集体劳动权的基础的权利：平等和团结。因此，社会全球化可能催生出一个更为松散的、集体劳动权薄弱的劳动力市场（Rodrik，2011；Stiglitz，2002）。事实上，德雷赫和加斯顿（Dreher & Gaston，2007：180）发现"全球化在社会维度上对经济合作与发展组织的联盟成员资格产生了不利影响"。所以，虽然社会一体化可能意味着增加了人身自由和客观正当权利，但同时它也隐含着较低水平的集体劳动权。

总的来说，即使社会渠道表面上能够促进劳动权利的发展，但它更像是一个新自由主义的通道，其对劳工的影响是更加难以捉摸的。在某种程度上，社会全球化用更多"市场友好"的新自由主义规则取代了集体劳动权的规则，这样做会削弱对集体谈判权的保护程度。这引出了我们的下一个假设：

假说3：社会全球化与劳动待遇呈负相关关系。

四、研究策略

为了检验我们对全球化和劳动权利之间关系的假设，我们采用一种以时间为序、以横截面研究为基础的研究策略。由于全球化在发展中国家对劳动权利的潜在影响是极具争议的（Mosley & Uno，2007），因此我们主要分析这些国家。我们得到了共计92个国家在1986年至2002年期间的数据。[①]

（一）劳动实践和法律

因为因变量的关系，我们把焦点放在工人的集体权利上。这其中就包括

---

① 此时间段表示文中提及的劳动权利的数据仅适用于这些年份。

结社自由、集体谈判以及罢工的权利——这些都是被国际劳动组织承认的核心集体劳动标准。在这项研究中，我们感兴趣的是确定全球化所影响的所有劳动权利制度的程度，即法律保护对劳工和劳动实践的具体程度。因此这里包括了两种独立的变量：一是劳动法律，其衡量的是在法律上合法的劳动权利的需求；二是劳动实践，其揭示了对劳动权利尊重的实际水平。这些测算方式来自于莫斯利（Mosley, 2011a；也请参看 Mosley & Uno, 2007）的劳动权利指数，用这些指数跟库切拉（Kucera, 2002）的模板一同测算六个门类 37 种侵犯劳动权利的行为。六个门类分别是：（1）拥有结社和集体谈判的自由；（2）拥有成立和加入工会的权利；（3）允许进行其他"工会活动"，例如自由选举领导人；（4）拥有集体谈判权；（5）拥有罢工的权利；（6）上述权利是否在出口加工区有所限制（EPZs）。劳动权利的侵犯行为一旦被相关报告定性，此行为将会根据情节的严重程度加重刑罚，而相关报告则来自于三种不同来源的劳动标准的报告——包括美国国务院年度人权报告，国际劳工组织专家委员会公约建议的应用（CEACR）和自由联盟委员会（CFA）的报告，及国际自由工会联盟（ICFTU）对侵犯工会权利的年度调查。

劳动实践的测量包括了不同类别的侵权行为，此行为与各个国家内的公司行为紧密相连。案例包括工会成员失踪，工会成员的解雇，或者工会缺少财务控制。劳动法测量囊括了现行法律关于劳动权利的各种侵权，例如禁止罢工的法律，拒绝集体谈判的权利，或者只允许一个带有工业部门的工会。综合性的劳动待遇指标意在指出劳动权利在一个国家内被侵犯的程度，然而劳动法律测量则是去评估各国关于劳动保护的国际法律标准的分歧程度。两者的数据都被倒置，数值更高的表示对劳动更加尊重①。

（二）全球化

我们为测算社会、政治和经济全球化，运用 KOF 全球化指数这一方

---

① 在国家数据样本中：劳动行为从 0 到 27.5，劳动法律从 0 到 28.5。包括数据及其相互间的权重信息在内的完整列表见附录表 AI。

法。KOF 测算是由 Axel Dreher（2006；Dreher & Gaston，2008）发展而来的，且大约有 100 多篇同行评议的文章和工作文件都运用了这一方法，这些文章和文件所属的领域大多数为经济学和政治学①。这些指数在某些方面有着优势。第一，它们提供了第一也是唯一的就社会和政治一体化的综合数据。虽然一体化的许多种类的影响是广为人知的，且测算它们对国家行为的预期影响可以追溯到欧洲政治一体化的早期研究（Deutsch et al.，1957；也请参看 Blanton，2006），这仍是每年最早的数据，并且该数据覆盖了诸多国家的现状（de Soysa & Vadlamannati，2011；Flaten & de Soysa，2012）。

相较于可替代的其他指标，每一个 KOF 指数与多个指标一起提供更完整的测量②。这有助于解决塑造全球化的多个方面这一主要难题——然而许多单独测量的方法紧密依赖，使得他们很难去测量一个单独的模型，并且会忽略掉其中的变量或者影响程度，这将会导致最后测得的数值不够完整。这种总体性的运用能够为我们提供更加"起决定性作用的"范围，其中就包含着全球化的诸多优势（Dreher, Gassebner & Siemers, 2012：517），这种运用就比通过评估单一方面的方法要更为可行。考虑到全球化的个别方面的研究已经揭露出了一种混合的结果，这将为完整的全球关系网及相互之间的依存度以何种方式影响社会提供更具决定性的见解。就这点而论，这些方法不能只是去帮助和理解此领域的一些不同的研究结果，同时更要去提供方法和见解，让国家和社会在更广阔的社会和文化环境下交互协作。

比如说政府间的组织，常被用作政治全球化的一个代理组织（例如，Hafner-Burton，2009）。虽说这种方法在某种程度上能体现出一个国家参加了一些组织，但它不能反映出这个国家在这些组织里面的活跃度，或者这个国

---

① 除这里被引用的一些研究之外，更多更广泛地运用了 KOF 方法的已发表的文章可以参考这个网站：http://globalization.kof.ethz.ch/papers/。

② 相比较于 KOF 指数，可替代的全球化指标及其缺点可以参见 de Soysa & Vadlamannati (2011)。

家是否与其他国家建立了政治关系。与此相反，政治全球化的 KOF 指数不仅包括了国际组织，还包括了其他与政治联系相关的特征信息，比如国家内的外国使馆的数量、签署批准的条约协议的数量，以及在联合国安全理事会所参与的任务数等。

社会全球化指数代表了跨越国界的信息与思想的流动性。虽然大家早已注意到全球化的社会维度在全球关系中扮演着重要的角色（Keohane & Nye, 1979），但实证研究却指出这一维度"毫无疑问是最难掌控的"（Dreher & Gaston, 2007: 171）。为了提供一个全面的指标来反映这些关系，社会全球化指数将一系列人们跨越国界交流互动的信息纳入进来。这些信息包括了个体之间的接触，比如电话、国际信件、国际旅游、国内居住的外国人或出生在外国的居民数量以及无偿的经济转移。该指数还包括通过互联网和电视的信息流数据，以及贸易中"与文化相关"（Blanton, 2006）的商品，如书籍和报纸等。同时，该指数也涵盖了如何将麦当劳和宜家作为西方文化代表来进行展示的方法。虽然这可能显得有些奇怪，但这些公司，不论好坏，都是西方文化的显著象征。事实上，"对许多人而言，麦当劳在全球范围内生根发芽就是一种全球化"（Dreher & Gaston, 2008: 20; Barber, 1995）。这个 KOF 指标范围从 0 到 100，从小到大代表着越高程度的全球化。①

经济全球化当然是与劳动权利的研究有关，即像贸易和外商直接投资这样的各种经济类型之间的互动，已被证明将影响劳动权（Blanton & Blanton, 2012; Mosley, 2011a; Mosley & Uno, 2007）。KOF 经济全球化指数试图估计一个国家与外国合作伙伴在贸易和资本上相互作用的程度。它包括了商品与服务的进出口数据、内外部的外商直接投资股票和投资组合的数据以及外国投资收入数据。该指数还捕捉到了一个不包括在传统经济措施里的贸易与投资的要点：主要是关于贸易和资本流动限制，如进口壁垒、最低关税税率、国际贸易税收以及资本账户限制。因此，它描绘出了经济互动的模式以及国

---

① 这些指数所选用的方法均包含在附录表 AII 里。

家促进或阻碍这些因素相互作用的程度。①

(三) 控制变量

除了将社会、政治和经济措施纳入全球化指数之外，还存在其他可能影响劳动权利的因素。首先，由于高债务水平预示着国际投资者和金融机构压力的增加，包括私人银行以及国际货币基金组织和世界银行在内的机构都面临压力，因此由国家持有的外债可能会影响劳动权利。尽管国际货币基金组织和世界银行都不是外债的唯一持有人，但由于美国的压力，尤其是伴随结构调整政策所带来的压力，都使得格局对劳动权益很不利（Abouharb & Cingranelli, 2007; Blanton, Blanton & Peksen, 2015）。这里的外债为外债总额占国内生产总值的百分比。②

鉴于其在全球劳动权利制度中的核心地位，我们有理由相信，国际劳工组织公约的正式批准可能会影响劳动权利，因为许多基本公约直接与上述集体谈判和结社自由等权利相关。事实上，有研究表明，这些核心公约被批准通过所带来的结果预示着有利劳动权被批准的可能性，如增加失业救济金（Kim, 2010）和增加社会福利支出（Strang & Chang, 1993）。另外，有时存在私下协议的情况（Hathaway, 2002; Simmons, 2009），也就是说，国家可能并不是"真心实意"想批准那些公约，只不过是为了让这些公约代替真正的劳动权利改进制度。在这些公约与劳动权的相关性不变的情况下，我们仍把国际劳工公约作为控制变量，这样那些公约就包含在由政治全球化指数涉及的更为广泛的协议中了。并且，国际劳工组织公约这一变量是代表着由每

---

① 在研究中，考虑到因为社会和经济指标之间有高度相关性（.85），一般综合KOF指数的做法是将三个维度的全球化分别模型化。然而，当我们使用经济指标作为控制变量来运行社会和全球化模型时，发现下面报告的结果并没有发生改变。

② 鉴于国际货币基金组织和世界银行所起的特殊角色，我们在运行模型时采用一个虚拟变量来表示在某特定年份的一个国家是否处于结构调整计划中。但该虚拟变量并未改变后续的报告结果。外债的数据来自于世界发展指数（World Bank, 2012）。

个国家签署的"基础"核心公约的累积数量的一个序数指数。①

国内一些政治、经济因素也可能影响到劳动权利。具有较高民主水平的国家更倾向于保护集体劳动权（Neumayer & de Soysa, 2007）。为了控制这些政权因素，我们将处于民主制度统治下的政体 IV 指数也纳入模型中（Marshall, Jaggers & Gurr, 2007）。这一方法检验了联合民主与一个特定的专制国家之间的差异，并且我们已重新调整分数：从 0 分表示完全专制，到 21 分代表完全民主。

同理，经济较发达的国家对劳工权利的尊重程度有可能越高（Greenhill et al., 2009; Mosley & Uno, 2007）。因此，模型中也包括了人均国内生产总值（按记录）用以衡量国民收入。数据来源于世界发展指数（World Bank, 2012）。发展中经济体将提供更多的政治参与机会，而工人也可能因此要求享受更高水平的劳动权利（Mosley & Uno, 2007）。集体劳动权利受到侵犯的事件在人口较多的国家里呈上升趋势（Mosley & Uno, 2007），这表明密集人口将使得这样的侵犯事件发生概率增级。这些人口数据是从世界发展指数（World Bank, 2012）获得的。在一些发生过内战的国家，其工人的劳动权利也受到过损害（Greenhill et al., 2009）。从乌普萨拉冲突资料项目/国际和平研究所和奥斯陆（UCDP/PRIO）关于武装冲突的资料中可以获得包含了内战因素在内的数据，且此数据资料被重新编码成为虚拟变量以表示发生内战的中级或更高级强度。② 劳动权利的规范基准也许正在传播，因为各国都在效仿其邻国的劳动待遇。所以我们加入了一个可以表示一个国家地理区域内的平均劳动权利分数的衡量方法（Greenhill et al., 2009）。最后，为了考虑在不同时间内劳动权利的总体变化，我们还囊括了一个全球劳动权利

---

① 虽然国际劳工组织在政治全球化指数上的测量有一些潜在的重叠之处，但两者之间的二元相关性（.44）并不显著。此外，将国际劳工组织的测量从模型中剔除后，并没有改变实证结果。国际劳工组织变量的数据是从 NORMLEX 数据库得到的，可在 http://www.ilo.org/dyn/normlex/en/f? p = 1000: 12001: 0: NO 上查询。

② 奥斯陆国际和平研究所关于武装冲突的数据可参考网站: http://www.prio.no/CSCW/Datasets/Armed-Conflict/。

变量，这其中包括某一给定年份的平均劳动权利分数。

（四）分析方法

我们用截面时间序列来评估全球化和劳动权利之间的关系。为了增加我们的评估可靠性，我们把这些数据放在一个无偏数据集里，以此去弥补这些年中每个国家缺失数据的差异，进而在分析时最大化案例的数量（Globerman & Shapiro，2003）。

虽说我们的注意力放在全球化对劳动权利的影响上，不过这或许也是关于劳动实践和劳动法律影响着一个国家在全球秩序下一体化的案例。比如，一些对经济全球化的研究指出，劳动条件影响着一个国家对经济全球化的其他方面（Blanton & Blanton，2012；Mosley & Uno，2007），诸如外商自己投资和贸易的吸引力。然而劳动权利对全球化的其他方面的预期影响还未被证实，要想证实的话，也许有着更低（或者更高）劳动权利水平的国家在全球秩序下变得更全面的案例比较理想。

考虑到这些问题，我们测量了劳动权利和三个全球化指标之间的互惠关系。具体来说，我们运用两阶段最小二乘模型，并且加入一个综合的劳动权利测算方法（其中包括劳动法律和劳动实践）作为我们的因变量。[①] 我们之后用伍德里奇（Wooldridge，1995）的稳健性测试进行了内生性检验。[②] 结果显示三个全球化指数都有内生性问题。所以我们运用两阶段最小二乘模型去构建三个全球化指数。[③]

在跨国界研究中，把国内因素考虑进去是很常见的做法，或者用固定效

[①] 我们运用两个变量作为工具变量：一个区域全球化指数（一个特定国家区域内的全球化平均指数数值），这一工具常被用于 KOF 测量（de Soysa & Vadlamannati，2011），以及记录在案的石油收入。后者与政治和经济全球化正相关，与社会全球化负相关（Ross & Voeten，2013），并且它与劳动权利不关联。使用伍德里奇（Wooldridge，1995）的过度识别测试，发现两者都是有效的工具变量。

[②] 这个测试使用 Stata 13 中"estat endogenous"命令运行。

[③] 考虑到异质性，我们同样也运用了稳健标准误，聚类标准是每一个国家分组。

应来降低可能的变量偏差。然而对这种固定效应的运用或多或少会有争议，尤其是它可能会降低自由度，同时它可能在变量方面产生对结果的遮蔽作用，这些变量随着时间推移的变化是十分缓慢的（Beck & Katz, 2001；Plumper & Troeger, 2007；也请参看 Bartels, 2008）。此外，由固定效应模型所得到的一些实质性结论与那些从随机效应模型中获得的结论是完全不同的，因为固定效应里的系数所呈现的是国家内的变化而非随机效应模型下不同国家之间的区别变化。为了控制潜在的消失变量差异，为全球化和劳动权利的关系提供更为实际丰富的解释，我们的报告包括了固定和随机效应两种模型。① 因此本文的研究结果更能完整地"构架"出全球化和劳动权利之间的关系，这归因于我们把这种想法推及更广阔的空间：全球化如何在一个国家内影响劳动权利（例如，在一个特定的国家内，增加的社会全球化是否与劳动实践和劳动法的衰落存在相关性？），以及全球化如何跨国界地影响劳动权利（例如，有着比平均值更高的社会全球化的国家是否有着非常糟糕的劳动实践/劳动法？）。我们在同一表格中包含了所有的模型，这将更为方便地去比较全球化每一个方面的具体影响。

五、发现和讨论

表 1 所示的就是政治、社会和经济全球化对劳动实践以及劳动法律的影响。我们在每一种模型下都分别使用了固定效应变量和随机效应变量，得出了总计 12 种不同的回归。② 涉及模型中的总体形式，我们发现了关于分离的一致证据。也就是说，政治、社会和经济的全球化和劳动实践呈现出非常紧密的负相关性，但没有任何系数显示对劳动法律产生显著影响。

---

① 考虑到劳动法律和劳动实践行为之间存在着路径依赖式的天然属性，以及对自关性处理的需要，我们同样在随机效应模型中放置了一个延后依赖的变量。

② 表的底部报告了每个模型的拟合度统计量。对各模型的观察数量会由于数据可行性而有轻微变化。模型中的变量和他们的双变量相关分析的描述性统计资料都放在了附录表格 AIII 和 AIV。

表 1 全球化与劳动权利

自变量	劳动待遇 模型 1	劳动待遇 模型 2	劳动法 模型 3	劳动法 模型 4	劳动待遇 模型 5	劳动待遇 模型 6
政治全球化	.167 (.049)**	-.189 (.044)**	.08 (.091)	-.073 (.053)		
社会全球化					-.069 (.031)**	-.242 (.049)**
经济全球化						
滞后 DV	.571 (.049)**		.665 (.039)**		.572 (.032)**	
核心 ILO 公约	-.494 (.316)	.14 (.166)	-.010 (.205)	0.104 (.148)	-.096 (.066)	.042 (.120)
区域内同行	.36 (.215)**	.29 (.091)**	.255 (.125)**	.231 (.086)**	.12 (.039)**	.117 (.093)
外债	-.001 (.002)	-.002 (.002)	.000 (.001)	.004 (.002)**	.001 (.001)	-.005 (.001)**
收入	-1.121 (.833)	2.000 (1.333)	-.457 (.494)	.275 (1.692)	.323 (.291)	2.3334 (1.270)*

自变量	劳动法 模型 7	劳动法 模型 8	劳动待遇 模型 9	劳动待遇 模型 10	劳动法 模型 11	劳动法 模型 12
政治全球化						
社会全球化	-.039 (.032)	-.092 (.070)				
经济全球化			-.146 (.076)*	-.247 (.062)**	-.052 (.049)	-.093 (.074)
滞后 DV	.667 (.046)**		.554		.666	
核心 ILO 公约	.093 (.069)	.065 (.130)	-.246 (.112)**	.095 (.168)	-.020 (.064)	.061 (.159)
区域内同行	.137 (.033)**	.165 (.114)	.068 (.065)	.06 (.102)	.113 (.037)**	.13 (.123)
外债	.001 (.000)	.003 (.001)	.005 (.003)	-.003 (.002)*	.003 (.002)*	.004 (.002)**
收入	.287 (.306)	-.383 (1.762)	.926 (.662)	1.251 (1.372)	.359 (.420)	-.311 (1.753)

续表

自变量	劳动待遇			劳动法			劳动待遇			劳动法			劳动待遇			劳动法	
	模型 1	模型 2	模型 3	模型 4	模型 5	模型 6	模型 7	模型 8	模型 9	模型 10	模型 11	模型 12
经济增长	.004	.044	-.017	-.008	.024	.024	-.007	-.016	.041	.051	.004	-.008
	(.027)	(.025)*	(.019)	(.019)	(.019)	(.021)	(.013)	(.018)	(.027)	(.026)**	(.016)	(.023)
人口	-1.539	.606	-.744	-2.927	-.542	-3.425	-.270	-4.493	-.711	-4.127	-.334	-5.542
	(.977)	(2.861)	(.589)	(2.433)	(.109)**	(2.154)	(.094)**	(1.860)**	(.182)**	(2.223)*	(.116)**	(1.929)**
民主	-.063	.044	-.016	.117	.009	.003	.020	.101	.025	.031	.036	.129
	(.052)	(.041)	(.036)	(.034)**	(.027)	(.044)	(.027)	(.035)**	(.037)	(.051)	(.026)	(.035)**
南北战争	.190	-.205	.301	.365	-.460	-.172	-.031	.379	-.617	.081	-.020	.427
	(.561)	(.436)	(.387)	(.356)	(.291)	(.461)	(.247)	(.382)	(.445)	(.556)	(.028)	(.405)
劳动权趋势	.006	-.131	.018	-.067	-.2244	.129	-.099	-.065	-.306	-.046	-.122	-.022
	(.183)	(.116)	(.123)	(.133)	(.094)**	(.115)	(.088)	(.136)	(.116)**	(.113)	(.104)	(.123)
N	1139	1204	1139	1204	1139	1204	1139	1204	1080	1142	1080	1142
R²	.276	.564	.500	.607	.501	.585	.550	.609	.397	.541	.532	.609
Wald chisquare	380**	414**	739**	172**	662**	1587**	1423**	602**	371**	595**	968**	565**
国家虚拟变量	否	是	否	是	否	是	否	是	否	是	否	是

在谈到全球化相互分离的评估方法时，我们全球化的三种评估方法和劳动实践之间存在着高度的一致性。换句话说，在六个劳动实践模型中，有五个模型均显示全球化与劳动权利之间有着紧密的负相关性。政治、社会和经济全球化在所有三种固定效应的模型中也与劳动实践存在着紧密的负相关性（模型2，模型6和模型10），这就意味着当一个国家的政治和经济与全球化更为紧密结合并且对全球信息和文化交流更加开放的时候，其国内的劳动实践就更容易恶化。在三个随机效应的模型中，有两个模型（模型5和模型9）显示它们的劳动实践正非常严重地朝不利方向发展，这告诉我们有着更高水平社会和经济全球化的国家存在着比其他国家更为糟糕的劳动实践。也就是说，一个国家如果参与的全球经济越多、进行的文化交流越多，那么它就更容易滋生糟糕的劳动实践。同时，没有一个全球化对劳动法产生了深刻的影响，因为六个模型中的相关系数在统计学意义上都不够显著。这就是说全球化的恶性影响在它对劳动实践的影响上最为明显，并且各国在应对全球化时宁可放松他们执行现行法律的程度，也不愿为了劳动权利而直接削弱法律制度。

这意味着全球化对劳动待遇的影响最为明显，各国对全球化所做出的反应是放松他们对现有法律的执行力度，而不是直接破坏有关劳动权利的法律制度。

表2提供了进一步深入了解全球化影响劳动待遇的方式。表中第三列专门列出了在其他变量处于最小值不变情况下，劳动待遇与在各自的全球化指数中单一标准差相关变动情况的百分比。总体上看，结果表明这种影响的程度是相当可观的——其变动幅度从4%到15%。通过这样的比较，在模型中，例如区域内同行和人口范围的标准差产生了从4%到5%的变化，这样的控制变量的影响仍是显著的。因此，政治、社会和经济全球化对劳动待遇存在重大的负向影响。

另一个清晰的模式是，在固定效应模型中的变量系数值是远远大于随机效应模型的。国家内的社会全球化效应几乎是国家间效应的四倍。与此类似，经济全球化在固定效应变量中的幅度明显是随机效应的几乎两倍之多。这显示出一个相当明显的区别：全球化和劳动待遇之间的关系是如何变化的，尤其是在国家内的全球化影响。即全球化对国家内劳动待遇的影响是远远超过了对国家间劳动待遇影响的。这也暗示着全球化趋势对国内劳动损害的影响非常之大，因为它影响的是国家、劳工和雇主之间的权力关系。

表2 变量系数值：全球化和劳动待遇

关键变量	是否为固定效应	系数值
政治全球化	是	13.75
社会全球化	否	4.38
社会全球化	是	15.29
经济全球化	否	8.47
经济全球化	是	14.30

* 全球化指数对劳动待遇影响评分中1个标准差变化所对应的百分比。

虽然我们主要的关注点是关于全球化的影响，但我们的研究也观察了劳动权利是如何传播的问题。特别是其中的一个稳健控制变量，它是区域性的，这将显著地使得12个模型中的7个模型里的劳动待遇和法律正相关。这意味着国家可能受到邻国劳动权利体系的影响，从而模仿邻国的劳动法律和惯例（Mosley & Uno 2007；也请参看 Meyer et al. 1997）。沿着这些思路来说，与其他权利和惯例不同，劳动待遇可能存在传播性（Simmons, Dobbin & Garrett, 2007）。然而，国际劳动法即劳工组织公约带来的可能的影响并没有那么令人振奋。事实上，国际劳工组织的核心公约变量除了在一个模型里显著，在其他模型中均不显著。

在其他控制变量中，我们在民主和劳动法的每一个固定效应模型中发现存在正相关关系（模型4、模型8和模型12）。

这意味着在国家内达到更高水平的民主与劳工保护相关的法律进步是相互关联的。简而言之，促进民主化会提高对集体谈判权保护的法律要求。不过，这些改善后的影响在劳动实践中并不明显，因为在余下的任何模型中，民主并没有和改良后的劳动实践有直接的相关性。

总结

通过检验全球化和劳动权利之间的关系,我们力求在一个以往文献意见不一的领域,提供更广阔的视角。现有的文献发现,政治和经济全球化的几个单一维度,例如贸易,外商直接投资,或者一些单独的条款和协议,对劳动权利具有不同的影响(例如,Blanton & Blanton,2012;Cole,2013;Mosley & Uno,2007)。与此相反,旨在评估全球化影响的研究发现,其与多种正向结果有联系,比如尊重人身自由权(personal integrity rights)和经济增长(de Soysa & Vadla-mannati,2011;Dreher,2006)。基于这两类研究,我们评估了政治、社会和经济全球化对劳动权利的影响,特别是对劳动权利的法律保护以及在实践中这些权利被尊重的程度。

综上,我们的发现支持了我们的假定。我们发现所有的三种全球化都与国家内劳动待遇水平的下降有直接关系。也就是说,国家的政治、社会、经济在全球系统中的融合程度越高,集体劳动权利受到侵犯的数量就会提高。其中,在社会和经济全球化这两种形式中,我们同样发现比起那些社会经济全球化程度不高的国家,全球化程度更高的国家却有着更糟糕的劳动实践。然而,我们却无法找到任何数据能够证明全球化对劳动法律有影响。

在制度主义和全球社会学的体系下,尤其是用国际准则和惯例的眼光来看待问题时,我们的实证结果显示:集体劳动权利在国际秩序下处于一种"危险的境地"(Kang,2012)——就像国际自由工会联合会在2001年时说的那样,"有一些自相矛盾的情况发生在国际社会对国际劳工的官方标准和实际标准上"(Kang,2012:2)。尽管我们对集体劳动权利的认知已不再那么肤浅,但对这些权利的实际支持和帮助仍然不够。我们发现,一些证据表明劳动权利的规范在扩散传播,这也许是因为各国为了竞争而效仿其他国家的劳动权利法律和劳动实践。然而研究显示,我们全球化不同方面之间的秩序规范的传播也许更能反映新自由主义的规范,这种秩序规范能削弱劳动权利在实践中被保护的程度。

由于我们并不能假设全球准则、制度及其相互作用一定能有助于劳动权利的实现，所以工会或者其他能够为集体劳动权利提供保护支持的组织也许需要在劳动群体的"边缘"（Chun，2011）上组织活动，也就是说要触及一些诸如移民或妇女这些边缘化群体。另外，成功维护劳动权利还可以借鉴历史上的成功案例或分区域进行，这需要维护这些权利的部门和个人提供大力扶持（Kang，2012；Murillo & Schrank，2005），此外，意识的提升也很重要，也就是要求我们去了解那些能够促进集体劳动权利发展的具体活动。

最后，我们的结果表明，社会和政治一体化并不是所有权利的万能药。虽然说跨国劳工组织的工作取得了一定的进展和成功，并且国际劳工组织公约也得到了广泛认可，但是新自由主义的秩序规范也许在全球化方面比集体劳动权利更为流行（例如，Fourcade-Gourinchas & Babb，2002；Henisz, Zelner & Guillen，2005）。正如全球化不应该因为一个国家的所有弊病而受到指责，它也不能因为其对全球文化、社会和政治秩序的开放而被过度期待成所有权利落地的灵丹妙药。尤其是当把全球准则和制度的传播扩散作为社会和政治一体化的考量方式之一时，也许对集体劳动权利来说是一把双刃剑。正如尊重个体权利的秩序规范也许在全球系统中传播，同样，也有非常多的有关劳动"灵活性"以及拒绝基本集体劳动权利的秩序规范在传播。总体说来，我们认为，虽然有关"探底竞赛"的论据——通常被看作是这一领域的"最佳稻草人"（Mosley，2011a：9）——也许过于简单，但它在解释全球化对社会影响时具有一定合理性，此外，全球化的积极效应也并不必然会外溢到社会、政治和经济一体化的其他领域中。

参考文献

1. Abouharb, M. Rodwan, and David L. Cingranelli, *Structural Adjustment and Human Rights*, Cambridge, UK：Cambridge University Press, 2007.

2. Apodaca, Clair, "Global Economic Patterns and Personal Integrity Rights After the Cold War", *International Studies Quarterly*，2001，45：3：587–602.

3. Barber, Benjamin, *Jihad vs McWorld: How Globalism and Tribalism Are Reshaping the World*, New York: Ballantine, 1995.

4. Bartels, Brandon, "Beyond Fixed Versus Random Effects: A Framework for Improving Substantive and Statistical Analysis of Panel, Time-Series Cross-Sectional, and Multilevel Data", Retrieved September 8, 2014 (http://home.gwu.edu/~bartels/cluster.pdf).

5. Bartley, Tim, "Institutional Emergence in an Era of Globalization: The Rise of Transnational Private Regulation of Labor and Environmental Conditions", *American Journal of Sociology*, 2007, 113: 2: 297 – 351.

6. Beck, Nathaniel L., and Jonathan N. Katz, "Throwing Out the Baby With the Bathwater: A Comment on Green, Yoon and Kim", *International Organization*, 2001, 55: 2: 487 – 495.

7. Berliner, D., and A. Prakash, "From Norms to Programs: The United Nations Global Compact and Global Governance", *Regulation & Governance*, 2012, 6: 2: 149 – 166.

8. Blanton, Robert, "Bringing the 'Community' Back In Integration, Conflict, and Cooperation", *Cooperation and Conflict*, 2006, 41: 1: 31 – 52.

9. Blanton, Robert, and Shannon Blanton, "Labor Rights and Foreign Direct Investment: Is There a Race to the Bottom?", *International Interactions*, 2012, 38: 3: 267 – 294.

10. Blanton, Robert, Shannon Blanton, and Dursen Peksen, "The Impact of IMF and World Bank Programs on Labor Rights", *Political Research Quarterly*, 2015, 68: 2: 324 – 336.

11. Brown, Drusilla K., Alan V. Deardorff, and Robert M. Stern, "Labor Standards and Human Rights: Implications for International Trade and Investment", in Zdenek Drabek and Mavroidis, Petros C. (eds.), *Regulations of Foreign Investment: Challenges to International Harmonization*, pp. 153 – 195, Hackensack, NJ: World Scientific, 2011.

12. Bussmann, Margit, and Gerald Schneider, "When Globalization Discontent Turns Violent: Foreign Economic Liberalization and Internal War", *International Studies Quarterly*, 2007, 51: 1: 79 – 97.

13. Caraway, Teri, "Labor Rights in East Asia: Progress or Regress?", *Journal of East Asian Studies*, 2009, 9: 1: 153 – 186.

14. Chun, J. J., *Organizing at the Margins: The Symbolic Politics of Labor in South Korea and the United States*, Ithaca, NY: Cornell University Press, 2011.

15. Cole, Wade, "Human Rights as Myth and Ceremony? Reevaluating the Effectiveness

of Human Rights Treaties, 1981 to 2007", *American Journal of Sociology*, 2012a, 117: 4: 1131 – 1171.

16. Cole, Wade, "A Civil Religion for World Society: The Direct and Diffuse Effects of Human Rights Treaties, 1981 – 2007", *Sociological Forum*, 2012b, 27: 4: 937 – 960.

17. Cole, Wade, "Strong Walk and Cheap Talk: The Effect of the International Covenant of Economic, Social and Cultural Rights on Polities and Practices", *Social Forces*, 2013, 92: 1: 165 – 194.

18. Craven, Matthew C. R., *The International Covenant on Economic, Social, and Cultural Rights: A Perspective on Its Development*, Oxford: Clarendon Press, 1995.

19. de Soysa, Indra, and Krishna Chaitanya Vadlamannati, "Does Being Bound Together Suffocate, or Liberate? The Effects of Economic, Social, and Political Globalization on Human Rights, 1981 – 2005", *Kyklos*, 2011, 64: 1: 20 – 53.

20. Deutsch, K. W., S. A. Burrell, R. Kann, and M. Lee, *Political Community and the North Atlantic Area: International Organization in the Light of Historical Experience*, Princeton, NJ: Princeton University Press, 1957.

21. Dreher, Axel, "Does Globalization Affect Growth? Evidence From a New Index of Globalization", *Applied Economics*, 2006, 38: 10: 1091 – 1110.

22. Dreher, Axel, Martin Gassebner, and Lars H. R. Siemers, "Globalization, Economic Freedom, and Human Rights", *Journal of Conflict Resolution*, 2012, 56: 3: 516 – 546.

23. Dreher, Axel, and Noel Gaston, "Has Globalization Had No Effect on Unions?", *Kyklos*, 2007, 60: 1: 165 – 188.

24. Dreher, Axel, and Noel Gaston, "Has Globalization Increased Inequality?", *Review of International Economics*, 2008, 16: 3: 516 – 536.

25. Drori, Gili S., and Georg Krucken, "World Society: A Theory and a Research Program in Context", in Georg Krucken and Gili S. Drori (eds.), *World Society: The Writings of John W. Meyer*: pp. 3 – 35. Oxford: Oxford University Press, 2009.

26. Ebbinghaus, B., "Trade Unions' Changing Role: Membership Erosion, Organizational Reform, and Social Partnership in Europe", *Industrial Relations Journal*, 2002, 33: 5: 465 – 483.

27. Flaten, Ranveig, and Indra de Soysa, "Globalization and Political Violence, 1970 – 2008," *International Interactions*, 2012, 38: 3: 622 – 646.

28. Fourcade-Gourinchas, Marian, and Sarah Babb, "The Rebirth of the Liberal Creed: Paths to Neoliberalism in Four Countries", *American Journal of Sociology*, 2002, 108: 3: 533 – 579.

29. Globerman, Steven, and Daniel Shapiro, "Governance Infrastructure and U. S. Foreign Direct Investment", *Journal of International Business Studies*, 2003, 34: 1: 19 – 39.

30. Greenhill, Brian, Layna Mosley, and Aseem Prakash, "Trade-Based Diffusion of Labor Rights: A Panel Study, 1986 – 2002", *American Political Science Review*, 2009, 103: 3: 669 – 690.

31. Hafner-Burton, Emilie, *Forced to Be Good: Why Trade Agreements Boost Human Rights*, Ithaca, NY: Cornell University Press, 2009.

32. Hathaway, Oona A. , "Do Human Rights Treaties Make a Difference?" *Yale Law Journal*, 2002, 111: 8: 1935 – 2042.

33. Henisz, Witold, Bennet Zelner, and Mauro Guillen, "International Coercion, Emulation and Policy Diffusion: Market-Oriented Infrastructure Reforms, 1977 – 1999", *American Sociological Review*, 2005, 70: 6: 871 – 897.

34. Kang, Susan, *Human Rights and Labor Solidarity: Trade Unions in the Global Economy*, Philadelphia: University of Pennsylvania Press, 2012.

35. Keohane, Robert, and Joseph Nye, *Power and Interdependence*, Boston: Little-Brown, 1979.

36. Kim, Wonik, "The Ratification of ILO Conventions and the Provision of Unemployment Benefits: An Empirical Analysis", *International Social Security Review*, 2010, 63: 1: 37 – 55.

37. Krasner, Stephen D. , *Sovereignty: Organized Hypocrisy*, Princeton, NJ: Princeton University Press, 1999.

38. Kucera, David, "Core Labor Standards and Foreign Direct Investment", *International Labor Review*, 2002, 141: 1: 31 – 70.

39. Lim, Alwyn, and Kiyoteru Tsutsui, "Globalization and Commitment in Corporate Social Responsibility: Cross-National Analyses of Institutional and Political Economy Effects", *American Sociological Review*, 2012, 77: 1: 69 – 98.

40. London, Bruce, and Robert Ross, "The Political Sociology of Foreign Direct Investment: Global Capitalism and Capital Mobility, 1965 – 1980", *International Journal of Comparative Sociology*, 1995, 36: 2: 198 – 218.

41. Marshall, Monty, Keith Jaggers, and Ted Gurr (2007), "Polity IV Project", Center for Systemic Peace, Retrieved January 15, 2014(www.systemicpeace.org/polity).

42. Meyer, John W., "Globalization: Sources and Effects on National States and Societies", *International Sociology*, 2000, 15: 2: 233 – 248.

43. Meyer, Ohn, John Boli, George M. Thomas, and Francisco O. Ramirez, "World Society and the Nation-State", *American Journal of Sociology*, 1997, 103: 1: 144 – 181.

44. Mosley, Layna, *Labor Rights and Multinational Production*, Cambridge, UK: Cambridge University Press, 2011a.

45. Mosley, Layna, "Taking Labor Rights on the Road? Multinational Firms and the Transmission of Best Practices", Transnational Integration Regimes Workshop, European University Institute, April, 2011b.

46. Mosley, Layna, and Saika Uno, "Racing to the Bottom or Climbing to the Top?", *Comparative Political Studies*, 2007, 40: 8: 923 – 948.

47. Murillo, Victoria, and Andrew Schrank, "With a Little Help From My Friends: External and Domestic Allies and Labor Rights in Latin America", *Comparative Political Studies*, 2005, 38: 8: 971 – 999.

48. Neumayer, Eric, and Indra de Soysa, "Globalisation, Women's Economic Rights and Forced Labour", *The World Economy*, 2007, 30: 10: 1510 – 1535.

49. Perkins, Richard, and Eric Neumayer, "Does the 'California Effect' Operate Across Borders? Trading-and Investing-Up in Automobile Emission Standards", *Journal of European Public Policy*, 2012, 19: 2: 217 – 237.

50. Plumper, Thomas, and Vera E. Troeger, "Efficient Estimation of Time-Invariant and Rarely Changing Variables in Finite Sample Panel Analyses With Unit Fixed Effects", *Political Analysis*, 2007, 15: 1: 124 – 139.

51. Pevehouse, J., and B. Russett, "Democratic International Governmental Organizations Promote Peace", *International Organization*, 2006, 60: 4: 969 – 1000.

52. Rodríguez-Garavito, Cesar, "Global Governance and Labor Rights: Codes of Conduct and AntiSweatshop Struggles in Global Apparel Factories in Mexico and Guatemala", *Politics & Society*, 2005, 33: 1: 203 – 233.

53. Rodrik, Dani, "The Future of Economic Convergence", Jackson Hole Symposium of the

Federal Reserve Bank of Kansas City, August, 2011.

54. Ross, Michael L., and Erik Voeten (2013), "Oil and Unbalanced Globalization", Working paper, Retrieved April 5, 2015(http://ssrn.com/abstract = 1900226).

55. Schrank, A., "Ready-to-Wear Development? Foreign Investment, Technology Transfer, and Learning by Watching in the Apparel Trade", *Social Forces*, 2004, 83: 1: 123 – 156.

56. Seidman, G. A. Y. W., *Beyond the Boycott*, New York: Russell Sage Foundation, 2007.

57. Sen, Amartya, *Development as Freedom*, New York: Knopf, 1999.

58. Silver, Beverly J., *Forces of Labor*, New York: Cambridge University Press, 2003.

59. Simmons, Beth, *Mobilizing for Human Rights*, New York: Cambridge University Press, 2009.

60. Simmons, Beth, F. Dobbin, and G. Garrett, "The Global Diffusion of Public Policies: Social Construction, Coercion, Competition, or Learning", *Annual Review of Sociology*, 2007, 33: 449 – 472.

61. Singh, A., and A. Zammit, "Labour Standards and the 'Race to the Bottom': Rethinking Globalization and Workers' Rights From Developmental and Solidaristic Perspectives", *Oxford Review of Economic Policy*, 2004, 20: 1: 85 – 104.

62. Stiglitz, Joseph, *Globalization and Its Discontents*, New York: Norton, 2002.

63. Strang, David, and Patricia Chang, "The International Labor Organization and the Welfare State: Institutional Effects on National Welfare Spending, 1960 – 1980", *International Organization*, 1993, 47: 2: 235 – 262.

64. Vogel, David, "Private Business Global Regulation", *Annual Review Political Science*, 2008, 11: 261 – 282.

65. Whelan, Daniel, and Jack Donnelly, "The West, Economic and Social Rights, and the Global Human Rights Regime: Setting the Record Straight", *Human Rights Quarterly*, 2007, 29: 4: 908 – 949.

66. Wooldridge, J. M., "Score Diagnostics for Linear Models Estimated by Two Stage Least Squares", in G. S. Maddala, P. C. B. Phillips and T. N. Srinivasan (eds.), *Advances in Econometrics and Quantitative Economics: Essays in Honor of Professor C. R. Rao*: pp. 66 – 87. Oxford: Blackwell, 1995.

67. World Bank (2012), World Development Indicators, Retrieved February 15, 2014 (http://www.worldbank.com).

68. Wotipka, Christine, and Kiyoterru Tsutsui, "Human Rights and State Sovereignty: State Ratification of International Human Rights Treaties, 1965-2001", *Sociological Forum*, 2008, 23: 4: 724-754.

69. Zhou, Min, "The Efficacy of Regional Trade Agreements, 1958-2006: The Effect of Institution Creation on Market Expansion", *Sociological Forum*, 2015, 30: 3: 721-742.

附录

表 AI 劳工权利编码方案（Mosley & Uno, 2007）

类型	描述	权重（有观测值的情况下）
社交自由/与自由相关的集体谈判		
事例	遭遇谋杀或失踪的工会成员、组织者	2
事例	其他针对工会成员、组织者的暴力行动	2
事例	逮捕、拘留、监禁或被迫停止的工会关系或活动	2
事例	干涉联盟、示威、自由观点或自由表达的权利	2
事例	侵占或破坏联盟的承诺或财产	2
建立和加入工会和工人组织的权利		
法律	常规禁令	10
事例	社会经济崩溃造成的一般情况	10
法律	先前的授权请求。除非被认为是由劳工组织认定的，否则不包括要求工会在政府处登记的请求	1.5
事例	非隶属工会的就业条件	1.5
事例	解散或中止工会会员资格或活动。包括罢工活动的终止	1.5
事例	雇主的干涉（试图支配工会）	1.5
事例	行政权力对工会进行解散或中止	2
法律	仅有工人委员会和劳工局允许	2
法律	只有国家资助或其他工会的允许。包括只允许一个工会或行业协会	1.5
法律	从工会会员中排除可交易的或产业性的部门	2
法律	排除其他部门或工人的工会会员资格。包括排除公共部门工人的工会会员资格。提供"基础服务"定义的"基础服务"除外（即遵循国际劳工组织的指南，限制武装力量联盟成员是可以的）	2

续表

类型	描述	权重（有观测值的情况下）
事例	其他具体的实际问题或禁止行为	1.5
法律（否）	建立和加入工会协会或联合会的权利	1.5
法律	关于上一行权利的事前授权请求	1
其他的工会活动		
法律（否）	自由选举代表的权利。包括要求工会领导人必须在某特定行业有足够多的工作时间	1.5
法律（否）	建立宪法和规则的权利	1.5
法律	对联盟或联合会参与政治活动的常规禁止。包括工会对政党贡献的限制	1.5
事例（否）	工会掌控财政。包括工会从政府获得持续资金的情况，或针对工会可能无法从海外或某些群体获得财政资助的规定	1.5
集体谈判的权利		
法律	常规禁令	10
法律	优先经集体协商同意	1.5
法律	强制的有约束力的仲裁。包括强制的有约束力的系统。在可能被称为某个（法律）罢工之前的仲裁是必要的	1.5
事例	政权当局干预。包括单方面制定工资水平	1.5
事例	由非国有性质的雇主进行集体谈判的范围	1.5
法律	从集体谈判权中排除涉及交易或产业的部门	1.75
法律	从集体谈判权重排除其他部门或工人的权利。包括排除公务员或所有公共部门的工人。不包括提供"基础服务"定义的"基础服务"	1.75
事例	其他具体事实上的问题或禁令行为。包括集体谈判中的"非法权利"（但没有法律禁止这样做）	1.5
罢工权利		
法律	常规禁令	2
法律	当局要求的优先授权。包括优先正式批准罢工要求。要求通知官员给罢工优先授权并不视为违反规定	1.5
法律	排除交易或工业部门罢工的权利	1.5
法律	排除其他部门或工人的罢工权。包括排除公务员或所有公共部门的工人。不包括提供"基础服务"定义的"基础服务"	1.5
事例	其他具体事实上的问题或禁令行为	1.5
出口加工区		
法律	在出口加工区的权利限制。包括出口加工区、自由贸易区和（或）经济特区	2

注：变量是根据描述他们出现在莫斯利和联合国的码本来进行描述的。

表 AII KOF 指标组成和权重

KOF 全球化指标

指标和变量	比重
A. 经济全球化	[36%]
ⅰ）实际流动	(50%)
贸易（占 GDP 百分比）	(21%)
外商直接投资、股票（占 GDP 百分比）	(27%)
投资组合投资（占 GDP 的百分比）	(24%)
对国外居民的收入支付（占 GDP 的百分比）	(27%)
ⅱ）约束	(50%)
隐性进口壁垒	(24%)
平均关税率	(28%)
国际贸易税收（占当前收入的百分比）	(26%)
资本账户约束	(22%)
B. 社会全球化	[38%]
ⅰ）个人联系数据	(33%)
电话通信	(33%)
交通传输（所占 GDP 百分比）	(4%)
国际旅游	(26%)
外来人口（所占总人口百分比）	(21%)
国际信函（每人）	(24%)
ⅱ）信息流动数据	(35%)
互联网用户（每千人）	(36%)
电视（每千人）	(37%)
报纸贸易（所占 GDP 百分比）	(27%)
ⅲ）文化接近数据	(32%)
麦当劳餐厅的数量（每人）	(45%)
宜家家具商城的数量（每人）	(45%)
书籍贸易（所占 GDP 百分比）	(10%)
C. 政治全球化	[26%]
国家内大使馆	(25%)
参与国际组织	(28%)
在联合国安全理事会参与的任务	(22%)
国际条款与协议	(25%)

数据来源：Dreher（2006）.

表 AIII　使用变量的描述性统计数据

变量	平均值	标准差	最小值	最大值
劳动权利指数（总和）	26.71456	7.783104	0	37
劳动实践指数	22.56825	4.433015	0	27.5
劳动法律指数	23.13965	5.530966	0	28.5
政治全球化指数	45.01395	20.40906	1	93.65127
社会全球化指数	34.238	17.4702	5.687178	92.27013
经济全球化指数	44.74754	15.94822	0	93.81086
外债（%GDP）	83.35662	94.54466	0	1218.973
民主指数（政体）	-0.62793	6.875609	-10	10
内战	0.190743	0.392948	0	1
人口记录	15.15824	2.132901	9.446755	20.96374
收入记录	8.133097	1.122894	4.613991	11.56803
地区劳动权利	24.3347	3.743926	15.1375	33.40909
经济增长	3.034754	7.186705	-51.0309	106.2798
全球劳动权利	27.62748	1.269242	25.16	29.61

表 AIV　自变量中的相关性

	政治全球化	社会全球化	经济全球化	债务	民主	内战	人口	收入	区域内其他国家	经济增长
社会全球化	0.1931									
经济全球化	0.118	0.6747								
债务	-0.2622	0.0578	0.0578							
民主	0.1785	0.4329	0.3429	-0.126						
内战	-0.0078	-0.327	-0.2997	0.0543	-0.1081					
人口	0.4927	-0.2261	-0.2623	-0.2168	-0.0474	0.2411				
收入	0.3188	0.7401	0.5641	-0.2467	0.3908	-0.2615	-0.0707			
区域内其他国家	-0.4322	-0.1824	-0.2608	-0.102	-0.175	0.0342	-0.1239	-0.2306		
经济增长	0.0848	0.012	0.0741	-0.013	-0.0098	-0.0725	0.0748	-0.0234	-0.1208	
全球劳动权利	-0.0099	-0.026	0.0226	0.0908	0.0861	0.0085	0.0112	0.0043	-0.0989	-0.0193

劳动标准的探底竞赛？一个实证检验*

[爱尔兰] 罗纳德·戴维斯　　[印度] 克里希娜·切塔尼亚·范德拉曼娜提　著
冯　毅　译**

一、引言

随着日益增长的全球化的影响，许多忧虑也逐渐表现出来，其中多数集中在各国政府可能会为了吸引外商直接投资而废除一些对企业没有吸引力的政策，虽然这些政策可能是社会所需要的。这种担忧已经表现在税收、环境监管和劳动标准等领域。虽然有越来越多的文献估计了在国际税收和环境政策方面这种竞争的程度，但是在劳动标准方面的潜在策略依赖却鲜有研究。据我们所知，除了本文外唯一这样做的研究者是奥尼（Olney，2010）。奥尼发现了经合组织国家在就业保护方面降低标准的竞争的证据。本文进一步补充了奥尼的研究，使用135个发达国家和发展中国家1985年到2002年的数据估计了莫斯利（Mos-

---

* 本文原载《发展经济学杂志》（*Journal of Development Economics*）2013年第103卷。

** 作者简介：罗纳德·戴维斯（Ronald B. Davies），爱尔兰都柏林大学、爱尔兰都柏林三一学院国际一体化研究院、德国CES-Ifo研究网络；克里希娜·切塔尼亚·范德拉曼娜提（Krishna Chaitanya Vadlamannati），德国海德堡大学阿尔弗雷德—韦伯经济研究所。译者简介：冯毅，中国人民银行郑州培训学院干部、博士。

ley，2011）与莫斯利和宇野（Mosley & Uno，2007）衡量的一国的劳工权利是否也依赖于其他国家。这些衡量捕捉了工人集体谈判能力的各种因素。对于全部样本，我们发现了显著且正向的空间滞后，这和各国的策略互补相一致并且是各国降低标准的竞赛的必要条件。尤其是，这似乎主要是由劳动实践中的竞争所驱动，而不是由劳动法规所驱动。这意味着驱动竞争的更多的是不愿执行制度法规而非是制度法规的失败。由于样本期内两种衡量方式的均值都有明显的下降趋势，我们把这个结果作为"平均"国家趋向降低标准的竞赛的证据。

虽然与税收和环境政策方面相比，对劳动标准方面潜在的降低标准的竞赛的关注较少，但是它们的性质是相同的。劳动标准，例如集体谈判权会导致更高的劳动成本。其他因素相同时，移动投资更倾向于劳动标准较弱和成本较低的地区。德威特等（Dewit et al.，2009），格尔格（Görg，2002），贾维采克和斯巴塔雷瑙（Javorcik & Spatareanu，2005）都发现了外商直接投资受劳动标准影响的证据。然而，应当指出，在这个问题上也存在着分歧，库切拉（Kucera，2002）和罗德里克（Rordrik，1996）都提出了反对意见。[①] 但是，外商直接投资如何依赖于劳动标准的问题和我们考虑的问题有很大的不同，我们关注的是一个地区的劳动标准是否依赖于其他地区的劳动标准。[②] 尤其是，如果外商直接投资并不会由于一国劳动标准的降低而流入，但如果政治家相信这样的结果，那么就会导致降低标准的竞赛。

利用空间计量经济学来考察策略依赖已经越来越多地使用在税收和环境政策的文献中。第一批研究包括戴维斯和沃格特（Davies & Voget，2008），德弗罗克斯等（Devereux et al.，2008），奥韦雷施和林克（Overesch & Rincke，2009）以及其他文献。一般来说，这些研究主要集中在发达国家之间的税收

[①] 他们认为一个可能的原因是在劳动标准较高的地区开设工厂可以给消费者提供这样一个保证，即企业如何对待工人。因此，基于人道的理由，消费者可能愿意为企业的产品支付更高的价格。见格林希尔等（Greenhill et al.，2009）更加完整的讨论。此外，有证据表明外商直接投资增加也可能会提高劳动标准（Davies & Voy，2009；Mosley，2011；Neumayer & de Soysa，2005）。

[②] 格林希尔等（2009）确实检验了"贸易的实践含量"是否是给定国家劳动标准的一个预测。然而，虽然控制了贸易量的潜在内生性，但是他们却没有解决可能来自竞争的劳动标准的潜在内生性。

竞争，一些证据表明存在着正向的空间滞后，意味着随着一个国家税率的降低，其他国家的税率也会降低。一个例外是克莱姆和范帕里斯（Klemm & van Parys，2012），他们主要关注拉丁美洲和非洲国家，发现这些国家存在着免税期的竞争。在环境政策的文献中主要关注两个问题：环境协定的联合采用［Beron et al.（2003），Davies & Naughton（2006），Murdoch et al.（2003）］和环境政策的相互影响［Fredriksson & Millimet（2002），Fredriksson et al.（2004），Levinson（2003）］。这些研究往往会找到与降低标准的竞赛相一致的证据。但是，由于数据的限制，许多研究要么仅仅关注了发达国家，要么关注了美国国内各州之间的竞争。作为一个例外，戴维斯和纳顿（Davies & Naughton，2006）发现发达国家能够同时影响发达国家和发展中国家的条约参与，但是发展中国家仅能够影响发展中国家自身。

对于我们的全样本来说，当使用 GDP 权重时（假定一国更加关注较大经济体的劳动标准），我们的估计表明其他国家加权平均的劳动标准的一个标准差的下降（等于从以色列的标准下降到墨西哥的标准）会导致给定国家的劳动标准平均降低 4.2%。虽然使用其他权重时，下降的程度会发生变化，但是定性的结果是相同的。当我们把劳动标准分解为各组成部分，即保障劳动权利的法律和法律的执行（实践）时，我们发现竞争主要发生在劳动实践中，而非劳动法规中。这主要发生在非经合组织国家中，意味着类似库切拉（Kucera，2002）所谈论的，虽然这些国家可能会因为各种原因试图通过构建劳动友好型的法律来"展现友好的脸色"，但是他们可能会为了外商直接投资的竞争而对违反这些法律的行为视而不见（或者他们根本无法切实执行这些法律）。这个发现也是值得关注的，因为劳动法规和劳动实践有相似的趋势，意味着我们对劳动实践的发现是一个不可控制变量的原因，而非结果。我们也用子样本的数据估计了我们的模型。结果表明，竞争不仅发生在经合组织国家内部［与 Olney（2010）一致］，也发生在非经合组织国家间，虽然前者的竞争主要是劳动法规，而后者的竞争则是在劳动实践。类似的，我们发现高标准国家之间存在竞争，低标准国家之间也存在竞争，并且低标准国家中竞争的效应更大。

本文的安排如下。第二部分给出了一个简单的模型，目的是为了在实证中引入加权项。第三部分描述了数据和方法。第四部分讨论了实证结果。第五部分给出了结论。

二、一个简单模型：以劳动标准竞争外商直接投资

本部分中，我们给出了一个简单的模型，以便为我们的经验分析提供理论框架。虽然不可否认的是模型比较程式化，并且遗漏了许多重要的影响劳动标准选择、投资决定和为外商直接投资竞争的因素，但是由于模型的目的是给我们的实证方法提供直觉，而非是一个结构方程。因此，为了简单起见，我们省略了这些细节。

考虑一个设定，有三个国家以及来自其他地方的大量企业（N）（和面对大量发展中国家的情形类似）。N 个企业用 i 来表示，国家用 l 表示，$l \in \{1, 2, 3\}$。博弈的时点是，在第一阶段，政府同时设定劳动权利的水平，这个水平与我们对劳动标准的衡量一致，并支配集体谈判权。根据这些知识，企业选择确定工厂的位置。根据这些区位决策，企业和工人谈判来决定盈余的分配，工人的相对议价能力由劳动权利决定。最后，收益累积起来。我们通过逆向归纳法来解这个博弈。

每个企业 i 在一个给定的地方开设分支企业，获得利润为 $\Pi_i(Z_l) = \pi(Z_l) + \sigma_{i,l}$。利润包括两部分，第一部分 $\pi(Z_l)$ 是 Z_l 的增函数，是包含特定地区一系列特征的向量。Z_l 中的因素包括国内市场的规模（重要的外商直接投资水平分量），进入其他市场的便利性（重要的出口平台和外商直接投资垂直分量）以及国内投入的生成率（对所有类型的投资都很重要）。利润要在企业 i 和企业在 l 国雇用的工人之间分配。第二部分是额外的收入 $\sigma_{i,l}$，一个解释是跨国企业的其他部门可以从 l 国的分公司获得的好处。在不同的企业和地区，$\sigma_{i,l}$ 独立同分布，且符合零均值的对数韦伯分布。和 $\pi(Z_l)$ 不同，这个收入完全由企业自身产生。

既然在博弈的谈判阶段企业的位置已经确定，那么企业的外部选择即为零。谈判过程可以用广义纳什谈判解来解决，其中在 l 国工人的议价能力是

α_l，并且 α_l 是 l 国劳动权利的增函数。简单起见，不失一般性，我们把分析限定在一个简单的机制中，其中政府可以直接选择议价能力。工人的外部选择正规化为零。谈判博弈将会有总量为 T 的利润从企业转移到工人。在纳什谈判解下，T 要最大化 $(\pi_i(Z_l) - T)^{1-\alpha}(T)^{\alpha}$，最终解为 $T = \alpha_l \pi_i(Z_l)$。因此，企业的利润是 $\Pi_i(Z_l) - T = (1 - \alpha_l)\pi(Z_l) + \sigma_{i,l}$。

预期到这些利润，每个企业都会选择在能够提供最大期望均衡利润的地区开办子公司。类似 Logit 估计量（见 Greene，2007）的推导，企业 i 选择在 l 国开设子公司的概率（P_l）是：

$$P_l = \exp[(1-\alpha_l)\pi(Z_l)] / \sum_{j=1}^{3} \exp[(1-\alpha_j)\pi(Z_j)] \tag{1}$$

注意到，$\dfrac{dP_l}{d\alpha_l} = -P_l(1-P_l)\pi(Z_l) < 0$，即随着 l 国劳动权利的增加，（预期）将会促使企业离开。此外，对于 $j \neq l$，$\dfrac{dP_l}{d\alpha_j} = \dfrac{P_l \pi(Z_j)}{\left(\sum_{j=1}^{3}\exp[(1-\alpha_j)\pi(Z_j)]\right)} > 0$，意味着当另外一国 j 降低劳动权利时，将会吸引企业离开国家 l。为了便于下文的使用，注意到，由于所有国家中分母是相同的，在能够提供更高利润的国家，即 $\pi(Z_l)$ 更大的国家中，这种吸引效应也更大。

加总众多的企业意味着在 l 国开设企业的均衡数量（期望值）是 $P_l N$，从而工人的均衡收益是 $W_l = P_l N \alpha_l \pi(Z_l)$。为了最大化本国居民的福利，政府同时选择劳动权利。对国家 l 而言，这会导致劳动标准如下：

$$\alpha_l = \frac{1}{(1-P_l)\pi(Z_l)} \tag{2}$$

其中 P_l 取决于所有三个均衡的劳动权利。这个选择保持了国家吸引的企业数量和工人从每个企业中所获得的收益之间的平衡。以此为基础，我们就可以计算考虑国家 j（$j \neq l$）的劳动权利时，国家 l 的最优反应函数的斜率：

$$\frac{d\alpha_l}{d\alpha_j} = \frac{P_l P_j \pi(Z_j)}{(1-P_l)^2 \pi(Z_l)} > 0 \tag{3}$$

即劳动权利是战略互补的。注意到，$W = \sum_l W_l = \sum_l P_l N \alpha_l \pi(Z_l)$ 是国家福利的总和。$\frac{dW}{d\alpha_l} = \sum_{k \neq l} N \alpha_k \pi(Z_k) \frac{dP_k}{d\alpha_l} > 0$，即给定国家 l 的最优反应，l 国的劳动权利将会对其他国家产生正向的影响。因此，相对于能够最大化国家总福利的劳动权利来说，在纳什均衡中劳动权利将会过低。这就是趋向劳动权利底限的竞赛，即这样一种情形："平均国家"将会从劳动权利的联合提高中受益。比较国家 j 和 k 对国家 l 影响的方程（3），有：

$$\frac{d\alpha_l/d\alpha_j}{d\alpha_l/d\alpha_k} = \frac{P_j \pi(Z_j)}{P_k \pi(Z_k)} = \left(\frac{\exp[(1-\alpha_j)\pi(Z_j)]\pi(Z_j)}{\exp[(1-\alpha_k)\pi(Z_k)]\pi(Z_k)} \right) \tag{4}$$

这意味着 Z 值更高，即能够得到更多收益的国家对劳动权利有更大的敏感性。这里的直觉是很直观的。如果国家 j 相对国家 k 更具有吸引力（期望值），那么国家 j 劳动权利的降低对国家 l 吸引企业概率的影响，超过国家 k 劳动权利降低对国家 l 的影响。因此，为了减少外商直接投资的损失，这会导致国家 l 的劳动权利更大程度的下降。

虽然没有明确包含在模型中，一些因素也能够影响特定国家的相对收益。第一，存在贸易成本的情况下，具有更大的国内市场的国家是更有利可图的地区。[①] 这是因为在这个国家的企业可以服务本地市场，不会产生贸易成本。[②] 第二，能更好地进入其他地区的国家可能更有利可图，因为它可以作为出口平台或者作为供应链的一部分，而后一种用途已经发现了特殊的功能，在外商直接投资的文献中称之为"第三市场"效应。[③] 第三，拥有更多生产工人的国家将会更加需要。[④] 在经验分析中选择权重时，我们将考虑这些因素。

[①] 这与马库森（Markusen, 1984）的水平模型有关。

[②] 见豪夫勒和伍顿（Haufler & Wooton, 1999）对税收竞争模型中这种优势的讨论。

[③] 外商直接投资出口平台的理论研究见埃克霍尔姆（Ekholm et al., 2007），经验研究包括布洛尼根（2007）和巴尔塔吉等（Baltagi et al., 2007）。鲍德温和克鲁格曼（Baldwin & Krugman, 2004）考虑了这种设定下的税收竞争。

[④] 如果人们重新解释赫尔普曼（Helpman, 1984）的单位劳动效率模型，将会涉及外商直接投资的垂直理论，其中企业寻求更低的投入成本。

虽然我们的模型主要考虑了对外商直接投资的竞争,但是认识到这一点是很重要的,即这并不是唯一的能够得到战略互补的模型。另外一种选择是"标准竞争"模型,在这个模型中,一国的居民拿本国的劳动标准和其他国家的劳动标准相比较,以此作为判断本国政府表现的方法[见萨尔蒙(Salmon,1987)最初对税收领域的应用以及布鲁彻(Brueckner,2003)的概述]。博迪尼翁等(Bordingnon et al., 2003),艾勒斯和埃尔霍斯特(Allers & Elhorst,2005)利用空间计量经济学的方法发现了正向的空间滞后,并解释为存在"标准竞争"的证据。在劳动权利方面,尼迈尔和德索萨(Neumayer et de Soysa,2006),巴格瓦蒂(Bhagwati,2004)以及芬内莫尔和锡金克(Finnermore & Sikkink,1998)通过"公众意识"及"规范和思想"的传播促进了这种思想的扩散。① 第三种可能的选择是不完全信息设定,政府官员可以从其他国家的劳动权利设定中提取出潜在条件的信息,从而导致当其他国家的政策发生改变时,他们也修改本国的政策。最后,国家协作(例如通过国际协定)联合提高所有国家的劳动标准也会使得国家之间的劳动权利正相关。因此,必须意识到实证结果可以有不同的解释。把这个告诫记在心里,我们开始讨论数据和实证方法。

三、实证方法和数据

本节中,我们描述了数据和我们的模型设定。

(一)估计设定

我们的基本规范估计了把国家 i 在 t 年的劳动标准作为滞后一期的被解释变量和一组额外的外生控制变量 $X_{i,t-5}$ 的函数:

$$LR_{i,t} = \beta_i + \beta_1 LR_{i,t-1} + \beta X_{i,t-5} + \varepsilon_{i,t} \tag{5}$$

其中,β_i 是国家特定的常数项,$\varepsilon_{i,t}$ 是误差项,控制变量来自现有文献并在

---

① 这种规范效应的传播在双边贸易中更强[见 Greenhill et al. (2009) 中的"加州效应"]。

下文描述。为了降低内生性问题的担忧，我们把所有的额外控制变量都滞后五年。对于这个基准模型，我们滞后引入了其他国家 t 年的劳动权利，这一变量在文献中称为空间滞后。特别地，我们估计了下面的方程：

$$LR_{i,t} = \beta_i + \rho \sum_{j \neq i} \omega_{j,i,t} LR_{j,t} + \beta_1 LR_{i,t-1} + \beta X_{i,t-5} + \varepsilon_{i,t} \qquad (6)$$

其中，$\sum_{j \neq i} \omega_{j,i,t} LR_{i,t}$ 是空间滞后项，即其他国家劳动标准的加权平均。

如上所论，我们预期一国将会对那些对外商直接投资更具吸引力的国家有更大的反应。正如许多研究［Blonigen（2005），Blonigen and Piger（2011）以及 Eicher et al.（forthcoming）］已经确认的，外商直接投资容易被吸引到较大的国家。因此，我们的基准权重使用 GDP：$\omega_{j,i,t} = \dfrac{GDP_{j,t-5}}{\sum_{k \neq i} GDP_{k,t-5}}$。含义是，国家 i 对国家 j 劳动标准 t 期的影响权重等于 $t-5$ 期国家 j 的 GDP 占其他国家（不包括国家 i）的 GDP 总和的份额。①使用 GDP 作为权重已经出现在多篇估计税收领域内探底竞赛的文献中（例如 Devereux et al.，2008）。

除了基准的权重外，我们还使用了其他几个与国内市场有关的权重。第一个是样本期 17 年的平均 GDP：$\omega_{j,i,t} = \dfrac{\sum_{t=1}^{17} GDP_{j,t-5}/17}{\sum_{k \neq i}\sum_{t=1}^{17} GDP_{k,t-5}/17}$。第二个使用 1981 年的 GDP（样本时间开始的前五年）代替平均 GDP。这些权重和基准权重之间关键的区别是基准权重会随着样本时间的变化而变化，而这些权重则不会。因此，这两个权重能减少一些担忧，即实证结果会受到权重变化的影响，而非劳动标准的影响。这些权重的缺点是特定国家的吸引力可能会随着时间发生变化。虽然和使用初始 GDP 作为权重相比，使用平均 GDP 作为权重时这个问题会更小，但这个优势会被另外一种可能所抵消，即如果样本早期的劳动标准会影响后期的 GDP，那么平均 GDP 的权重就是内生的。作为第三种选择，

---

① 如安塞林（Anselin，1988）所述，对权重进行"行标准化"是很常见的，目的是使权重的和等于 1。

我们使用了人口权重：$\omega_{j,i,t} = \dfrac{Pop_{j,t-5}}{\sum_{k \neq i} Pop_{k,t-5}}$。和基准权重类似，这个权重也随时间变化，但又和 GDP 权重不同，它不会受到各国生产率差异的影响。最后一个国内市场因素的权重利用了人均 GDP 的信息：$\omega_{j,i,t} = \dfrac{per-capita\ GDP_{j,t-5}}{\sum_{k \neq i} per-capita\ GDP_{k,t-5}}$。使用这个权重的原因是外商直接投资可能会被吸引到更高技能和/或更富裕的市场。虽然更高的人均 GDP 意味着更高的工资成本，从而阻止外商直接投资的流入。确实，正如布洛尼根（2005）所讨论的，文献发现人均收入对外商直接投资的影响具有混合效果。然而，是否富裕国家有更大或更小的影响还并不清晰。

除了国内市场，外商直接投资可能还受到进入其他市场的影响，这也激发了我们下面的三个权重。第一个是 $\omega_{j,i,t} = \dfrac{Openness_{j,t-5}}{\sum_{k \neq i} Openness_{k,t-5}}$，其中 $Openness_{j,t-5}$ 是出口占 GDP 的比重加上进口占 GDP 比重之和（在 FDI 的实证文献中通常作为贸易成本倒数的代理变量）。同样的，如布洛尼根（2005）所讨论的，开放度的影响是不确定的，因为水平外商直接投资避免了贸易成本，然而垂直投资却被贸易成本所影响。另外一个权重是 $\omega_{j,i,t} = \dfrac{Market\ Potential_{j,t-5}}{\sum_{k \neq i} Market\ Potential_{k,t-5}}$，其中 $Market\ Potential_{j,t-5}$ 是其他国家距离加权的 GDP。① 这种衡量方法，被布洛尼根等（2007），海德和迈耶（2004）以及其他文献所使用，目的是用来控制特定国家与大市场的地理临近度。再一次，虽然假定的是市场潜力能够吸引外商直接投资，但是估计结果却往往与假定相矛盾［例如 Blonigen et al.（2007）］。另外一种衡量进入其他市场的方法是距离的倒数，意味着权重为 $\omega_{j,i,t} = \dfrac{1/distance_{i,j}}{\sum_{k \neq i} 1/distance_{i,k}}$，其中 $distance_{i,j}$ 是国家 i 和 j 之间的距离。② 和市场潜

---

① 这里的距离和距离权重是首都城市距离的对数，数据来自法国国际经济研究中心，查询数据可登陆 http：//www.cepii.fr/anglaisgraph/bdd/distances.htm。

② 奥尼（2010）的研究中使用了距离和简单平均的权重。此外，与我们的其他权重相似，他还使用了美国跨国公司的附属公司的出口额，以此作为国家吸引力的代理变量。

力不同，这种方法不考虑国家 j 与除了国家 i 以外其他国家的关系。此外，它还假定，例如墨西哥在吸引哥斯达黎加的外商直接投资时比吸引中国的外商直接投资更具有竞争力，这些在实际中可能并非如此。尽管如此，这个权重的好处是它可能更好地匹配了标准竞争模型，因为和遥远的国家相比，一国的居民可能对相邻国家的劳动权利有更好的信息。

我们最后一个权重是其他国家的一个简单平均，即 $\omega_{j,i,t} = 1/135$。虽然这个权重的简单性很具有吸引力，但是它忽视了国家的相对吸引力并且假定特定国家对其他所有国家都一视同仁。

空间滞后的困难在于当国家 i 的劳动标准取决于国家 j 的劳动标准（反之亦然）时就引入了内生性。① 为了解决内生性以及误差项中潜在的序列相关问题，我们使用了"不断更新"的面板 GMM 工具变量估计。② 估计包括固定效应和计算了对异方差和自相关都稳健的误差项，其中利用纽威和魏斯特（Newey & West, 1994）方法确定了自相关的阶数。对于工具变量，我们遵循了标准的空间计量经济学的方法，使用 $\sum_{j\neq i} \omega_{j,i,t} X_{j,t-5}$，即其他国家外生变量的加权平均作为工具变量。为了避免过度识别，我们限制工具变量为 $X_{j,t}$ 的子集。工具变量背后的直觉是对于给定的国家 j，它的外生变量影响自身的劳动标准但是不会直接影响国家 i 的劳动标准（在上述模型中确实如此）。因此，它们和内生变量相关，但自身却是外生的，使得它们成为合适的工具变量并且为我们提供了识别性。如果这种假定没有得到满足并且其他国家外生变量的加权平均确实直接影响了国家 i 的劳动权利（如空间德班模型），那么我们的模型将会错误设定。因此，对结果的解释应该参考这种警示，虽然第四部分第（五）小节中的结果表明主要结果对局部空间德班模型是比较稳健的。

---

① 此外，如果误差项在不同国家间相关，即存在着空间相关的误差项，那么内生性的第二种形式就存在了。

② 详情参见沙夫（Schaffer, 2010）。请注意，我们包括了固定效应而非一阶差分项。汉森等（1996）发展起来的持续更新的方法能够得到异方差和/或序列相关情况下的一致估计。除了这个估计量，我们还使用了布伦德尔和邦德（1998）的 SYS-GMM 估计量，结果也是可比的。更多细节参见第四部分第（五）小节。

（二）数据

我们利用了135个国家1985年到2002年的年度数据，由于我们包含了一个滞后的被解释变量，使我们剩下了17年的数据。附录中给出了国家的名单。为了构建一个平衡面板，只有所有时间的数据均可得的国家才包含在内。当数据缺失时，在构建空间滞后和/或它的工具变量时就会引入额外的变化，因为缺失的观测值要或者假定为零或者权重必须减少国家的数量。为了消除这种变动会影响数据的顾虑，我们使用了平衡的样本，但是在稳健性检验中使用了全部样本。

对于因变量，我们使用了莫斯利（2011）及莫斯利和宇野（2007）所有的劳动权利（LR）指数。这个综合指数，反映了"基本的集体劳动权利"，以库切拉（Kucera，2002）为模板，涵盖了六种不同类别下37种侵犯劳动权利的情况。① 这六类分别是（a）结社自由与集体谈判自由；（b）建立和加入工会的权利；（c）其他工会活动；（d）集体谈判的权利；（e）罢工的权利；（f）在出口加工区的权利。② 然而，值得注意的是，莫斯利指数没有反映劳动标准方面的信息，如最低工资或者像就业福利和工作条件之类的个人劳动权利。

在上面提到的每一类中，政府或雇主（本国或者外国）对劳动权利的侵犯定义为合法权利缺失，合法权利受限和/或违反这些法律权利。因此，这个指数反映了一个国家普遍通行的劳动标准的法律和实践。指数中的法律部分，涵盖37个分类中的21类，反映了保障工人集体权利所需的法律是否到位，例如一个行业是否允许对工人的罢工或集体谈判权施加限制。同时，指数的

---

① 因此，这对其他的劳动权利或劳动标准的衡量方法来说是一个提高，因为其他衡量方法仅反映了一种因素，如国际劳工组织公约的数量（Botero et al., 2004），工人受伤率（Bonnal, 2008），或者反映了单个主观的指数（Cingranelli & Richards, 1999）。

② 这些类别与国际劳工组织成员国1998年6月宣言中的基本原则和工作权利一致。该宣言确立了劳动权利的核心或基础，包括结社自由（组织工会的权利），切实承认集体谈判权（议价和抗议的权利），消除一切形式的强迫或强制劳动，切实废除童工，消除就业和职业歧视，保障最低工资和工作时间。

实践部分反映了观察到的违反劳动权利法律的实际数量。因此，实践部分反映了是否有任何违反劳动标准法律的有记载的行为。应该注意的是，指数的这种分解在奥尼（Olney，2010）经合组织国家的就业保护的研究中是不可能的。

为了构建这个指数，莫斯利和宇野（2007）从美国国务院的年度国家人权实践报告中借鉴了相关信息，这个报告来自公约和议案执行专家委员会（CEACR）和结社自由委员会（CFA）以及自由工会国际联合会（ICFTU）出版的违反工会权利的年度调查。① 如果某年信息的三个来源都出现了侵犯劳动权利的行为，莫斯利和宇野（2007）为该国37个指标中相应的1个指标赋值为1，如果没有这种情况则赋值为0。② 然后，利用两名专家的建议以及库切拉（2002）的方法，给每个指标分配相应的权重，指数就建立起来了。劳动权利指数，范围为0—28.5；劳动实践权利指数，范围为0—27.5，其中，数值越高代表对劳动法规/实践越尊重。于是，这些类别得分的总和就度量了年度劳动权利违反的情况，在我们的国家样本中，年度劳动权利违反的均值为26.6，最大值为37。的确，莫斯利和宇野的劳动权利实践的指数反映了报道的侵犯劳动权利而非侵犯劳动权利实际发生率，而后者会导致瞒报（见Fajnzylber et al.，2002；Soares，2004）。然而，值得注意的是，莫斯利和宇野的信息来源是上述的第三方来源，并不是来自每个官方的渠道，而官方渠道可以最大限度地减少漏报的问题。总体而言，莫斯利和宇野（2007）综合度量对以前的指标来说是一个巨大的进步，例如辛格莱雷利和理查兹（Cingranelli & Richards，2006）及伯宁（Bohning，2005）所使用的指标，因为信息的来源更广泛，权重的计算方法更加精密，信息也更加可靠。

---

① 美国的报告涵盖了每个国家涉及结社自由以及出口加工区中集体谈判和罢工的权利等方面违反劳动权利的情况。公约和议案执行专家委员会及结社自由委员会的报告，与国际劳工组织相关，都是基于各国政府提供的信息，包括工会、工人组织和其他雇员协会提出的申诉。国际劳工组织要求各国每年提交这些报告并且报告这些申诉的处理进度。然后，为了避免潜在的失实描述，这些报告会由两名独立专家审查。国际工会联盟（ITUC），2006年重新命名为自由工会国际联合会，提供如下的信息，包括工会的法律障碍、劳动权利的侵犯、谋杀、失踪、扣押与工会有关的人员等。

② 如果各个指标中对劳动权利的侵犯超过一次，无论是一种来源还是多种来源，根据莫斯利和宇野（2007），最大值仍然为1。

拥有总体指数和两个子指数可以使我们考察是否有证据表明在某一部分或另一部分中存在着降低标准的竞赛,即政府通过改变法律框架来竞争还是仅仅通过对侵犯劳动标准的行为视而不见来竞争[这是Olney(2010)做不到的]。后一部分尤其值得注意,因为一个国家可能会屈从于国际社会的压力而制定劳动权利的法律,但是却不实施。另外,强有力的法律可能会被孱弱的执行能力削弱,从而导致劳动实践方面较低的得分。如表1所示,在全样本中,两个度量的相关系数是0.27,意味着这确实是有可能的。尤其是,这主要由非经合组织国家所造成,非经合组织国家的相关系数是0.19(相反,经合组织国家的相关系数是0.70)。经合组织国家和非经合组织之间另外一个值得注意的区别是,经合组织国家的平均得分更高。实际上,当观察样本中国家平均的综合指数时,只有五个经合组织国家(智利、韩国、墨西哥、波兰和土耳其)低于平均值。平均得分高于36的国家全部是经合组织国家(爱尔兰、芬兰、法国和瑞典)。相反,只有一个经合组织国家的平均得分低于15(土耳其,以及印度尼西亚、马来西亚、缅甸和卡塔尔)。经合组织国家还有更稳定的劳动权利。综合指数标准差最低的四个国家是瑞典、法国、芬兰和意大利。相反,海地、苏丹、斯威士兰和津巴布韦拥有样本中最大的标准差。

表1 劳动标准的相关性和总体统计

	劳动权利	劳动实践	劳动法规	均值	标准差	最小值	最大值
全样本							
劳动权利	1.0000			26.59937	7.930776	0	37
劳动实践	0.7484	1.0000		22.56592	4.439709	0	27.5
劳动法规	0.8427	0.2736	1.0000	23.03345	5.468313	0	28.5
经合组织国家							
劳动权利	1.0000			30.81842	6.993301	3.25	37
劳动实践	0.9261	1.0000		24.06173	3.912351	10	27.5
劳动法规	0.9160	0.6968	1.0000	25.75669	3.679433	5.25	28.5
非经合组织国家							
劳动权利	1.0000			25.60882	7.81309	0	37
劳动实践	0.7072	1.0000		22.21473	4.483755	0	27.5
劳动法规	0.8258	0.1852	1.0000	22.39408	5.621557	0	28.5

除了考虑各国是否会在制定法律的时候"摆出一副笑脸"但却同时允许违法行为的发生,两个子指数可以使我们考察正向的空间滞后导致竞优(race to the top)的可能性。尤其是,在标准竞争中,一国的工人可能注意到其他国家优越的劳动标准而要求同样的待遇。在这种情况下,人们可能预期法律水平会随着时间的推移而提高,甚至随着违反劳动标准的增加,更多有需求的工人会记录更多的对雇主的不满。然而,如图1所示,我们发现劳动法规和劳动实践的简单平均都随着时间有恶化的趋势,这意味着法律保护的失效以及对这些孱弱的劳动标准的违反的增加,虽然劳动实践下降得最快。① 图2中我们分别给出了经合组织国家和非经合组织国家的简单平均,我们看到在经合组织国家内部劳动法规保持得相当稳定,虽然劳动实践有所下降。相反,对于非经合组织国家,劳动实践和法律都有明显下降。

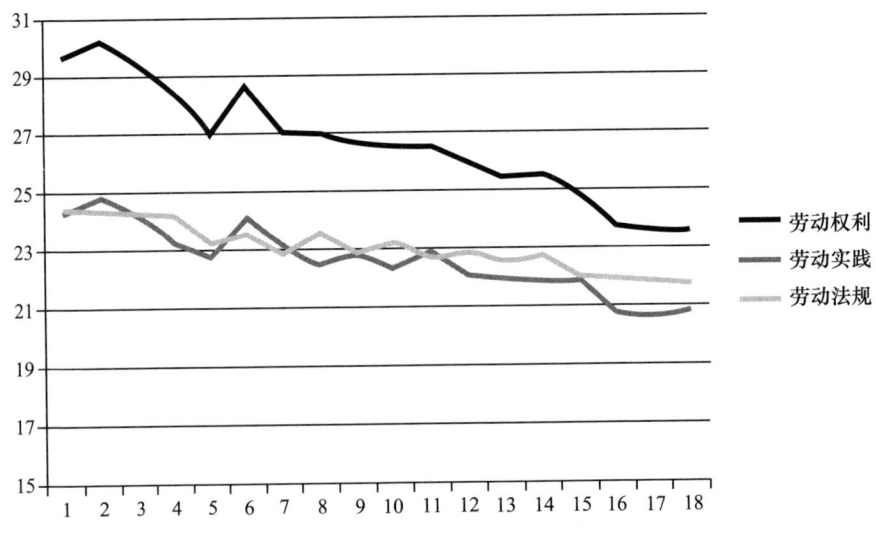

图1 劳动权利、劳动实践、劳动法规随时间的变化趋势

① 当利用各种权重时,结果均类似。

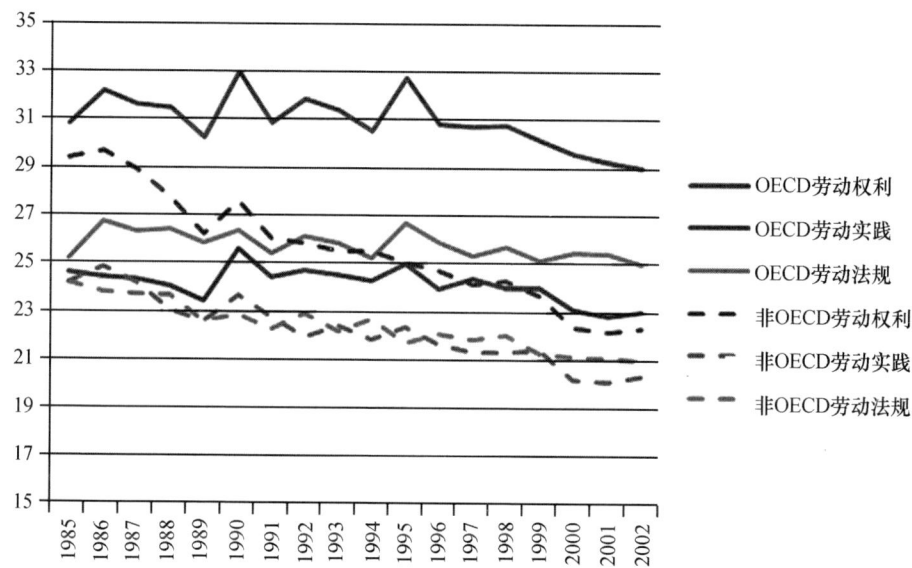

图 2　劳动权利、劳动实践、劳动法规随时间的变动（OECD 国家 VS 非 OECD 国家）

在选择控制变量（$X_{i,t-5}$）时，我们参照了阿雷斯托夫和格兰杰（Arestoff & Granger，2004），布朗（Brown，2001），布塞（Busse，2004），卡拉维（Caraway，2009），格林希尔等（2009），莫斯利和宇野（2007），尼迈尔和德索萨（2005，2006，2007）以及其他人的工作。同样，为了缓解潜在的内生性，所有的控制变量都滞后五年。在文献的标准控制变量中关键的是经济发展的衡量。考虑到这一点，我们选择了人均 GDP 的对数、GDP 对数（用 2000 年美元不变价格计算）以及 GDP 增长率（经济研究服务，2011）。我们也包含了 $Openness_{i,t-5}$，用来控制一个国家对世界市场的开放度。遵循尼迈尔和德索萨（2006）的做法，我们还包含了制造业增加值占 GDP 的份额，因为和农业相比，制造业中的劳动权利可能会更好地反映出来。我们还包括了总的劳动参与率，目的是为了反映这样的观点，即更高的参与率意味着对劳动权利保护的更大的需求。按照博克曼和德雷赫（Bookmann & Dreher，2003）以及其他人的做法，我们控制了两个政治变量。第一个是 $Democracy_{i,t}$，含义是来自自由之家的公民和政治自由排名的平均得分，范围从1（严重受限的自由）到7（完全自由）。① 我们还包含了一个来自贝克（Beck，2001）的变量，反映了现任政府的意识形态。我们对这个变量重新赋值，使它的范围在0和1之间，数值越大意味着一个更加左翼（因此潜在地倾向于工人）的政府。

此外，根据德雷赫（2006）及博克曼和德雷赫（2003）的做法，我们还包含了一个虚拟变量，用来反映一个国家是否同国际货币基金组织（IMF）或其他组织签订了结构调整贷款项目。为了反映一国的劳动权利被贸易协定（有时还包括劳动协议）影响的可能性，我们还包含了另外一个虚拟变量，如果一国在t-5年是关税及贸易总协定（GATT）或世界贸易组织（WTO）的成员，则该变量赋值为1。在没有报告的结果中，我们还包含了另一个虚拟变量，如果一国批准了国际劳工组织的87号公约（涉及结社自由）或者98号公约（涉及集体谈判权），或者同时批准了两个公约，则该虚拟变量赋值为1。这和布塞（2002），罗德里克（1996）以及尼迈尔和德索萨（2006）的结果一致，我们没有发现这些协议对劳动权利有任何影响。由于内生性的担忧，他们最终省略了这些变量。在任何情况下，结果都和本文的结论相同。

更多概述统计、数据度量或者数据来源的详细信息，请参阅附录。

四、实证结果

（一）基准结果

表2给出了使用GDP为权重的基准结果。为了便于我们的结果和其他文献的结果相比较，第一列给出了不包括空间滞后或者滞后因变量的结果。我们发现那些具有以下特征的国家有更高的劳动权利指数，即更快增长的GDP，

---

① 政治组织的工具变量衡量不能使用，因为我们的样本包括许多小国家，例如巴巴多斯、安提瓜和巴布达，这些国家的政治组织工具变量指数缺失。为了避免丧失太多观测值，我们选择了自由之家得分。另外，当使用政治组织的工具变量指数时，我们的主要结果也没有发生任何显著的改变。

更低的收入，更高的工业份额，更高的劳动参与率以及更好的公民权利。因此，这些显著的变量都利用在工具变量的构建中。① 此外，我们发现世界贸易组织成员倾向于降低劳动权利指数。第二列通过增加劳动权利的一年滞后来修正这个问题。正如贝克和卡兹（Beck & Katz, 1995）所讨论的，这样做有助于控制外生变量对被解释变量的潜在动态效应。正如人们所预料，滞后被解释变量为正且显著。② 除了工业份额不显著外，其他结果均符合预期。

表2 基准结果（GDP权重）

	(1)	(2)	(3) 劳动权利	(4) 劳动实践	(5) 劳动法规
空间滞后项			0.537**	0.729***	-0.195
			(0.228)	(0.225)	(0.352)
滞后因变量		0.369***	0.372***	0.300***	0.350***
		(0.024)	(0.024)	(0.027)	(0.033)
人均GDP（对数）	-0.898**	-0.691*	-0.608	-0.684**	-0.045
	(0.430)	(0.386)	(0.394)	(0.297)	(0.250)
GDP（对数）	-0.989	-0.610	-0.700	-0.803*	0.158
	(0.727)	(0.706)	(0.715)	(0.445)	(0.568)
GDP增长率	0.004*	0.002	0.002	0.002	0.000
	(0.002)	(0.002)	(0.002)	(0.002)	(0.001)
开放度	0.001	0.000	-0.000	-0.000	0.001
	(0.002)	(0.002)	(0.002)	(0.002)	(0.001)
工业占GDP份额	0.055***	0.031	0.032	0.022*	0.013
	(0.021)	(0.020)	(0.020)	(0.011)	(0.017)

---

① 虽然当包括全部控制变量的加权平均作为工具变量时，空间滞后项的估计系数仍然为正且显著，但是在一些设定中，这个结果不能通过过度识别检验。因此，从一开始我们就限制了一些设定。值得注意的是，在仅仅使用其他国家的人均GDP的加权平均作为工具变量时，我们也在准确识别设定中发现了类似的结果。

② 利用莱文等(2002)的检验，我们在1%的水平上拒绝了劳动权利以及两个分项指数单位根的原假设。

续表

	(1)	(2)	(3) 劳动权利	(4) 劳动实践	(5) 劳动法规
劳动参与率	0.114**	0.096**	0.104**	0.095***	0.018
	(0.046)	(0.043)	(0.043)	(0.028)	(0.033)
民主程度	0.766***	0.291***	0.299***	0.156**	0.155**
	(0.115)	(0.107)	(0.105)	(0.077)	(0.067)
政府意识形态	−0.184	−0.101	−0.151	−0.019	−0.133
	(0.293)	(0.265)	(0.263)	(0.195)	(0.154)
IMF SAF 参与国	0.260	0.085	0.056	0.057	0.028
	(0.279)	(0.262)	(0.262)	(0.189)	(0.168)
WTO 成员	−1.642***	−0.737*	−0.691	−0.264	−0.516*
	(0.475)	(0.447)	(0.445)	(0.317)	(0.294)
趋势项	−0.346***	−0.222***	−0.021	0.031	−0.130**
	(0.027)	(0.027)	(0.091)	(0.057)	(0.053)
样本量	2429	2295	2295	2295	2295
R^2	0.191	0.297	0.297	0.237	0.189
Kleibergen-Paap 概率值			0.0000	0.0000	0.0000
Hansen J 值			0.1230	0.2819	0.1326

注:所有设定均包含全部的国家固定效应(因此没有常数项)。括号内是稳健标准误。2—5 列的 R2 是组间 R2。*** , $p<0.01$, ** , $p<0.05$, *, $p<0.1$。

第三列增加了劳动权利的空间滞后项。对于控制变量,这个结果不太显著,更高的劳动参与率和更民主的国家有更好的劳动权利。至于我们关注的变量的系数,我们发现空间滞后项的系数为正且显著。对空间滞后项系数的初步解释是如果其他所有国家均把各自的劳动权利降低 1 个点,所讨论国家的劳动权利将下降 0.537 个点。或者,空间滞后项一个标准差的下降(减少 2.1)将导致所讨论国家的劳动权利下降 1.13,占样本均值的 4.2%。由于空间滞后项的系数为正,这可以解释为存在战略互补的证据,和第二部分中的模型相一致。① 应该注意到,虽然这和为了外商直接投资的竞争一致,但是并

---

① 注意,在这种解释中,我们把数据看成一系列的纳什均衡。

不排除一个国家的劳动权利会依赖他国的其他可能性。除了标准竞争，这个系数反映了劳动权利的协调而非竞争，即通过国际协定的方式导致了不同国家的劳动权利相互增强。由于样本中劳动权利、劳动实践和劳动法规的均值都有所降低，我们把结果解释为暗示了一般国家对于降低劳动权利的竞赛。

然而，这仅是总效应的一部分，因为还存在着一种间接效应，即空间滞后的变化如何影响国家 i 的劳动权利，而这相反又影响国家 j 的劳动权利，并且进一步又影响国家 i。这种影响也适用于外生变量的变化。以矩阵的形式重写方程（5），

$$Y_t = A + \rho W_t Y_t + \beta_1 Y_{t-1} + \beta X_{t-5} + \varepsilon_t \tag{7}$$

其中 A 是国家特定的截距向量，W 是权重矩阵，$\omega_{j,i,t}$ 为第 i 行第 j 列元素，其他元素为 0（以便国家 i 在 t 年的劳动权利不会预测自身，而其他年份劳动权利的权重为 0，用来预测 t 年的劳动权利），定义 $M = I - \rho W$。那么，方程（7）可以重写为：

$$Y_t = M^{-1}A + M^{-1}\beta_1 Y_{t-1} + M^{-1}\beta X_{t-5} + \varepsilon_t \tag{8}$$

意味着外生变量的效应是 $(I - \rho W)^{-1}\beta$。① 然而，这也仅是总效应的一部分，因为它仅仅反映了静态效应。此外，还有动态的效应因为 t 年的变化会通过滞后的因变量对未来产生直接和间接的影响。由于权重逐年变化，总效应将取决于所有这些因素以及权重的时间路径。此外，由于对权重的未来路径没有明显的选择（因为计算长期效应需要我们得到基于权重的样本预测），我们无法计算总效应。② 最后，至于我们的工具变量，我们用克莱伯根和帕普（Kleibergen & Paap, 2006）检验了弱识别（弱工具变量）问题，用汉森的 J 检验（Hansen, 1982）检验了过度识别（内生工具变量）问题。如概率值所示，我

---

① 应注意到 ρ<1 对计算这种效应的重要性。
② 当我们在表 3 中使用时间不变的权重进行估计时，可以计算外生变量 Xk 变化的长期总效应。正如艾尔霍斯特（即将出版）所推导的，在我们的模型中总效应是 $[(1-\beta_1)I - \beta W]^{-1}\beta_k I$，其中 βk 是 Xk 的系数。利用简单平均权重的结果，其中 β_1 = 0.374，ρ = 0.883，这意味着 t 年 1 单位增加的长期影响将为同期影响的 60% 左右。

们在1%的水平上拒绝弱识别的原假设，并且在通常的显著性水平下不能拒绝外生性的原假设。

第4列和第5列中，我们重复了第3列的设定，但是使用了劳动权利的两个子指数：劳动实践（第4列）和劳动法规（第5列）。对于控制变量，结果是可比的，虽然劳动实践列的结果更加显著。至于空间滞后，对于劳动实践，我们发现结果和使用综合指数的结果类似，其他所有国家劳动实践一个标准差的下降会导致所讨论国家劳动实践下降1.01或者相对于样本均值的4.47%。对于劳动法规，效果不显著。这可能是因为国家发现为了获得外商直接投资而进行法律方面的竞争（这种做法可能会引起国际社会的批评）比他们选择如何运用现有的法律要困难的多。

在表3中，我们转向使用其他权重标准。A部分给出了使用国内市场权重估算的空间滞后项，B部分给出了使用国际市场权重估算的空间滞后项。① 首先看A部分，平均GDP和初始GDP权重的结果和基准估计的结果相似，即国家通过劳动实践而不是劳动法规来相互影响，虽然对于初始GDP权重来说，综合指数的显著性更低一点（第4列）。使用人口权重时，结果也相同。至于人均GDP权重，我们看到了一个相似的结果，但是其中点估计的值大于1（虽然并不显著）。这是我们相对于人均GDP权重更偏爱GDP权重的另外一个原因，因为博弈理论中，系数大于1意味着不稳定的纳什均衡。因此，使用国内市场规模的其他衡量标准，我们的结果也是稳健的。

转向B部分，当使用开放程度的权重时，我们发现结果和使用其他GDP权重的结果可比（虽然第2列中劳动实践的结果没有通过过度识别检验）。② 第4—6列中使用市场潜力的权重时，我们又发现了国家通过劳动实践而非劳动法规竞争的证据。然而，和人均GDP权重类似，点估计的结果大于1。第7—9列中使用距离权重的结果相同。最后，当第10—12列中使用简单平均的权重时，我们发现了相同的结果，虽然劳动实践回归的点估计（第11列）刚刚大于1。

---

① 全部的估计结果可以向作者索取。
② 当使用人均GDP的加权平均来准确识别方程时，估计结果也类似。

第三部分 全球劳动治理：问题与前景

表3 其他权重的结果

	(1)	(2)	(3)	(4)	(5)	(6)	(7)	(8)	(9)	(10)	(11)	(12)
	平均GDP			1980年GDP			人口			人均GDP		
	劳动权利	劳动实践	劳动法规	劳动权利	劳动实践	劳动法规	劳动权利	劳动实践	劳动法规	劳动权利	劳动实践	劳动法规
A: 国内市场权重												
空间滞后项	0.400***	0.712***	0.801**	1.388***	1.093***	−0.332	0.801**	0.573***	0.288	1.388***	1.093***	−0.332
	(0.150)	(0.185)	(0.350)	(0.431)	(0.240)	(0.683)	(0.350)	(0.203)	(0.584)	(0.431)	(0.240)	(0.683)
样本量	2295	2295	2295	2295	2295	2295	2295	2295	2295	2295	2295	2295
R^2	0.300	0.236	0.299	0.292	0.244	0.188	0.299	0.245	0.188	0.292	0.244	0.188
Kleibergen-Paap P 值	0.0000	0.0000	0.0000	0.0000	0.0000	0.0000	0.0000	0.0000	0.0000	0.0000	0.0000	0.0000
Hansen J 值	0.1625	0.1721	0.2536	0.4523	0.1695	0.9579	0.2536	0.1574	0.7596	0.4523	0.1695	0.9579
B: 国际市场权重												
	开放度			市场潜力			距离			简单平均		
空间滞后项	0.810***	0.469**	0.676	1.274***	1.587***	0.325	1.200***	1.908***	0.533	0.883***	1.006***	0.624
	(0.221)	(0.202)	(0.483)	(0.494)	(0.576)	(0.535)	(0.298)	(0.413)	(0.460)	(0.319)	(0.303)	(0.598)
样本量	2295	2295	2295	2295	2295	2295	2295	2295	2295	2295	2295	2295
R^2	0.291	0.236	0.185	0.296	0.230	0.189	0.287	0.197	0.187	0.301	0.245	0.188
Kleibergen-Paap P 值	0.0000	0.0000	0.0000	0.0000	0.0000	0.0000	0.0000	0.0000	0.0000	0.0000	0.0000	0.0000
Hansen J 值	0.3084	0.0848	0.8496	0.4173	0.3549	0.8319	0.8064	0.1809	0.6765	0.9371	0.9149	0.9974

注：每个设定均包括所有控制变量及国家固定效应。全部的结果可向作者索取。括号内是稳健标准误，R2是组间R2。*** P<0.01；** P<0.05；* P<0.1。

整体来看，我们发现了一个一致的结果，即意味着劳动实践而非劳动法规方面的策略互补。但是，这本身并没有表明为了外商直接投资的竞争，如果标准竞争是背后的影响因素，人们可能会预期使用距离权重的回归中显著的空间滞后项，其他回归中未必如此。因此，虽然不能够排除其他解释，这里的结果也和第 2 部分中讨论的竞争类型相一致。下文中，我们继续使用 GDP 权重，并且结果也和其他权重的结果做了比较。这些结果均可以向作者索取。

（二）时间

对基准结果的一点担心是，由于对所有国家来说空间滞后项随时间的推移而下降，它可能反映了一些共同运动的影响，而这些影响并没有完全被趋势项所反映。处理这个问题的标准方法是包括特定年份效应并且仅仅依靠不同国家的年份内部变动的影响。目前的情况下，这种做法有三个困难。第一，从博弈论的角度来看，人们会预期如果国家非常相似，他们的纳什均衡的劳动标准也可能类似。但是，当使用年份虚拟变量来估计这种关系时，将会降低空间滞后项的显著性，因为空间滞后项在不同国家间一年内几乎没有变化。结果是，尽管竞争是导致数据产生的原因，但估计掩盖了这个事实。第二，对许多国家来说，空间滞后项在一年内的变动是非常小的。当使用均值权重时，这一点最容易理解。因为从劳动权利标准最高的国家到最低的国家（有 37 分的变化），空间滞后项仅仅变化了 37/135，或者 0.27。由于这种变化约占样本均值的 1%，仅使用一年内的变动会降低空间滞后项的显著性。第三，空间滞后项的构建表明因变量和空间滞后项之间存在着负相关关系。简单起见，再次使用均值权重，考虑两个国家：国家 i 的劳动权利指数高，国家 j 较低。根据空间滞后项的构建，国家 i 的空间滞后项将小于国家 j 的空间滞后项，因为滞后项中唯一的区别是国家 i 的滞后项在求和时包括国家 j 的指数，而国家 j 的滞后项也包括国家 i 的指数（两者之间的差异源于指数的差异并乘以共同的权重）。其结果是，具有更强力的劳动政策的国家往往拥有较小的空间滞后，然而弱劳动政策的国家将拥有大的空间滞后。当使用年份虚拟变量并且仅仅使用相对于年份平均的变动时,会对估计系数造成向下的压力,因为高劳动指数的国家在给定的一年中将拥有低于平均值的空间滞后项[更多的讨论见克莱姆和范帕里斯(Klemm & van Parys, 2012)]。

带着这些问题,表4在第1—3列中包含了年份虚拟变量。和预期一致,包含这些效应后导致空间滞后项不显著,并且点估计的值为负。另外,作为趋势效应和年份特定效应的折中,第4—6列使用了趋势项和三年期的虚拟变量。通过依靠三年期内的变动而非单独一年的变动,我们在综合指数和劳动实践中均发现了显著为正的空间滞后项。因此,在一定程度上,我们的结果对使用时期特定效应是稳健的。

表4 时间虚拟变量

	(1)	(2)	(3)	(4)	(5)	(6)
	年度虚拟变量			3年期虚拟变量		
	劳动权利	劳动实践	劳动法规	劳动权利	劳动实践	劳动法规
空间滞后项	−4.34	−1.41	−6.65	0.628***	0.905***	−0.15
	(3.13)	(1.63)	(6.71)	(0.224)	(0.230)	(0.28)
样本量	2295	2295	2295	2295	2295	2295
R^2	0.328	0.265	0.219	0.303	0.248	0.188
Kleibergen-Paap p 值	0.5079	0.2906	0.7403	0.0000	0.0000	0.0000
Hansen J 值	0.1199	0.0178	0.1556	0.7956	0.1365	0.7238

注:每个设定均包括所有的控制变量及国家固定效应。全部的结果可向作者索取。括号内是稳健标准误,R2是组间 R2。*** $P<0.01$;** $P<0.05$;* $P<0.1$。

(三)经合组织国家和非经合组织国家

正如第三部分所讨论的,经合组织国家和非经合组织国家之间存在着明显的差异,经合组织国家有更高、更加稳定的劳动标准。我们考察了以上的结果是否对两个子类别都成立。我们把数据按照是否为经合组织成员分为两类,计算了两个空间滞后项,一个是经合组织国家,另一个为非经合组织国家,并进行了上述检验。需要注意的是,我们也用这种方式重新计算了工具变量。

表5中，A部分我们报告了假定没有跨组别相互影响的估计结果。第1—3列对经合组织国家重复了基准设定。注意，这会给非经合组织国家的空间滞后项施加一个零系数，性质上假定经合组织国家不会对非经合组织国家做出反应。使用综合指数，我们发现结果和全样本的结果可比。这重复了奥尼（2010）的结果。然而，和全样本的结果不同，第2列和第3列的结果意味着这是劳动法规策略互补的结果，而不是劳动实践。至于4—6列中非经合组织国家的结果，预测的系数和全样本的结果类似（这也许并不奇怪，因为非经合组织国家占总样本的80%）。

表5 经合组织国家与非经合组织国家

	(1)	(2)	(3)	(4)	(5)	(6)
	经合组织国家			非经合组织国家		
	劳动权利	劳动实践	劳动法规	劳动权利	劳动实践	劳动法规
A：不考虑跨组别效应						
空间滞后项（组内）	0.694***	0.175	1.158***	0.513***	0.429***	−0.480
	(0.205)	(0.333)	(0.275)	(0.197)	(0.115)	(0.518)
样本量	459	459	459	1836	1836	1836
R^2	0.309	0.276	0.125	0.307	0.254	0.197
Kleibergen-Paap p 值	0.0000	0.0000	0.0000	0.0000	0.0000	0.0000
Hansen J 值	0.1260	0.6099	0.5577	0.3402	0.2604	0.2190
B：考虑跨组别效应						
经合组织空间滞后项	0.677***	0.113	0.770***	0.114	0.422**	−0.505**
	(0.190)	(0.246)	(0.208)	(0.161)	(0.184)	(0.212)
非经合组织国家空间滞后项	0.564**	0.451***	−0.371	0.663***	0.339***	0.035
	(0.270)	(0.157)	(0.309)	(0.214)	(0.105)	(0.268)
样本量	459	459	459	1836	1836	1836
R^2	0.265	0.290	0.167	0.301	0.254	0.195
Kleibergen-Paap p 值	0.0000	0.0000	0.0000	0.0000	0.0000	0.0000
Hansen J 值	0.5639	0.6567	0.4571	0.2920	0.1502	0.2015

注：每个设定均包括所有的控制变量及国家固定效应。全部的结果可向作者索取。括号内是稳健标准误，$R2$ 是组间 $R2$。*** $P<0.01$；** $P<0.05$；* $P<0.1$。

表5中，B部分放松了对跨组别空间滞后的限制。因此，1—3列中，第一个系数是估计的一个经合组织国家对另一个经合组织国家的反应，第二个系数是估

计的一个经合组织国家对一个非经合组织国家的反应。同样，4—6列中的前两个系数显示了一个非经合组织国家对一个经合组织国家的反应以及对一个非经合组织国家的反应。同一组别内部的竞争的估计系数和A部分的结果类似，即经合组织国家之间的竞争主要是通过劳动法规，而非经合组织国家之间的竞争主要是通过劳动实践。至于跨组别的竞争，估计结果表明跨组别的竞争发生在劳动实践中。

（四）均值上方和下方的竞争

表6中，我们进一步把所有国家分为两类：样本期中平均劳动权利指数超过均值的国家和低于均值的国家。我们这样做是为了考察是否劳动标准相对较低的国家和劳动标准相对较强的国家之间的竞争程度有所不同。这样做一方面是由于多数经合组织国家处于均值以上，并且竞争的性质看起来和经合组织国家与非经合组织国家之间的竞争有所不同，包括它们反映了表5中的结果。因此，1—3列中我们包括了经合组织国家，4—6列中排除了它们（其中所有变量，包括强劳动标准和弱劳动标准的界限，都重新计算）。附录A给出了国家属于哪一组别的详细清单。相对于经合组织国家和非经合组织国家的比较，我们对每一组都重新计算了所有的空间滞后项和工具变量。此外，在A部分和B部分，我们假定没有跨组别影响，但是在C部分和D部分放松了这个假定。

首先看处于均值以上且没有跨组别影响的国家（A部分），当包括经合组织国家时，空间滞后项的系数和全样本的结果类似，即劳动实践中的策略互补而非劳动法规。然而，应当指出的是，回归没有通过过度识别检验，这是另外一个在4—6列的设定中排除经合组织国家的原因，结果表明排除经合组织国家并不是一个问题。观察这些结果，对三种劳动标准的度量方法，我们均发现了显著为正的空间滞后项。这意味着对于具有强劳动标准的非经合组织国家，政策的相互影响可能更加强烈。至于处于均值以下且没有跨组别影响的国家（B部分），我们发现不论是否包括经合组织国家，劳动权利和劳动法规都有正的空间滞后项。当排除了经合组织国家时，与均值以上的样本很像，我们在三种劳动标准的衡量中均发现了与竞争一致的证据。

表6 均值以上及以下的国家

	(1)	(2)	(3)	(4)	(5)	(6)
	包括经合组织国家			不包括经合组织国家		
	劳动权利	劳动实践	劳动法规	劳动权利	劳动实践	劳动法规
A：均值以上的国家，不考虑跨组别效应						
空间滞后项（组内）	0.235*	0.351***	−0.044	0.352***	0.351***	0.244***
	(0.127)	(0.127)	(0.194)	(0.081)	(0.119)	(0.090)
样本量	1139	1139	1139	901	901	901
R^2	0.252	0.194	0.171	0.318	0.252	0.207
Kleibergen-Paap p 值	0.0000	0.0000	0.0000	0.0000	0.0000	0.0000
Hansen J 值	0.0002	0.0268	0.0047	0.9509	0.4687	0.1279
B：均值以下的国家，不考虑跨组别效应						
空间滞后项（组内）	0.604**	0.324	0.766***	1.122***	0.397*	0.910**
	(0.258)	(0.216)	(0.282)	(0.318)	(0.241)	(0.440)
样本量	1156	1156	1156	935	935	935
R^2	0.327	0.273	0.188	0.275	0.253	0.163
Kleibergen-Paap p 值	0.0000	0.0000	0.0000	0.0000	0.0000	0.0000
Hansen J 值	0.3578	0.5106	0.9544	0.6328	0.1082	0.3159
C：均值以上的国家，考虑跨组别效应						
均值以上国家空间滞后项	−0.187	0.163	−0.123	0.328***	0.261**	0.176**
	(0.134)	(0.106)	(0.143)	(0.075)	(0.111)	(0.089)
均值以下国家空间滞后项	0.381***	0.187*	−0.189**	−0.037	−0.085	−0.339***
	(0.127)	(0.101)	(0.079)	(0.132)	(0.178)	(0.129)
样本量	1139	1139	1139	901	901	901
R^2	0.255	0.202	0.174	0.319	0.258	0.206
Kleibergen-Paap p 值	0.0000	0.0000	0.0000	0.0000	0.0000	0.0000
Hansen J 值	0.0016	0.0579	0.0004	0.5292	0.1172	0.1619
D：均值以下的国家，考虑跨组别效应						
均值以上国家空间滞后项	0.263	0.185	0.568*	−0.063	−0.159	−0.206
	(0.217)	(0.147)	(0.310)	(0.113)	(0.147)	(0.161)
均值以下国家空间滞后项	0.498**	0.384***	0.268	0.745***	0.530**	0.154
	(0.246)	(0.142)	(0.187)	(0.224)	(0.238)	(0.235)
样本量	1156	1156	1156	935	935	935
R^2	0.326	0.275	0.195	0.296	0.246	0.196
Kleibergen-Paap p 值	0.0000	0.0000	0.0000	0.0000	0.0000	0.0000
Hansen J 值	0.6945	0.5207	0.3598	0.1006	0.1120	0.1380

注：每个设定均包括所有的控制变量及国家固定效应。全部的结果可向作者索取。括号内是稳健标准误，R2 是组间 R2。*** $P<0.01$；** $P<0.05$；* $P<0.1$。

C部分和D部分中,我们放松了没有跨组别影响的假定。C部分考虑了均值以上的国家。当包括经合组织国家时,同样没有通过过度识别检验。排除了经合组织国家时,过度识别的问题不再发生,因此我们关注这些结果。如表中所示,估计结果表明竞争主要发生在均值以上的国家中,对三种衡量方法均是如此。唯一显著的跨组别空间滞后项是均值之下国家的劳动法规,并且和我们的多数结果相反,空间滞后项的系数为负。D部分对均值之下的国家重复了这些估计。当包括均值以上的国家时,结果和全样本的结果类似,竞争主要通过劳动实践来进行而非劳动法规。此外,竞争主要发生在组别内部。这意味着这些国家可能为了不同类型的投资而竞争(例如,熟练劳动密集型的外商直接投资可能主要在具有较高标准的地区才能找到合格的工人)。最后,注意到对均值之下的国家来说,组内劳动权利和劳动实践的空间滞后项的点估计的结果更高。和这些国家较低的均值结合起来,这个结果意味着劳动标准较弱的国家存在着更加激烈的竞争。例如,如果其他所有均值以上的国家把他们的综合指数减少1,对应的那个均值以上的国家将会降低综合指数0.328或者相对于均值30.7的1.1%。如果其他所有均值以下的国家把他们的综合指数减少1,对应的那个均值以下的国家将会降低综合指数0.745或者相对于均值20.4的3.7%,是均值以上国家变动的三倍以上。

(五) 其他稳健性检验

虽然由于空间的限制没有在文中报告,我们也进行了一些额外的稳健性检验。第一个检验是把非经合组织国家分为五个地区:撒哈拉以南的非洲、亚洲、中东和北非、拉丁美洲和欧洲,估计了地区内部空间滞后的影响。由于这里把地区以外的国家赋予了零权重,其结果类似于我们使用GDP权重和距离权重的中间值。这样做的另外一个原因是,正如莫斯利和宇野(2007)及尼迈尔和德索萨(2006)所讨论的,不同国家可能存在着地区和文化间的差异，因此会影响执行劳动标准水平的决定。① 在此过程中，当使用劳动权利时，我们在除非洲外的所有地区均发现了显著的空间滞后。当使用劳动实践时，空间滞后项只在拉丁美洲和欧洲显著，而劳动法规的空间滞后项在各个地区均不显著。第二个检验是我们考察了这个结果是否是由特定的一些国家所导致的。例如，我们使用了一系列设定，在回归中轮流排除每一个国家。另外，我们还排除了大的发展中国家巴西、印度和中国。另一种方法是排除资源丰富的国家，因为这些国家可能GDP很高，但是劳动标准却很低。在每种情况下，定性的结果（包括对于非经合组织国家的分析）都和上文报告的结果类似。

第三种检验是，如上所述，由于排除了数据缺失的国家，我们的面板是平衡面板。虽然避免了引入空间滞后项的变异及国家作为工具变量进入和离开样本，但是这种处理方法也有很明显的缺点，因为这样做尤其排除了东欧国家（东欧国家的数据在样本早期缺失）。当包括这些额外的365个观测值时，我们又一次在综合指数和劳动实践回归中发现了正向显著的空间滞后项，并且在使用某些权重时（不是GDP权重）我们还在劳动法规的回归中发现了显著的空间滞后项。因此，大样本的结果也和上文的结果可比。

第四种检验和均值以上、均值以下的区分相似，但是按照人均收入来区分发展中国家。如表6中结果所示，我们发现竞争主要发生在收入组的内部，并且在劳动实践方面更加明显。

作为对面板工具估计量的替代，我们在第五种检验中使用了布伦德尔和邦德（Blundell & Bond，1998）的系统广义矩估计量（SYS-GMM）。定性结果和上文的结果相同，综合指数和劳动实践回归中存在着显著的空间滞后。但是，由于SYS-GMM估计量没有提供弱识别检验，并且当不限制工具变量的滞后期数时会导致汉森（Hansen）的过度识别统计量变大，因此我们选择关注工具变量（IV）的结果。

第六个检验中，我们考虑了一系列设定包括把其他国家控制变量的加权

---

① 此外，见赵（Cho，2010）考虑女性劳动权利的观点。

平均作为控制变量,即 Durbin 空间模型:

$$LR_{i,t} = \beta_i + \rho \sum_{j \neq i} \omega_{j,i,i} LR_{j,t} + \beta_1 LR_{i,t-1} + \beta X_{i,t-5} + \beta_2 \sum_{j \neq i} \omega_{j,i,i} X_{j,t-5} + \varepsilon_{i,t}$$

值得注意的是,在这种情况下,我们不能包括所有的加权的控制变量的和,因为那样做会使我们没有被排除的工具变量。估计结果表明,在任何情况下,其他控制变量的加权平均几乎不显著并且包括这些工具变量往往会导致不能通过过度识别检验。然而,空间滞后项和上文的结果大致相同。

最后,我们考虑了一种设定,允许空间相关的误差(见 Anselin,1988)。这种设定给误差项施加了一个空间相关的结构,用矩阵可以表示为 $\varepsilon = (I - \lambda W_2)^{-1} \mu$,其中 μ 独立同分布,W_2 是权重矩阵,描述了 ε 的相关系数。把这个矩阵带入方程(6)中,重写结果 $Y = \rho W_1 Y + \lambda W_2 Y - \lambda \rho W_1 W_2 Y + X\beta_1 - \lambda W_2 X \beta_2 + \mu$。估计这个方程时,空间滞后项和控制变量的总体显著性明显下降,这可能是由于其他国家劳动权利的加权平均项高度相关(依赖于所用的权重,通常大于 0.9)。然而,当空间滞后项显著时,回归系数为正。另外一个困难是,由于增加了内生变量,经常不能通过弱识别检验。因此,我们没有报告这些结果,但是和其他稳健性检验一样,相应的结果可以向作者索取。

五、结论

本文的目的是考察劳动标准竞争的可能性(尤其是包括发展中国家)并提供相应的经验结果。使用莫斯利(2011)对劳动权利以及劳动权利的两个部分劳动实践和劳动法规的衡量方法,我们利用空间计量经济学的方法估计了不同国家间劳动标准相互影响的程度。结果表明存在着稳健的正向且显著的空间滞后,这个发现与劳动实践和劳动权利综合指数中存在的策略互补相一致。值得注意的是,这个结果在劳动法规中不太明显,意味着竞争主要发生在劳动标准的执行中,而不是劳动标准的立法中。由于所有三种衡量结果都随时间降低，我们认为这是对外商直接投资的竞争所造成的，而非劳动权利的扩散或者国际协作（例如通过 ILO 协定），因为后者会导致劳动法规的提升，甚至可能随着更多的工人试图维护自己的权利而造成劳动实践的下降。这并不意味着所有的竞争都是相同的。尤其是，劳动实践的竞争在非经合组织国家中最明显，经合组织国家的竞争似乎主要发生在劳动法规中。此外，虽然劳动标准较强的国家可能在劳动实践和劳动法规两方面均相互影响，但是劳动标准较弱的国家则主要在劳动实践方面相互影响。

这些结果重要的政策含义是由于一个国家通过这种方式（或者其他任何措施）吸引外商直接投资的能力取决于其他吸引投资的因素，如国内市场规模，制度质量等，因此改变这些因素可能会影响竞争的程度。尤其是，布洛尼根（Blonigen，2005）的证据表明跨国公司往往会被较低的贸易壁垒所吸引。因此，如果发达国家同一个低劳动标准的国家签订了自由贸易协定从而提高了该国的贸易开放度，我们的估计结果表明这会迫使其他国家通过劳动标准方面更加激励的竞争来做出反应，以避免投资的丧失。这表明，当追求国际协定或者其他可能影响外商直接投资分布的政策时，留意这些影响是非常重要的。

最后，和其他研究类似，我们的研究也受到数据质量的限制。尤其是，虽然和其他衡量方法相比，莫斯利指数提高了劳动权利的度量精度，但是它仍可能有测量误差。此外，人们可以设想一种情况，"真实的"劳动权利既包括谈判权和其他方面的莫斯利指数，也包括不可观测的措施（如工作条件）。由于后者出现在误差项中，因此可能会导致空间相关的误差项和内生的控制变量（因为控制变量可能和劳动权利不可观测的部分相关，因此和误差项相关）。因此，我们希望我们的结果既是未来进一步分析劳动权利决定的起点，也可以呼吁劳动权利度量方法的进一步发展。

附录 A 样本国家和地区

阿尔及利亚[c]	塞浦路斯[e]	科威特[c]	卢旺达[a]
安哥拉[a]	丹麦	老挝[b]	沙特阿拉伯[c]
安提瓜和巴布达[d]	吉布提[a]	黎巴嫩[c]	塞内加尔[a]
阿根廷[d]	多米尼克[d]	莱索托[a]	塞舌尔[a]
澳大利亚	多米尼加共和国[d]	利比里亚[a]	塞拉利昂[a]
奥地利	厄瓜多尔[d]	利比亚[c]	新加坡[b]
巴哈马[d]	埃及[c]	马达加斯加[a]	南非
巴林[c]	萨尔瓦多[d]	马拉维[a]	西班牙
孟加拉国[b]	赤道几内亚[a]	马来西亚[b]	斯里兰卡[b]
巴巴多斯[d]	埃塞俄比亚[a]	马里[a]	圣卢西亚[d]
比利时	斐济[d]	毛里塔尼亚[a]	苏丹[a]
伯利兹[d]	芬兰	毛里求斯[a]	苏里南[a]
贝宁[a]	法国	墨西哥	斯威士兰[a]
不丹[b]	加蓬[a]	蒙古[b]	瑞典
玻利维亚[d]	冈比亚[a]	摩洛哥[c]	瑞士
博茨瓦纳[a]	加纳[a]	莫桑比克[a]	叙利亚[c]
巴西[d]	希腊	缅甸	中国台湾[b]
文莱[b]	危地马拉[d]	纳米比亚[a]	坦桑尼亚[a]
保加利亚[e]	几内亚[a]	尼泊尔[b]	泰国[b]
布基纳法索[a]	几内亚比绍[a]	荷兰	多哥[a]
布隆迪[a]	圭亚那[d]	新西兰	汤加[b]
柬埔寨[b]	海地[d]	尼加拉瓜[d]	特立尼达和多巴哥[d]
喀麦隆[a]	洪都拉斯[d]	尼日尔[a]	突尼斯[c]
加拿大	匈牙利	尼日利亚[a]	土耳其
佛得角[a]	印度[b]	挪威	乌干达[a]
中非共和国[a]	印度尼西亚[b]	阿曼[c]	阿联酋[c]
乍得[a]	伊朗[c]	巴基斯坦[b]	英国
智利	伊拉克[c]	巴拿马[d]	美国
中国[b]	爱尔兰	巴布亚新几内亚[b]	乌拉圭[d]
哥伦比亚[d]	以色列	巴拉圭[d]	瓦努阿图[b]
科摩罗[a]	意大利	秘鲁[d]	委内瑞拉[d]
刚果民主共和国[a]	牙买加[d]	菲律宾[b]	越南[b]
刚果共和国[a]	日本	波兰	赞比亚[a]
哥斯达黎加[d]	约旦[c]	葡萄牙	津巴布韦[a]
科特迪瓦[a]	肯尼亚[a]	卡塔尔[c]	
古巴[d]	韩国	罗马尼亚[e]	

字体：粗体表示 OECD 国家；下划线表示均值以上的国家（包括 OECD 国家）。
上标：a：非洲；b：亚洲；c：中东；d：拉丁美洲；e：欧洲。

附录 B　描述统计

变量	均值	标准差	最小值	最大值
劳动权利（LR）	26.59937	7.930776	0	37
劳动实践	22.56592	4.439709	0	27.5
劳动法规	23.03345	5.468313	0	28.5
人均 GDP（对数）	7.385965	1.613713	2.767861	10.53925
GDP（对数）	9.643323	2.305208	4.937785	16.10805
GDP 增长率	1.986578	29.42852	-44.19069	973.6082
开放度	57.30676	57.72007	4.961442	986.6469
工业占 GDP 份额	29.1974	11.90179	2.61335	82.36249
劳动参与率	41.23766	12.96921	11.4666	165.901
民主程度	3.976471	2.041391	1	7
政府的意识形态	0.3363834	0.4725748	0	1
IMF SAF 参与率	0.1555556	0.3625125	0	1
WTO 成员	0.6618736	0.4731749	0	1
LR 空间滞后项（GDP 权重）	29.57121	2.120149	25.78668	33.70415
劳动实践空间滞后项（GDP 权重）	23.31192	1.382335	20.97974	25.98559
劳动法规空间滞后项（GDP 权重）	25.25929	0.8249321	23.41574	26.81152

附录 C　数据来源

变量	数据描述	数据来源
劳动权利指数	劳动权利 37 个方面衡量（包括法规和实践），范围 0 - 74.5（见第 3 部分）	Mosley and Uno（2007）
劳动权利：实践和法规	劳动权利实践 16 个方面的衡量，范围 0 - 27.5；劳动权利法规 21 个方面的衡量，范围 0 - 28.5（见第 3 部分）	Mosley and Uno（2007）
人均 GDP 和增长率	2000 年不变价格的以美元计价的人均 GDP（对数）以及人均 GDP 的增长率	经济研究服务部（ERS），华盛顿
开放度	（出口 + 进口）/GDP	UNCTAD（2011）
工业占 GDP 份额	工业增加值占 GDP 的比重	UNCTAD（2011）
劳动参与率	劳动力占总人口的比重	UNCTAD（2011）
民主程度指数	公民和政治自由指数的均值，范围 0 - 7，数值越大表示自由程度更高。	Freedom House（2011）
政府的意识形态	现任政府的意识形态，范围 -1 到 1，-1 代表右翼政府，0 代表中性政府，1 代表左翼政府。	DPI（政治制度数据集，Keefer 2001）
IMF SAP	虚拟变量，反映一国是否参与 IMF 的结构调整项目	Dreher（2006）
WTO 成员	虚拟变量，反映一国是否为 WTO 成员	世贸组织

参考文献

1. Allers, M., Elhorst, J. P., "Tax Mimicking and Yardstick Competition among Local Governments in the Netherlands", *International Tax and Public Finance*, 2005, 12, 493 – 513.

2. Anselin, Luc, *Spatial Econometrics: Methods and Models*, Kluwer Academic Publishers, Boston, MA, 1988.

3. Arestoff, Florence, Granger, Clotilde, "Does Trade Openness Affect Core Labour Standards? European Study Group Conference", *Nottingham* (United Kingdom), 2004, 9 – 11 September.

4. Baldwin, Richard, Krugman, Paul, "Agglomeration, Integration and Tax Harmonisation", *European Economic Review*, 2004, 48 (1), 1 – 23.

5. Baltagi, B. H., Egger, P., Pfaffermayr, M., "Estimating Models of Complex FDI: Are There Third-country Effects?", *Journal of Econometrics*, 2007, 140 (1), 260 – 281.

6. Bhagwati, Jagdish, *In Defense of Globalization*, Princeton University, Princeton, 2004.

7. Beck, Nathaniel, "Time-series Cross-section Data: What Have We Learned in the Past Few Years?", *Annual Political Science Review*, 2001, 4 (1), 271 – 293.

8. Beck, Nathaniel, Katz, Jonathan N., "What to Do (and Not to Do) with Time-series Cross-section Data", *American Political Science Review*, 1995, 89 (3), 634 – 647.

9. Beron, Kurt J., Murdoch, James C., Vijverberg, Wim P. M., "Why Cooperate? Public Goods, Economic Power, and the Montreal Protocol", *Review of Economics and Statistics*, 2003, 85 (2), 286 – 297.

10. Blonigen, Bruce A., "A Review of the Empirical Literature on FDI Determinants", *Atlantic Economic Journal*, 2005, 33, 383 – 403.

11. Blonigen, B. A., Piger, Jeremy, Determinants of Foreign Direct Investment, NBER Working Paper 16704, 2011.

12. Blonigen, B. A., Davies, R. B., Waddell, G. R., Naughton, H., "FDI in Space: Spatial Autoregressive Relationships in Foreign Direct Investment", *European Economic Review*, 2007, 51 (5), 1303 – 1325.

13. Blundell, R. W., Bond, S. R., "Initial Conditions and Moment Restrictions in Dynamic Panel Data Models", *Journal of Econometrics*, 1998, 87, 115 – 143.

14. Bohning, W. R., *Labour Rights in Crisis: Measuring the Achievements of Human Rights in the World of Work*, Palgrave, London, 2005.

15. Bonnal, Michaël., "Export Performance, Labour Standards and Institutions: Evidence from a Dynamic Panel Data Model", *Journal of Labour Research*, 2008, 31 (1), 53 – 66.

16. Boockmann, Bernhard, Dreher, Axel, "The Contribution of the IMF and the World Bank to Economic Freedom", *European Journal of Political Economy*, 2003, 19 (3), 633 – 649.

17. Bordignon, M., Cerniglia, F., Revelli, F., "In Search of Yardstick Competition: A Spatial Analysis of Ltalian Municipal property Ptax Setting", *Journal of Urban Economics*, 2003, 54, 199 – 217.

18. Botero, J., Djankov, S., La Porta, R., Lopez de Silanes, F., Shliefer, A., "The Regulation of Labour", *Quarterly Journal of Economics*, 2004, 119 (4), 1339 – 1382.

19. Brown, Drusilla K., "Labour Standards: Where Do They Belong on the International Trade Agenda?", *Journal of Economic Perspectives*, 2001, 15 (3), 89 – 112.

20. Brueckner, J., "Strategic Interaction Among Governments: An Overview of Empirical Studies", *International Regional Science Review*, 2003, 26, 175 – 188.

21. Busse, M., "Do Labour Standards Affect Comparative Advantage in Developing Countries?", *World Development*, 2002, 30, 1921 – 1932.

22. Busse, Matthias, "On the Determinants of Core Labour Standards: the Case of Developing Countries", *Economics Letters*, 2004, 83 (2), 211 – 217.

23. Caraway, Teri L., "Labour Rights in East Asia: Progress or Regress?", *Journal of East Asian Studies*, 2009, 9, 153 – 186.

24. Cho, Seo-Young, International Human Rights Treaty to Change Social Patterns —— the Convention on the Elimination of All Forms of Discrimination against Women, Cege Discussion Paper Series, No. 93, Georg-August University, 2010.

25. Cingranelli, David, Richards, David L., "Measuring Level, Pattern and Sequence of Government Respect for Physical Integrity Rights", *International Studies Quarterly*, 1999, 43 (2), 407 – 417.

26. Cingranelli, David L., Richards, David L. (2006) The Cingranelli-Richards human rights dataset, version 2009. 10. 02, http://www.humanrightsdata.org.

27. Davies, Ronald B., Naughton, Helen T., Cooperation in Environmental Policy: A Spatial Approach, University of Oregon economics department working papers 2006 – 18, 2006.

28. Davies, Ronald B., Voget, Johannes, Tax competition in an expanding European Union, Working papers 0830, Oxford University Centre for Business Taxation, 2008.

29. Davies, Ronald B., Voy, Annie, "The Effect of FDI on Child Labour", *Journal of Development Economics*, 2009, 88, 59 – 66.

30. Devereux, Michael P., Lockwood, Ben, Redoano, Michela, "Do Countries Compete over Corporate Tax Rates?", *Journal of Public Economics*, 2008, 92 (5 – 6), 1210 – 1235.

31. Dewit, G., Görg, H., Montagna, C., "Should I Stay or Should I Go? Foreign Direct Investment, Employment Protection and Domestic Anchorage", *Review of World Economics*, 2009, 145, 93 – 110.

32. Dreher, Axel, "IMF and Economic Growth: the Effects of Programs, Loans, and Compliance with Conditionality", *World Development*, 2006, 34 (5), 769 – 788.

33. Economic Research Service, International macroeconomic data set, Washington D. C., Accessed from http://www.ers.usda.gov/Data/Macroeconomics/, 2011.

34. Eicher, Theo, Helfman, Lindey, Lenkoski, Alex, "Robust FDI Determinants: Bayesian Model Averaging in the Presence of Selection Bias", *Journal of Macroeconomics*, forthcoming.

35. Ekholm, K., Forslid, R., Markusen, J. R., "Export-platform Foreign Direct investment", *Journal of European Economics Association*, 2007, 5 (4), 776 – 795.

36. Elhorst, J. P., "Spatial Panel Models", in M. Fischer and P. Nijkamp (Eds.), *Handbook of Regional Science*, forthcoming, New York, New York, Springer.

37. Fajnzylber, Pablo, Lederman, Daniel, Loayza, Norman, "Inequality and Violent Crime", *Journal of Law and Economics*, 2002, 45 (1), 1 – 40.

38. Finnemore, Martha, Sikkink, Kathryn, "International Norms and Political Change", *International Organization*, 1998, 52 (4), 887 – 917.

39. Fredriksson, Per G., Millimet, Daniel L., "Strategic Interaction and the Determination of Environmental Policy Across US States", *Journal of Urban Economics*, 2002, 51,

101 – 122.

40. Fredriksson, Per G., List, John A., Millimet, Daniel L., "Chasing the Smokestack: Strategic Policymaking with Multiple Instruments", *Regional Science and Urban Economics*, 2004, 34 (4), 387 – 410.

41. Freedom House, Freedom in the world comparative and historical data, Accessed from http://www.freedomhouse.org/template.cfm?page = 439, 2011.

42. Görg, Holger, Fancy a Stay at the Hotel California? Foreign Direct Investment, Taxation and Firing Costs, IZA Working Paper No. 665, 2002.

43. Greene, William H., *Econometric Analysis*, Prentice Hall, London, 2007.

44. Greenhill, Brian, Mosley, Layna, Prakash, Aseem, "Trade-based Diffusion of Labour Rights: A Panel Study, 1986 – 2002", *American Political Science Review*, 2009, 103 (4), 169 – 190.

45. Hansen, L., "Large Sample Properties of Generalized Method of Moments Estimators", *Econometrica*, 1982, 50 (3), 1029 – 1054.

46. Hansen, L. P., Heaton, J., Yaron, A., "Finite Sample Properties of Some Alternative GMM Estimators", *Journal of Business and Economic Statistics*, 1996, 14 (3), 262 – 280.

47. Haufler, Andreas, Wooton, Ian, "Country Size and Tax Competition for Foreign Direct Investment", *Journal of Public Economics*, 1999, 71 (1), 121 – 139.

48. Head, K., Mayer, T., "Market Potential and the Location of Japanese Investment in the European Union", *Review of Economics and Statistics*, 2004, 86 (4), 959 – 972.

49. Helpman, Elhanan, "A Simple Theory of International Trade with Multinational Corporations", *Journal of Political Economy*, 1984, 94, 451 – 471.

50. Javorcik, Beata, Spatareanu, Mariana, "Do Foreign Investors Care about Labour Market Regulations?", *Review of World Economics*, 2005, 141 (3), 375 – 403.

51. Kleibergen, F., Paap, R., "Generalized Reduced Rank Tests Using the Singular Value Decomposition", *Journal of Econometrics*, 2006, 133, 97 – 126.

52. Klemm, Alexander, van Parys, Stefan, "Empirical Evidence on the Effects of Tax Incentives", *International Tax and Public Finance*, 2012, 19 (3), 393 – 423.

53. Kucera, D., "Core Labour Standards and FDI", *International Labour Review*, 2002, 141 (1 – 2), 31 – 69.

54. Levin, A., Lin, C.-F., Chu, C.-S. J., "Unit Root Tests in Panel Data: Asymptotic and Finite-sample Properties", *Journal of Econometrics*, 2002, 108, 1 – 24.

55. Levinson, Arik, "Environmental Regulatory Competition: A Status Report and Some New Evidence", *National Tax Journal*, 2003, 56 (1), 91 – 106.

56. Markusen, James R., "Multinationals, Multi-plant Economies, and the Gains from Trade", *Journal of International Economics*, 1984, 16, 205 – 226.

57. Mosley, Layna, *Labour Rights and Multinational Production*, Cambridge University Press, Cambridge, 2011.

58. Mosley, Layna, Uno, S., "Racing to the Bottom or Climbing to the Top? Economic Globalization and Collective Labour Rights", *Comparative Political Studies*, 2007, 40 (8), 923 – 948.

59. Murdoch, James C., Sandler, Todd, Vijverberg, Wim P. M., "The Partici Pation Decisions Versus the Level of Participation in an Environmental Treaty: A Spatial Probit Analysis", *Journal of Public Economics*, 2003, 87, 337 – 362.

60. Neumayer, Eric, de Soysa, Indra, "Trade Openness, FDI and Child Labour", *World Development*, 2005, 33, 43 – 63.

61. Neumayer, Eric, de Soysa, Indra, "Globalization and the Right to Free Association and Collective Bargaining: An Empirical Analysis", *World Development*, 2006, 34 (1), 31 – 49.

62. Neumayer, Eric, de Soysa, Indra, "Globalization, Gender Rights and Forced Labour", *World Economy*, 2007, 30 (10), 1510 – 1535.

63. Newey, W. K., West, K. D., "Automatic Lag Selection in Covariance Matrix Estimation", *Review of Economic Studies*, 1994, 61 (4), 631 – 653.

64. Olney, William W., A Race to the Bottom? Employment Protection and Foreign Direct Investment", Williams College Economics DepartmentWorking Paper # 2011 – 02.

65. Overesch, Michael, Rincke, Johannes, "Competition from Low-wage Countries and the Decline of Corporate Tax Rates: Evidence from European Integration", *World Economy*, 2009, 32 (9), 1348 – 1364.

66. Rodrik, D., "Labour Standards in International Trade: Do They Matter and What Do We about Them", In Lawrence, R. Z., Rodrik, D., Whalley, J. (Eds.), *Emerging Agenda for Global Trade: High Stakes for Developing Countries*, Overseas Development Council, Washing-

ton DC, 1996, pp. 35 – 79.

67. Salmon, P., "Decentralization as an Incentive Scheme", *Oxford Review of Economic Policy*, 1987, 3, 24 – 43.

68. Schaffer, M. E., 2010. xtivreg 2: Stata Module to Perform Extended IV/2SLS, GMM and AC/HAC, LIML and k-class regression for panel data models, http://ideas.repec.org/c/boc/bocode/s456501.html.

69. Soares, Rodrigo R., "Development, Crime and Punishment: Accounting for the International Differences in Crime Rates", *Journal of Development Economics*, 2004, 73 (1), 155 – 184.

70. UNCTAD, UNCTAD statistics overview, Accessed from http://unctadstat.unctad.org/ReportFolders/reportFolders.aspx? sCS_referer = &sCS_ChosenLang = en, 2011.

全球经济中的强迫劳动治理*

［英］尼古拉·菲利普斯　［英］法比奥拉·米耶雷斯　著　　王潇锐　译**

一、引言

2005年国际劳工组织发起的反强迫劳动全球联盟（Global Alliance Against Forced Labour），象征着围绕当今世界存在并持续出现的各种强迫劳动形式，全球的政策兴趣不断增长。它同21世纪以来联合国体系内的其他反强迫劳动倡议共同发挥作用，这些倡议包括：所谓的关于贩运人口的《巴勒莫议定书》（Palermo Protocol），《联合国打击贩运人口的全球行动计划》（UN-GIFT），以及由联合国人权理事会设立当代形式奴役问题特别报告员。其他的国际政策组织也对此支持，特别是在经过了一段漫长而曲折的批准过程后，《欧洲委员会禁止人口贩运行动公约》于2009年开始生效。一些国家的政府，如美国、英国和其他许多欧洲国家，已经就人口贩运和现代奴役标准形成了地方立法。2013年成立的巴西根除奴隶用工国家计划，是一个颇为重要的举措。2011年

---

* 本文原载《全球化》（*Globalizations*）2015年第12卷第2期。

** 作者简介：尼古拉·菲利普斯（Nicola Phillips），谢菲尔德大学政治学院教授；法比奥拉·米耶雷斯（Fabiola Mieres），杜伦大学助理研究员。译者简介：王潇锐，中央编译局马克思主义研究部助理研究员。

美国加利福尼亚州颁布的《2010加州供应链透明度法案》具有显著的创新，在于其关注了企业及其全球生产活动。与此同时，企业及雇主，特别是大品牌公司，对于表面上关注全球供应链中的强迫劳动问题，已经稳步扩大了他们的企业社会责任行为的范围。特别是在欧洲，一些消费者导向的举措也表明了，在全球和地方经济中，与这些极端的劳动剥削形式相关的问题愈发敏感。

显而易见，以上诸种治理措施的有效性在很重要的程度上取决于从根本上理解强迫劳动这一问题的根源。进一步来说，不同类型的强迫劳动，其根源是不同的，因而提出了迥然不同的治理挑战：例如，解决世袭的奴隶和奴役制度，与伴随全球生产网络（GPNs）而产生的全球经济中的强迫劳动，其治理战略是差别显著的。作为本文的重点，正如上文提及的，后者已经从不受重视转变为在国际的、国内的和公司的治理框架中占据着突出地位（Phillips, 2013a）。我们的目的是批判性地探讨如何理解支撑了这些框架的强迫劳动，在这个过程中我们重点关注国际组织层面，同时批判性地思考它们对当代治理战略的有效性可能产生的影响。

我们论证，要理解强迫劳动是如何以及为何在全球经济中产生并持续出现，需要在两个相关领域内具有坚固的基础，而在治理框架中这两个基础的缺失或发展不足会导致治理战略有效性的实质性不足或是具有局限性。第一个领域涉及全球经济的本质——具体而言，涉及全球生产网络是如何组织和运行的。全球生产网络在这里被定义为"一种相互关联的运作的纽带，商品和服务通过这一纽带进行生产、分配和消费"（Henderson, Dicken, Hess, Coe, & Yeung, 2002, p. 445）。第二个领域涉及强迫劳动和贫困动态性之间的关系。我们的观点是，在这两个方面，关于强迫劳动成因的占主导地位的解释都是不完善或者说是错位的。就有关全球经济的问题，始终存在这样的假定，即强迫劳动是与全球经济正常运行形成的偏差，并且它的成因在很大程度上外生于当今全球经济的重组进程。尽管在重要的政策讨论领域找到与"全球化的阴暗面"（ILO, 2005a, p. 63）相关的资料并不罕见，然而这些与全球化的联系究竟是如何运作的仍鲜有关注。此外，在很多关于这些联系的占主导地位的解释中，仍坚持这样一个强调重点，即强迫劳动是"市场失灵"的产物，并且能够通过加强管制和监控供应链中各种形式的违规行为予以纠正。

目前关于贫困问题的治理讨论得到了更多的认可，而学界普遍接受这样一种观点，即贫困对于理解强迫劳动问题的根源是至关重要的（例如：ILO，2005a，2009；Phillips，2013b；Plant，2007）。这一共识是基于一系列经验的具有说服力的观察得出的：主要是贫困工人，普遍在世界贫困地区，需要忍受强迫劳动的环境；而贫困的威胁会导致工人们屈从于更大程度的剥削和更恶劣的工作条件；当前的经济需求允许招聘者和雇主强加债务条件，这也是当今强迫劳动的标志之一。尽管如此，在学界和政策讨论中，贫困和强迫劳动究竟是如何联系在一起的几未得到关注。并且，当考虑这个问题时，贫困往往被看作是一个社会排斥问题，为此，在社会和全球经济活动中，更好的融合代表着对其的补救。

在这两种情况下这些占主导地位的解释所存在的问题惊人地相似。强迫劳动和贫困都被视作是"剩余"状态。也就是说，由于强迫劳动在普遍意义上表现为与全球经济正常运行形成的偏差，因此它常常被视为与尚未完全"成熟"的那部分市场相联系，与尚未充分融入"全球化"进程主流的那部分经济相联系。同样地，在占主导地位的政策正统中，贫困被认为是产生于各种形式的社会和劳动力市场排斥以及对全球经济活动的不充分融入。由于贫困造成了容易受到剥削和产生强迫劳动，因此可以断定，强迫劳动的根源被假定为在社会排斥和劳动力市场排斥条件下的"剩余"性，可通过更好的融合予以纠正。

我们发展了一种将关于强迫劳动根源的这两种观点结合在一起的研究视角——即将全球生产网络中劳动剥削的全球动态与贫困的全球动态相结合。为此，我们引入"不良掺入"的相关概念，这一概念作为对占主导地位的、剩余的观点的挑战，即挑战消除贫困的关键在于在全球经济活动中通过雇佣劳动对穷人更好地融合这一观点，在贫困问题研究中获得了广泛的传播。简单地总结，"不良掺入"这一概念建立在这样的前提上，即在解释贫困的原因时起作用的并不是融合的事实，而是将人们融合的条件——这种条件往往是非常"恶劣"和剥削性的，导致了加剧而并非是削弱了贫困。我们在这里发展了"不良掺入"的概念，将其作为一种理解强迫劳动的相关性和循环动态的方式。内生于全球生产网络运行的劳动剥削形式，导致了生产和再生产贫困；反之，贫困创造了结构性的条件，使得资本能够生成和利用高度不稳定、基本不受保护、轻易被占用的全球强迫劳动，共同作用下增加了个体工人对劳动剥削的脆弱性。（Phillips，2013b，p.172）

接下来，我们首先简要概述发生在全球生产型经济中强迫劳动的形式。其次，我们探究在治理和政策讨论中一般性地理解强迫劳动的方法。我们以国际劳工组织对待强迫劳动的方法作为主要关注对象，同时为了进一步丰富研究，也关注其他的治理领域和举措。国际劳工组织已经对理解和记录证明强迫劳动的根源展开了密切关注，因而可以公平地说，它对这些动态的处理可以代表许多其他的同样关注强迫劳动和人口贩运的政策组织，无论是国际层面还是国家层面。在下面的讨论中，我们根据"不良掺入"的概念提出一个"相关性"建议视角，这一视角汇集了全球生产网络的学术观点和有关贫困问题的研究成果。我们将在第四部分中回到我们有关治理和政策干预的观点并说明其影响。最终结合文章的种种线索下定结论。

二、全球生产中的强迫劳动

生产的全球化和复杂的全球生产网络的发展并未消除"强迫劳动"一词涵盖的严重的经济剥削形式，这在经验上是无可争辩的。在分布广泛的行业中，如制造业、农业、采掘业等，强迫劳动的做法依然存在——在一些情况下可能会更加严重（如：Allain, Crane, LeBaron, & Behbahani, 2013; Andrees & Belser, 2009a; Bales, Trodd, & Williamson, 2009; Barrientos, Kothari, & Phillips, 2013; US Department of Labor, 2012; Verite, 2012）。强迫劳动在不同的部门和全球生产网络中呈现出不同且多样的形式，但是，在不同类型的劳动关系中有四个一般特征需要被强调（Phillips, 2013b）。

其一，在全球生产网络的背景下，强迫劳动关系很大程度上在性质上变成了"契约性"的，并且往往具有限期。这种"契约"最常见的是通过债务安排来达成。通常，这些安排采取的是招聘者或者雇主提前向工人支付工资，支出与国际或国内转移相关的运输费用或文件费用，或是支付招聘服务费等形式。由此导致了债务成为一种将工人及其劳动与雇主或者招聘者联系起来的机制发挥作用，同时"契约"的条款和债务被滥用以实现对工人奴役或剥削的最大化。与传统的奴役形式进行历史比较，全球生产网络中的强迫劳动很重要的一点区别在于，雇主乐于确保工人的轻易的"可处置性"，即通常契约持续一个相对较短的时间，而并非是长期地或基于永久性地保留劳动者并产生相关的费用。扬·布莱曼（Jan Breman）已经在南亚范围内将这种形式的劳动不自由概念化为"新奴役"（Breman，2010）；其他人将其称为"契约奴役"（Bales et al.，2009）。

其二，正如在强迫劳动的契约形式中所暗指的，直接的"不自由"往往不直接发生在进入环节，而是更频繁地与阻止退出联系起来。强制实行这种阻止退出最常见的机制是将其与债务，或是与扣压工资直至契约终止，或是与没收档案财产相联系。这些通常结合了虐待，如监禁以及限制身体活动，也包括威胁的或是实际发生的暴力行为（包括生理和心理上的，也包括对工人自身或是对他的家人同事的）。其他的管教机制也是重要的促成因素，例如提供强制性宿舍，或者是对同一场所既作为工作区也作为生活区加以使用。某国某些电子厂和服装厂的"宿舍制"就是一个典型的例子，在那里工人实质上被限制在厂房内，他们的活动和社交被密切地控制着（Pun & Smith，2007）。同样，在以家庭为单位的新德里的服装行业，非工厂的背景下移民工人构成了相当大一部分的劳动力，对这些人来说，狭小逼仄的房间同时承担着工作和起居功能，这方便了对劳动者持续的监督和控制（Phillips, Bhaskaran, Nathan & Upendranadh，2014）。这些状况并不总是与强迫劳动的情况相联系，然而，他们作为共同的机制，使得这些严重的剥削形式得以强迫实行并持续。更通俗地来讲，贫困带来的持续的压倒性的威胁往往使得退出被阻止。同时，认识到发生在进入环节的不自由的形式也是非常重要的，这无关于其他人强加的压力,而是与环境施加给人的胁迫相联系,尤其是贫困和弱势,以及个人在权利和义务的社会和家庭结构方面的牵绊(O'Neill,2011)。

其三,虽然关于强迫劳动的传统理解一般停留在人们被迫违背其意愿无偿工作这一观点上,但是它的当代形式包括了用劳动交换货币(同样参见Brass,1999)。这对于解释为什么工人进入——事实上有时确实返回到——严重剥削的就业安排是十分重要的。通过开展对巴西农业的研究,菲利普斯和坂本(Phillips & Sakamoto)观察到,对于一个季度的工作,工人们实质上可以赚取的钱超过了最低工资,此时工人们的工作条件用巴西的法律术语称之为"类似奴役"。劳动监察员记录了"重复奴役"的突出模式,即在这种模式下工人认为先前劳动赚到的钱足以充分回报他的付出(Phillips & Sakamoto,2012,p. 306)。当然,当工资在这些情况下得到了支付,它们绝不与被榨取的劳动力价值对等。而正如经常出现的情况,工资根本就没有被支付,并且债务被操纵以至于变得无法支付。

其四,强迫劳动是与极其恶劣的、有辱人格的、危险的工作环境,与对工人劳动权利(往往涉及到人权)的侵害,与精心设计的、旨在令工人工作更努力、时间更长、报酬更少的胁迫和操纵的形式密切联系的。耗尽工作时间并强制性加班是常事,身体上的伤害及其恶化也是常态:农业工人在工作中使用危险机器造成的受伤或是死亡,电子和服装行业工人视力受损以及严重的姿势和背部问题导致的伤残,抑或是钢铁行业工人生产木炭过程中导致的肺部疾病,诸如此类的例子不胜枚举。2004—2009年间,一个非政府组织在圣保罗州的甘蔗行业记录了20多起死于筋疲力尽的案件。① "差工作"和恶劣的工作条件可能本身并非是强迫劳动的形式,但强迫劳动本质上必然存在于这些条件之中。在它们推动了工人的非人化和退化的同时,它们是强加及持续对工人的胁迫和控制的重要机制。

---

① http://www.pastoraldomigrante.org.br/index.php?option=com_content&view=article&id=44%3Ahistorico-dos-cortadores-de-cana-mortos-no-setor-canavieiro-&catid=47%3Amemoria&Itemid=38(cited in Phillips & Sakamoto,2012)。

三、关于强迫劳动治理讨论的概况

那么在全球政策框架下如何理解强迫劳动的根源呢?让我们首先考察主要的国际组织和国家政府。令人吃惊的是,在国际劳工组织21世纪以来所有的关于强迫劳动的主要报告中(ILO,2001,2005a,2009),贫困问题被确定为强迫劳动的起因。其2005年的报告宣告了反强迫劳动全球联盟的成立,具有里程碑意义,在这份报告中,关注的重点无疑集中在贫困以何种方式既能够令人们容易接受强迫劳动的安排,反之也能够成为强迫劳动行为的后果,"他们也就由此被套进一个无法脱身的贫穷链中"(ILO,2005a,p.30)。然而,对于国际劳工组织的分析,其论调是模棱两可的。首先报告确实陈述了"有时人们认为贫困是形成强迫劳动安排的基础原因之一,并且只有通过全面消除贫困才能够克服强迫劳动",但是报告自身关于此事的立场却相当不明确。国际劳工组织关于强迫劳动的报告继续向前推进,伴随着其后的一系列报告(ILO,2009),明确了排斥、歧视、劣势的历史模式的重要性,包括在亚洲反对种姓和其他少数族裔的运动,在拉丁美洲的土著民族,以及在非洲的代际奴役。报告重点关注"农村农奴制"的持续出现,以及债役劳动的新形式,后者通过债务使人们陷入强迫劳动,这些情况既在农村发生也在城市发生。

排斥模式持续被赋予解释性的权重,这可以从两个意义上理解。第一种理解与"社会排斥"这一极具影响力的概念相关,这个概念是为解释上世纪70年代持续出现的贫困和匮乏而建立的(de Haan,1999),与全球化进程的加速和日益复杂的全球生产贸易网络的发展相吻合。国际劳工组织本身自上世纪90年代以来在推动这种社会排斥的做法中发挥了重要作用(Hickey & du Toit,2007)。国际劳工组织核心关注于用对于特定的社会群体普遍存在的社会歧视和劣势模式来治理强迫劳动,这仍存在强有力的证据。第二种理解与对劳动力市场的排斥相关,解释重点在于分析农村农奴制的持续性。

作为根本性的排斥问题,贫困的产生反映出关于贫困根源——推而广之,全球经济中强迫劳动根源——的假定的剩余性质。遵循剩余的定位，消除强迫劳动的关键在于在劳动力市场中更好地融合，这与支撑国际劳工组织的体面劳动议程以及其他全球发展机构的减贫议程的核心原则是一致的（ILO，2005b；World Bank，1990，2002a，2002b）。这种正统观念源自于排斥的条件，描绘了一般意义上的发展问题，以及特别意义上的贫困问题：穷人被认定为无法加入全球化进程的那一类人，同时假定全球化的深化会逐渐（并最终）使全世界的穷人脱离贫困（参见 Kaplinsky，2005；Milanovic，2003）。因此，在全球生产和贸易中实现对贫穷的生产者和工人更好的融合是我们的愿景。联合国千年发展目标规定了作为消除极端贫困的手段，要实现"充分的生产性就业，并使包括妇女和青年在内的所有人获得体面工作"。同样地，对于国际劳工组织，消除强迫劳动主要在于"打碎阻碍人们挣得劳动薪酬、参与现代市场经济的农奴制枷锁"（ILO，2005a，p. 30）。

与持续地关注贫困相反，在涉及强迫劳动时，国际劳工组织并不愿意介入资本主义和全球化这些重大问题，它们在国际劳工组织关于强迫劳动的重要声明中鲜有提及。与我们接下来的讨论相关的问题在 2005 年全球联盟报告以及之后的一系列声明中被提及，但口吻却是试探性的：

> 至于强迫劳动的结构成因还远远未形成完全的共识。在发展中国家正在辩论，造成农村社会中强迫与债役劳动这一痼疾的原因，到底是信贷或金融市场的失灵，还是农业体系与不平等的权力关系？而且在所有国家中，一个尤其难以回答的问题是，全球化的现有格局是否在事实上正在造就或助长新形式的强迫劳动（ILO，2005a，p. 18）。

此后强迫劳动的问题也被明确地放在了更广泛的结构背景中，并且在强迫劳动代表了"全球化的阴暗面"（ILO，2005a，p. 63；also ILO，2001）的陈述中，强迫劳动表现为由它本质上进行定义。全球劳工组织报告利用很短的篇幅，清楚解释了"增强的全球竞争、移民、与劳动力市场的放松管制"（ILO，2005a，p. 63），价值链是如何运作的，以及新兴私人部门的雇主迫不及待地"想通过从廉价且常常是不受保护的劳动力中尽可能多地索取劳动以利用世界市场的机会"这一一般化的情况（ILO，2005a，p.63）。然而，由此导致的剥削被描述为"市场失灵"的结果（ILO，2005a，p.63；Andrees & Belser，2009b；Plant，2007），并且，是否是全球化——或是全球化的特定形式——导致了强迫劳动问题，这一问题提出后仅仅是一带而过。产生这种困扰的原因部分在于制度的演化，其中国际劳工组织作为介于国家、贸易联盟和私人部门的第三方机构，其设计表露了在议程方面明显的政治局限。简·莱彻（Jens Lerche）称之为强迫劳动的"茧"（Lerche，2007，p.431）——这一现象不同于劳动剥削、不稳定性增加及"不体面"的工作——使得对于这个问题进行政治处理，这样国际劳工组织的计划能够吸引更多的与政府和私人部门的合作。

讨论市场失灵的治理战略所包含的逻辑含义是，强迫劳动源自于"扭曲"，这需要通过"市场校正"的管制加以解决。因此，执法（劳动法、刑法、消除腐败）被赋予了主要的权重，同时，作为主要的行动战略，劳动监察制度和劳动监察员培训的发展，以及越来越多的对私人招聘机构的管制被用来治理强迫劳动（ILO，2005a，2006a，2008a，2009）。需要正确地认识到，基于刑事定罪的方法解决强迫劳动是不够的，其弊端迫使对劳动力市场治理的并行但不同角度的关注糅合为一体（Andrees & Belser，2009b，p.109）。这些类型的公共管制无论是在国家层面还是在国际层面都是非常重要的，而无论是国民经济中还是国际生产网络中，管制战略都是解决强迫劳动问题的关键所在。然而，对管制的强调带来了一种风险，即出现了服从即是符合规范而不服从即是异常这样一种观点，因而导致治理挑战变成了铲除违法企业和其他违反标准或是法律的实例（Esbenshade，2012，p.553）。这不仅违背了经验事实，即"表面上"一般化的方向的改变并不能带来更大程度的服从（Esbenshade，2012；Lund-Thomsen，2008；Newell，2005），而且倾向于模糊劳动剥削和强迫劳动的结构性和系统性根源。

新兴公司处理强迫劳动的战略——以及类似国际劳工组织这样的组织（例如 ILO 2006b，2008b）与《加州供应链透明度法案》这样的政府举措对企业提出的建议——以相同的保证执法和监察为前提,此时责任落在了检查和监测的技术上,以确认供应链中发生的违规行为并消除它们。这样战略再次转向强迫劳动的表现,并建立在这样的前提上,即根本问题在于雇主、供应商或招聘人员未遵守或违背了执行的准则;因而这类问题适合于通过加强管制来解决。由此,虽然相当大的努力都花在了增强私人部门在解决强迫劳动问题中的作用上,但是企业社会责任战略的作用程度和效果都是有限的,其中,企业社会责任战略强调对供应链的监督以及问题查清后涉及的补救措施,而不在于查清与商业模型、供应链运作、向高度灵活和具有不确定性的工作规范转变,以及支撑它们的贫困的形式等等相联系的根本原因。

四、全球生产网络中关于强迫劳动的相关性视角

现在我们的任务是列明我们阐述应该从相关性而非剩余性理解强迫劳动的根源的理由。为了达到这个目的,我们引入并发展"不良掺入"的概念(参见 Bracking, 2003; Hickey and du Toit, 2007; Murray, 2001; Phillips, 2011a, 2013b; Ponte, 2008; Wood, 2000, 2003)。最初这一概念的发展是为了研究长期贫困的产生原因,它强调重点并不在于融合的事实,而在于融合的条件。这些条件以显著的危险、缺乏基本的保护以及高水平的剥削和虐待为特征,几乎没有可能实现积累或长期的社会经济安全。正是这一系列动态使得"不良掺入"这一概念得到发展并被我们所理解。

这个概念得到了有益的发展,以便理解贫困和剥削的交互关系,这种交互关系为全球生产网络中强迫劳动的出现和持续产生奠定了基础。贫困并非是社会排斥下的剩余结果,而是在相关性视角下被视为一种相关的现象,由支撑当代发展的特别的权力关系集生成(参见 Bernstein, 1990; Hickey & du Toit, 2007; Kaplinsky, 2005; Mosse, 2010; Tilly, 1998)。同样,劳动剥削产生自并存在于"生产内权力的正常过程"中(Harrod, 1987, p. 4; also Davies and Ryner, 2006)。在不良掺入的条件下,贫困工人被迫优先考虑短期的生存目标,这使得他们容易接受不安全和剥削性的工作条件,包括强迫劳

动,以一种令他们"冒着永久性的风险……在长期能够满足需要并保有权利的战略愿景"(Wood,2000,p.19)的方式。正如前文提到的,不良掺入的动态在本质上是循环的:贫困在工人间形成了一定脆弱性,为剥削提供了便利,包括以强迫劳动的形式;他们的剥削反过来又形成了贫困的主要机制。

那么现在的任务变成了更具体地了解造成不良掺入格局的积累的过程,特别是与强迫劳动相关的部分。全球生产网络中的主要动态涉及领导型企业所具有的能力去创造并运用市场和政治权力的显著不对称以获取利润(Gereffi, Humphrey & Sturgeon, 2005; Kaplinsky, 2005; Milberg & Winkler, 2013)。这些市场不对称依赖于确保这些领导型企业处于顶端的寡头垄断地位,而在较低层次的供应商之间形成了竞争市场,这作为企业成本削减战略的基本要素以维持成本加价。换而言之,这些市场不对称"内生于一些全球价值链(GVC)的形成和治理"(Milberg & Winkler, 2013, pp.123-4)。它们建立了某些机制,通过这些机制领导型企业能够根据价格和供给的条件沿着价值链传递一部分商业压力,通过随时改变这些条件以最大化利润的获取过程,并将风险分摊给包括工人在内的不那么强大的价值链参与者(Barrientos, 2013; Nathan & Kalpana, 2007)。作为这些压力的结果,许多供应商和生产商被挤出了价值链的参与过程,抑或是他们保持竞争性的能力受到了严峻的挑战。因此,沿着价值链,不同的"资本派系"存在着激烈的竞争,实力强劲的派系在这个过程中加强积累并提高利润,实力相对较弱的派系在这个过程中保持竞争并维持生存。

生产商和供应商为了应对领导型企业传递给他们的大幅的成本缩减压力,频繁地在劳动力成本这一项上寻找管理这些压力的机会。在许多情况下,减少投入成本中劳动者所占的份额并增强自身的能力以适应高度变化的商业环境成为一种被公认的势在必行,供应商为此改进战略。因而在全球生产网络中当务之急是构建一种特别的劳动力形式,以及运用劳动力的特别的模式,使得企业和雇主拥有最大程度的灵活性,并限制工人在生产过程中的谈判协商能力,最终获得最大化的资本回报率(Deyo, 2001; Taylor, 2008)。这种势在必行的直接后果是危险的、不稳定的、剥削性的工作的全球扩张,这些工作由一个非常容易受到剥削的、被剥夺权利的劳动力队伍完成，这个队伍中非正式的、移民的和合同工占主要部分（Barrientos，2008；Bauder，2006；Phillips，2011b；Portes，Castells，& Benton，1989）。在已经有所减少但是仍然数量可观的案例中，危险性和剥削性工作的连续出现延伸到包含了强迫劳动形式。在这些情况下，劳动力成本的缩减并不是通过提高劳动生产率而实现（Harrod，1987，p. 212）；反之，是通过对灵活性的残酷追求，对工人工资和工作条件的无情打压，对脱节的、极其脆弱的劳动力队伍的主动构建实现的，强调这一点十分重要。在以上述条件为特征的劳动力市场中，每个工人的劳动生产率在变低，而事实上这种下降的劳动生产率正是工人们具有弱势、脆弱性和"可处置性"的主要原因（Harrod，1987，p. 212）。

基于部门、价值链、地缘和社会背景的不同，商业压力和资本派系之间的竞争在形式上是有所差别的，管理这些压力所使用的战略也是如此。然而，研究表明，有一些机制在不同的情况下都表现突出，这些机制与存在强迫劳动和严重劳动剥削的可能性具有重大关联。第一种机制涉及外包，它作为一种可以使领导型企业降低成本同时增加利润形式的收入份额的方式，已经成为当今全球生产的标志（Milberg & Winkler，2013）。同样对于供应商企业，面对多变的市场环境和领导型企业施加的商业压力，外包代表了一种降低成本和实现灵活性的重要手段。外包最经常发生在这样的工作中，即劳动工作基本上是非专业的、无技巧的和手工性质的，并且每个工人都不需要具有较高的劳动生产率。在众多部门中，企业既外包生产过程中的零部件，也外包需求高峰期间的额外工作，因此雇用一个长期的稳定的工作队伍以摆脱过多的花销具有十足的必要性。他们也能够避免承担对没有直接雇佣关系的工人的责任，同时也很重要的是，能够摆脱社会责任的压力以及管制监督的范围（Posthuma，2010）。正如阿莫尔（Amoore）为此巧妙地形容，"在一个非常现实的意义上，生产已经扩张成为一群分层的、彼此之间松散联系的、但同时由企业权力网络密切控制的工厂，如同星系"（2006，p. 25）。

莱纳·莫斯利（Layna Mosley）的研究表明，对于改变工作条件的结果起作用的是跨国企业通过何种方式组织它们的生产活动，在这个过程中外包被确定为一个重要因素（Mosley，2011）。与之类似，我们自己的研究阐明了，外包的程度和定位与强迫劳动的发生率之间有明确的关联，并认为，外包的构成和具体做法是导致可能出现严重的剥削形式的关键，特别是当他们把很大一部分生产过程置于管制范围以外并进一步置于全球经济的阴影之下（Phillips，2013b）。同样地，对于企业而言在供应链环节遭遇强迫劳动问题也是一个常规现象，这种遭遇明确涉及了这样的问题，即供应商提供给企业高水平的外包和分包，包括合法的和不合法的，表现出了其生产网络超出一级直接供应商的特征，以确保企业服从这样的安排。全面来看，这部分供应链或是无管制的，或是管制存在极大困难；坐落在偏远闭塞的地方，经常被国家法律以及公共的和私人的劳动监察制度排除在外。在一个符合《加州供应链透明度法案》的标志性声明中，汽车制造商福特公司承认了在它的供应链中存在着强迫劳动问题，问题出在供应链的木炭生产环节，供应商坐落在一个"远远超过福特公司直接控制"的地方，并且如同其他企业一样，主要致力于同它的一级供应商合作。①

第二种需要注意的机制也与外包有关，表现在劳动力供给领域。将招聘外包给私人劳动承包商的依赖性不断增强，反映了"商业动态的逻辑延伸，由此全球买方实现了全球性的外包"（Barrientos，2013，p.1065），同时反映了跨越不同生产网络的一个流行模式（Kuptsch，2006；Martin，2005）。劳动承包商范围广泛，从合法的和注册的，到非正式的、不规范的和本质上看不见的，再到与贩运网络有很强重叠的非法的和犯罪的。就剥削，特别是我们在此讨论的最极端的剥削形式而言，其后果是多样的。被私人劳动承包商招聘的工人往往与特定的雇主捆绑起来，根据行业，被提供一份明确的工作。特别是对于移民工人，他们想要通过变换雇主或是定居在目的地而退出这个圈子的可能性是被严重制约的（Breman，2010，p.4）。工人有时直接被劳动承包商雇用，而并非被他们工作的企业雇用，如此一来企业不仅能够逃脱对工人的义务，而且能够无视跨国领导型企业和一级、二级供应商强加给他们

---

① http://corporate.ford.com/microsites/sustainability-report-2011-12/supply-raw-materials-trafficking.

的社会责任带来的要求。或许最值得注意的是，这种类型的招聘往往包含着预先工资的支付，然后将此作为工人欠下的债务。例如，在印度，估计三千万移民工人中约有一半被认为是通过劳动承包商招聘的，其中许多甚至是大多数移民工人随后（并最终）在某种负债形式下进行工作（Lerche，2010，p.73）。出于以上所有原因，私人劳动承包商的盛行是推动强迫劳动如火如荼开展的强有力的因素。

第三种突出的机制是利用非正规与劳动力流动性之间的关系。这种非正规与劳动力流动性之间的关系恰恰在"组织经济活动获得高水平资本回报率和极低水平劳动回报率"（Breman，2010，p.24）中发挥作用，导致在世界范围内，一方面，社会经济发展和人口增长促进了高水平的移民，在此背景下通常是进入非正规经济中；另一方面，作为跨越众多行业的劳动力市场的基础，形成了构建这种联系的直接战略。尽管并非世界所有的被严重剥削的工人都是移民，但是移民工人独有的脆弱性使得他们作为超级灵活、可处置的的劳动力，其利用已经成为不同类型的全球生产网络积累的基础。在如巴西、印度、中国这样的国家，大部分的劳动力转移从本质上来讲是内生的；在其他地区，大部分的转移是跨境的。在这两种情况下，招聘者都在确保劳动力的不断循环和提高工人的脆弱性中发挥了极为重要的作用。

在此背景下我们如何讨论不良掺入的动态？在这个方面关键的问题涉及全球生产网络的"正常运行"以何种方式依赖于不同形式和过程的劳动剥削——包括与强迫劳动有关的，用于生产和再生产工人贫困和脆弱性的模式。有两点需要强调。其一，企业和雇主在灵活性方面的额外所得是贫困工人在工作和收入上长期不确定的结果。继而这些条件优先满足必要的短期实际需要，我们认为这是不良掺入动态的核心（Wood，2000，2003）。这种优先反过来密切关系到雇佣关系中的不自由和虐待，由于存在着不管提供的工作条件如何，劳动者想要不顾一切确保工作的需要，严重剥削的可能性显著增强。同样地，我们已经认识到，全球生产网络包含着内置的机制，以保证"可处置性"这个强迫劳动的核心属性（Wright，2006），这产生了一种孪生效应，一方面，是劳动不稳定性和收入流不可测性的增强；另一方面，是适当地建立约束机制，以确保劳动力的拓展和工人个人的默许。"可处置性"这个概念与有利于强迫劳动的机制密切相关，例如拒付工资或是强加的债务条件，也与贫困的延续性和脆弱性密切相关。

其二，相关的要点涉及强迫劳动的具体行为，其自身直接造成了贫困和脆弱性的再生产。在强迫劳动的条件下，类似于不支付工资、克扣工资直到工作终止或季度结束或者是支付的工资低于最低工资标准这样的做法，足以延续工人的位于首位的不安全感，剥夺他的积累手段，使其丧失长期的安全感，容易接受未来的剥削，这是由于他的后续需要变成了优先考虑短期实际需要。与强迫劳动相关的工作形式往往会带来大量的身体和健康危险，并有很大的可能性造成人身伤害、残疾甚至是死亡。反过来，身体丧失工作能力则加剧了贫困，因为工人丧失了在劳动力市场上谋生所必需的健康属性，因而丧失了生存手段。因此，强迫劳动不仅代表了一种特别的、极端的在全球生产网络中不良掺入的形式，也是其延续的关键机制。

五、重新思考有关强迫劳动的治理挑战

关于不同行业和地缘环境下强迫劳动的本质仍需要做更多的研究，但是我们通过分析如何理解强迫劳动问题的根源及其有效治理所提出的挑战，指出了一些关键要点。第一，全球生产网络中贫困的全球动态和劳动剥削的全球动态是相互联系、相辅相成的，存在于不良掺入的结构性和循环性动态中。这些循环动态构成了全球经济中强迫劳动的基础和根源。不良掺入的概念清楚地表明了起作用的是融合的条件而并非是融合抑或排斥的事实。融合可能成为问题。它以全球生产网络中的劳动关系和环境为基础，对劳动者实现积累和确保安全的愿景十分不利并充满恶意；它并非是一种作为扶贫的手段，相反的，它通过剥削推动了自身的生产和再生产。本篇文章中，通过将劳动剥削和强迫劳动视为"市场失灵"的后果，我们已经关注这个问题，并转而强调一种方式，在这种方式下，强迫劳动和劳动剥削的形成既是组织生产网络的直接作用结果，也是构成这些网络所依赖的社会和劳动市场基础的直接

作用的结果。在这个意义上,围绕"市场失灵"的概念化形成的传统管制形式是必要的,但还不足以解决全球经济中的强迫劳动及其结构性根源。

第二,这表明,为了解决强迫劳动问题,显然有必要将贫困更大程度地整合到治理战略中,并进行更多的相关研究。然而,正如前文提及的,对强迫劳动的关注并未实质性地并入国家和国际减贫议程,尽管国际劳工组织 2009 年的报告坚持这样做的必要性,这仍旧是一个存在的问题。不出乎意料,在有关强迫劳动的企业战略中,贫困并未表现出明显特征。在国家层面的一般化分析中存在一些例外,例如在巴基斯坦,国际劳工组织已经与政府合作,在发展和减贫计划中采取措施对抗债役劳动(Plant,2007,pp. 11 – 12);又比如在巴西,人们认识到需要综合地关注贫困和强迫劳动问题。然而,也许更大的问题在于在治理框架中用"剩余"的方法来理解贫困和强迫劳动之间的联系。

不良掺入的提出也让人们重新聚焦,使得关于贫困的争论脱离对与排斥相关的极端贫困的关注,从而转向与融合相联系的贫困形式。2012 年世界银行庆祝了发展中世界自 1981 年实行监测以来首次极端贫困水平的全面下跌,但同时也不得不强调,生活在每天 1.25 美元极端贫困线和 2 美元贫困线之间的人数在 2008 年达到了 11.8 亿,这几乎是 1981 年的两倍(World Bank,2012)。这是全球工作的穷人的人数——这个范畴表明了传统的经济和发展政策思路早就难以适应,但是今天却代表了减贫最紧迫的挑战。也正是我们在此明确了的由不良掺入过程导致的贫困问题,使得全球生产网络中强迫劳动问题产生并持续出现。

对重新调整贫困问题讨论的需要也反映在对强迫劳动的概况分析上。某些强迫劳动形式毋庸置疑是与极端贫困和社会排斥相关的。但是在全球生产网络中关于强迫劳动情况的描述往往是与此截然相反的。具体而言,在多种情况下,收入贫困往往并不是导致人们容易陷入强迫劳动的主要的贫困形式。例如,在巴西的农业中,最容易陷入强迫劳动的工人往往不是穷人中最穷的,其实原因非常简单,招聘者和雇主寻找的是身体条件最适合做激烈体力劳动的工人。工人得到的工资通常也足够把他们推出"极端贫困"的范畴。然而讽刺的是，结果表现为，这群工人事实上比一些按照收入贫困的标准应该被划分为极端贫困的工人更加弱势，这是因为他们更有可能失去政府的社会保障政策这张网——其对象是最低收入群体——的保护。他们依赖于不确定工作模式下不稳定的收入来源，特别是在一些工作主要是季度性的而工人们仅仅能够在一年的部分时间里得到雇用，因此他们对不良掺入的脆弱性是增强的（Phillips & Sakamoto，2012）。

因而，关注收入贫困，这种仍在有关贫困的政策讨论中占据主流的类型，仅仅能够给最容易陷入强迫劳动的人们以及为什么会陷入强迫劳动提供非常有限的指导。将重点放在贫困的"多维度"对于这些关联更具有启示作用（Green & Hulme，2005）。其中教育匮乏是特别重要的。尽管不是所有的文盲和受教育程度较低的人都工作在强迫劳动的环境中，也并不是所有的工作在强迫劳动环境中的人都是文盲或受教育程度较低，但是在很多情况下二者的相关性非常强（参见 Phillips，2013b）。再次以巴西的农业为例，通过数据分析，在2003年至2010年间超过21000名工人从被定义为"奴役劳动"的环境中释放，其中足足68.13%的工人要么是文盲（占比最高），要么接受的教育学制没有超过4年（Phillips & Sakamoto，2012）。这种相关性也以一个明显的贫困代际传递机制发挥着作用，主要是通过童工的作用作为渠道传递至成年工人间的强迫劳动。其他研究也认为，相对贫困（即不平等，主要也是由收入衡量的）应该比绝对贫困放在更重要的位置进行考虑。我们仍急需对所有这些方面进行进一步的充分研究。

第三，如果我们提出的相关性视角被接受，作为治理战略的基础，它的运用存在着明显的政治障碍。在全球和国家层面，为解决全球经济中强迫劳动的根源而筹划的行动受到普遍的政治正统的明显限制，这种政治正统植根于不可动摇的"市场原教旨主义"以及明显不情愿的对私人部门和实力强大的公司的挑战。因此，重点仍然在于更好的管制，旨在减少各种类型的社会排斥的反贫困计划，以及更好的劳工标准和全部体面工作的实现。这些是值得称赞的目标，以及在对抗强迫劳动（事实上也是贫困）的斗争中必不可少的部分，但是，关于企业如何组织它们的全球生产过程，利润生成过程中不可或缺的不对称性和剥削性的形式，以及这些斗争活动依赖的社会基础，这些问题的分析仍始终是片面的。因此解决强迫劳动问题的治理和政策战略的有效性必然是有限的。

不过从另一个视角可以这样认为，解决全球经济中强迫劳动的问题在政治上比解决另一个更无形的问题"劳动剥削"要更容易。事实上，我们已经认识到，出现了越来越多的关于跨国经营的表面性承诺，以解决在全球供应链中的强迫劳动、贩运人口和童工等问题。公平地说，这种承诺可能被视为主要是口头上的，旨在保护品牌的完整性，而本质上比较薄弱。同样显而易见的是，在全球产业链中强迫劳动最集中的部分，鼓励企业接受社会责任的效果差到几乎不存在任何效果，而事实上正与这种鼓励背道而驰（see Fransen & Burgoon, 2011; Knorringa, 2014）。尽管如此，围绕"强迫劳动"这一范畴形成共识并产生消除强迫劳动的需要，也远比围绕贫困劳动的一般标准或是其他政治敏感问题如移民政策要容易得多。因此，罗杰·普朗特（Roger Plant）提出了一个有趣的观点，关于强迫劳动的行动可能会作为一种有效的实际方法，通过绕过一些政治上的雷区以避免政治性的和公开的争论，使得一些其他问题如移民政策或更广泛的劳动力市场治理形式等得以解决（Plant, 2007, p.16）。他无疑是正确的，但仍存在着一种风险，即指出强迫劳动是一个与其他种类的劳动剥削相独立的范畴，它作为一种剩余的现象能够通过更好的管制予以消除，这种争论更加偏离强迫劳动问题的根源分析，使得有效的政策措施更加难以实现。

最后，我们在文章结束前讨论的最后一个重要问题是关于参考国家框架来思考有关强迫劳动的治理挑战。我们讨论的主要政策倡议都是"全球性"的，在这个意义上，这些问题都因此被概念化，并且纳入这些议程的参与者的范围在本质上都是全球性的。然而，在政策设计方面，参考的框架都明确而坚决地立足在国家层面。国际劳工组织的行动核心在于与国家政府合作共同设计国家计划。这反映了国际劳工组织创立的核心原则，即在一国经济的背景下，政府应该与雇主和工会合作管制劳动力市场。国际劳工组织的构成和战略仍然反映了这个设想，尽管在其内部出现了全球经济并构建了复杂的全球生产网络。事实上，恰好是在这个问题上我们找到了一个原因，即为什么解决强迫劳动的战略存在一般化的缺陷，这是因为，国家政府管控劳动力市场可能性的假定并未很恰当地符合全球经济的背景，在全球经济中大量的国家经济行为如今已整合融入全球生产网络中，融入世界范围内的劳动力对"全球"劳动力市场的极大规模的参与中。

在何种程度上，这种状况意味着全球生产网络（GPNs）超越了政治控制和管制的影响范围，仍然是一个开放的问题，这一问题也超出了本文的讨论范围（参见 Locke，2013）。我们并不赞同这种假设的夸张版本，但是它无疑明确了一点，即一个有弹性的对于强迫劳动的政策设计具有参考意义的国家框架和卓越的国内劳工法，与已经启动的全球化进程的本质，存在着重要的脱节。同样的，国家层面的减贫战略可能会部分有效，可能会解决与社会排斥和歧视相关联的贫困，但并不能够有效地触及存在于全球经济过程中同时在全球劳动力市场发挥作用的贫困的成因。有一点也不得不承认，这些过程由国家推进，而经济竞争力的迫切要求使得大量的领域出现了被故意遗留的管制空白，以及国家和私人部门之间贪污腐败的情况，导致了劳动剥削和强迫劳动发展迅猛。然而，与此同时，国家仍然是能够颁布保护国民，或者说保护劳动者远离最恶劣市场的法律的唯一机构（Harriss-White，2005）。因此，我们提出了一系列新的、到目前为止尚未得到解决的关于全球生产网络治理的治理挑战，以及如何理解和解决其中出现的强迫劳动问题。做到这些要求不一样的思考方式，即不仅思考必要的治理机制，也要思考如何在政治上表达对这些问题的关注。

参考文献

1. Allain, Jean, Crane, Andrew, LeBaron, Genevieve & Behbahani, Laya, *The business of forced labour*, 2013, Joseph Rowntree Foundation Programme Paper, May.

2. Amoore, Louise, "Invisible Subject（s）: Work and Workers in the Global Political Economy", in Matt Davies and Magnus Ryner（Eds.）, *Poverty and the Production of World Poli-*

tics: *Unprotected Workers in the Global Economy*, pp. 14 – 37, Basingstoke: Palgrave, 2006.

3. Andrees, Beate, "Combating Criminal Activities in the Recruitment of Migrant workers", in Christiane Kuptsch (Ed.), *Merchants of labour*, pp. 175 – 183, Geneva: ILO, 2006.

4. Andrees, Beate & Belser, Patrick (Eds.), *Forced labour: Coercion and Exploitation in the Private Economy*, Boulder, CO: Lynne Rienner, 2009a.

5. Andrees, Beate & Belser, Patrick, "Strengthening Labour Market Governance against Forced Labour", In Beate Andrees & Patrick Belser (Eds.), *Forced labour: Coercion and Exploitation in the Private Economy*, pp. 109 – 128, Boulder, CO: Lynne Rienner, 2009b.

6. Bales, Kevin, Trodd, Zoe, & Williamson, Alex Kent, *Modern Slavery: The Secret World of 27 Million People*, Oxford: Oneworld, 2009.

7. Barrientos, Stephanie, "Contract Labour: The Achilles Heel of Corporate Codes in Commercial Value Chains", *Development and Change*, 2008, 39 (6), 977 – 990.

8. Barrientos, Stephanie, "'Labour Chains': Analysing the Role of Labour Contractors in Global Production Networks", *Journal of Development Studies*, 2013, 49 (8), 1058 – 1071.

9. Barrientos, Stephanie, Kothari, Uma, and Phillips, Nicola (Eds.), "Symposium on 'Dynamics of Unfree Labour in the Contemporary Global Economy'", *Journal of Development Studies*, 2013, 49 (8), 1037 – 1100.

10. Bauder, Harald, *Labor movement: How Migration Regulates Labor Markets*, New York: Oxford University Press, 2006.

11. Bernstein, Henry (Ed.), *The Food Question: Profits vs. People*, London: Earthscan, 1990.

12. Bracking, Sarah, The Political Economy of Chronic Poverty, Chronic Poverty Research Centre Working Papers series, No. 23, University of Manchester, 2003.

13. Brass, Tom, *Towards a Comparative Political Economy of Unfree Labour*, London: Frank Cass, 1999.

14. Breman, Jan, *Outcast Labour in Asia: Circulation and Informalization of the Workforce at the Bottom of the Economy*, New Delhi: Oxford University Press, 2010.

15. de Haan, Arjan, "Social exclusion: An alternative concept for the study of deprivation", *IDS Bulletin*, 1999, 29 (1), 10 – 19.

16. Davies, Matt & Ryner, Magnus (Eds.), *Poverty and the Production of World Politics:*

Unprotected Workers in the Global Political Economy, Basingstoke: Palgrave, 2006.

17. Deyo, Frederic, "The Social Construction of Developmental Labour Systems: South-East Asian Industrial Restructuring", in Garry Rodan, Kevin Hewison, & Richard Robison (Eds.), *The Political Economy of South-East Asia: Crises and Change*, pp. 259 – 282, Oxford: Oxford University Press, 2001.

18. Esbenshade, Jill, "A Review of Private Regulation: Codes and Monitoring in the Apparel Industry", *Sociology Compass*, 2012, 6 (7), 541 – 556.

19. Fransen, Luc & Burgoon, Brian, "A Market for Worker Rights: Explaining Business Support for International Private Labour Regulation", *Review of International Political Economy*, 2011, doi: 10.1080/09692290.2011.552788.

20. Gereffi, Gary, Humphrey, John, & Sturgeon, Timothy, "The Governance of Global Value Chains", *Review of International Political Economy*, 2005, 12 (1), 78 – 104.

21. Green, Maia & Hulme, David, "From Correlates and Characteristics to Causes: Thinking about Poverty from a Chronic Poverty Perspective", *World Development*, 2005, 33 (6), 867 – 879.

22. Harrod, Jeffrey, *Power, Production, and the Unprotected Worker*, New York: Columbia University Press, 1987.

23. Harriss-White, Barbara, "Destitution and the Poverty of Its Politics——With Special Reference to South Asia", *World Development*, 2005, 33 (6), 881 – 891.

24. Hickey, Sam & du Toit, Andries, Adverse Incorporation, Social Exclusion and Chronic Poverty, Chronic Poverty Research Centre Working Papers series, No.81, University of Manchester, 2007.

25. Henderson, Jeffrey, Dicken, Peter, Hess, Martin, Coe, Neil, & Yeung, Henry W.-C., "Global Production Networks and the Analysis of Economic Development", *Review of International Political Economy*, 2002, 9 (3), 436 – 464.

26. ILO (International Labour Organization), *Stopping Forced Labour: Global Report under the Follow-up to the ILO Declaration on Fundamental Principles and Rights at Work*, Report of the Director-General, Geneva: ILO, 2001.

27. ILO, *A Global Alliance Against Forced Labour: Global Report under the Follow-up to the ILO Declaration on Fundamental Principles and Rights at Work*, International Labour Conference,

93rd Session. Geneva: ILO, 2005a.

28. ILO, *Decent Work and Poverty Reduction Strategies: A Reference Manual for ILO Staff and Constituents*, Geneva: ILO, 2005b.

29. ILO, *Labour Inspections*, Geneva: International Labour Office, 2006a.

30. ILO, *Trafficking for Forced Labour: How to Monitor the Recruitment of Migrant Workers——Training Manual*, Geneva: ILO/SAP-FL, 2006b.

31. ILO, *ILO Decent Work Country Programmes: A Guidebook*, Geneva: ILO, 2008a.

32. ILO, *Combating Forced Labour: A Handbook for Employers and Business*, Geneva: ILO/SAP-FL, 2008b.

33. ILO, *The Cost of Coercion: Global Report under the Follow-up to the ILO Declaration on Fundamental Principles and Rights at Work*, International Labour Conference, 98th Session, Report I (B), Geneva: ILO, 2009.

34. Kaplinsky, Raphael, *Globalization, Poverty and Inequality*, Cambridge: Polity, 2005.

35. Knorringa, Peter, "Private Governance and Social Legitimacy in Production", In Anthony Payne & Nicola Phillips (Eds.), *The Handbook of the International Political Economy of Governance*, pp. 361 – 378,. Cheltenham: Edward Elgar, 2014.

36. Kuptsch, Christiane. (Ed.), *Merchants of Labour*. Geneva: ILO, 2006.

37. Lerche, Jens, "A Global Alliance Against Forced Labour? Unfree labour, Neo-liberal Globalization and the Inter-national Labour Organization", *Journal of Agrarian Change*, 2007, 7 (4), 425 – 452.

38. Lerche, Jens, "From 'Rural Labour' to 'classes of labour': Class Fragmentation, Caste and Class Struggle at the Bottom of the Indian Labour Hierarchy", in Barbara Harriss-White and Judith Heyer (Eds.), *The Comparative Political Economy of Development: Africa and South Asia*, pp. 66 – 87, London: Routledge, 2010.

39. Locke, Richard, *The Promise and Limits of Private Power: Promoting Labor Standards in a Global Economy*, Cambridge: Cambridge University Press, 2013.

40. Lund-Thomsen, Peter, "The Global Sourcing and Codes of Conduct Debate: Five Myths and Five Recommendations", *Development and Change*, 2008, 39 (6), 1005 – 1018.

41. Martin, Philip, Merchants of Labor: Agents of the Evolving Migration Infrastructure, Discussion Paper DP/158/ 2005, International Institute for Labour Studies, Geneva, 2005.

42. Milanovic, Branko, "The Two Faces of Globalization: Against Globalization as We Know It", *World Development*, 2003, 31 (4), 667 – 683.

43. Milberg, William & Winkler, Deborah, *Outsourcing Economics: Global Value Chains in Capitalist Development*, Cambridge: Cambridge University Press, 2013.

44. Mosley, Layna, *Labor Rights and Multinational Production*, New York: Cambridge University Press, 2011.

45. Mosse, David, "A Relational Approach to Durable Poverty, Inequality and Power", *Journal of Development Studies*, 2010, 47 (7), 1156 – 78.

46. Murray, Colin, Livelihoods Research: Some Conceptual and Methodological Issues, Chronic Poverty Research Centre Working Papers Series, No. 5, University of Manchester, 2001.

47. Nathan, Dev & Kalpana, V., *Issues in the Analysis of Global Value Chains and Their Impact on Employment and Incomes in India*, Geneva: International Institute for Labour Studies, 2007.

48. Newell, Peter, "Citizenship, Accountability and Community: The Limits of the CSR Agenda", *International Affairs*, 2005, 81 (3), 541 – 557.

49. O'Neill, John, The Varieties of Unfreedom, Manchester Papers in Political Economy, No. 4/11, University of Manchester, 2011.

50. Phillips, Nicola, "Informality, Global Production Networks and the Dynamics of 'adverse incorporation'", *Global Networks*, 2011a, 11 (3), 380 – 397.

51. Phillips, Nicola. (Ed.), *Migration in the Global Political Economy*, Boulder, CO: Lynne Rienner, 2011b.

52. Phillips, Nicola, The Failures and Failings of Governance: Slavery and Human Trafficking in Global Production Networks, Presented at the workshop on "Governance in a 'GVC' World", Duke University, Durham NC, USA, 11 – 13 April 2013, 2013a.

53. Phillips, Nicola, "Unfree Labour and Adverse Incorporation in the Global Economy: Comparative Perspectives from Brazil and India", *Economy and Society*, 2013b, 42 (2), 171 – 196.

54. Phillips, Nicola & Sakamoto, Leonardo, "Global Production Networks, Chronic Poverty and 'Slave Labour' in Brazil", *Studies in Comparative International Development*, 2012, 47 (3), 287 – 315.

55. Phillips, Nicola, Bhaskaran, Resmi, Nathan, Dev, & Upendranadh, C., "The So-

cial Foundations of Global Production Networks: Towards a Global Political Economy of Child Labour", *Third World Quarterly*, 2014, 35 (3), 428 – 446.

56. Plant, Roger, *Forced Labour, Slavery and Poverty Reduction: Challenges for Development Agencies*, Presentation to UK High-Level Conference to Examine the Links between Poverty, Slavery and Social Exclusion, FCO and DfID, London, 30 October, 2007.

57. Ponte, Stefano, "Developing a 'Vertical' Dimension to Chronic Poverty Research: Some Lessons from Global Value Chain Analysis", *Chronic Poverty Research Centre Working Paper series*, No. 111, University of Manchester, 2008.

58. Portes, Alejandro, Castells, Manuel, and Benton, Lauren A. (Eds.), *The Informal Economy: Studies in Advanced and Less Developed Countries*, Baltimore, MD: Johns Hopkins University Press, 1989.

59. Posthuma, Anne, "Beyond 'Regulatory Enclaves': Challenges and Opportunities to Promote Decent Work in Global Production Networks", in Anne Posthuma & Dev Nathan (Eds.), *Labour in Global Production Networks in India*, pp. 57 – 80, Oxford: Oxford University Press, 2010.

60. Pun Ngai & Smith, Chris, "Putting Transnational Labour in Its Place: The Dormitory Labour Regime in Post-socialist China", *Work, Employment and Society*, 2007, 21 (1), 27 – 45.

61. Rogaly, Ben, "Migrant Workers in the ILO's Global Alliance Against Forced Labour Report: A Critical Appraisal", *Third World Quarterly*, 2008, 29 (7), 1431 – 1447.

62. Taylor, Marcus. (Ed.), *Global Economy Contested: Power and Conflict across the International Division of Labour*, pp. 11 – 31, London: Routledge, 2008.

63. Tilly, Charles, *Durable Inequality*, Berkeley, CA: University of California Press, 1998.

64. US Department of Labor, *List of Goods Produced by Child Labor or Forced Labor*, Bureau of International Labor Affairs, Washington, DC: US DOL, http://www.dol.gov/ilab/programs/ocft/2012TVPRA.pdf, 2012.

65. Verité, *Research on Indicators of Forced Labour in Global Production: A Multi-country Study*, http://www.verite.org/research/indicators_of_forced_labor, 2012.

66. Wood, Geoffrey, "Concepts and Themes: Landscaping Social Development", *Social Development SCOPE Papers*, 2000, 9, DfID.

67. Wood, Geoffrey, "Staying Secure, Staying Poor: The 'Faustian bargain'", *World Development*, 2003, 31 (3), 455 – 71.

68. World Bank, *World Development Report 1990: Poverty*, New York: Oxford University Press, 1990.

69. World Bank, *Globalization, Growth, and Poverty: Building an Inclusive World Economy*, Washington DC: World Bank, 2002a.

70. World Bank, *Global Economic Prospects and the Developing Countries 2002: Making Trade Work for the World's Poor*, Washington DC: World Bank, 2002b.

71. World Bank, An Update to the World Bank's Estimates of Consumption Poverty in the Developing World, Briefing note, 29 February, 2012.

72. Wright, Melissa, *Disposable Women and other Myths of Global Capitalism.* London: Routledge, 2006.

图书在版编目（CIP）数据

全球劳动治理／鲍传健主编．—北京：中央编译出版社，2017.1
ISBN 978-7-5117-3265-1

Ⅰ. ①全…
Ⅱ. ①鲍…
Ⅲ. ①劳动力市场－研究－世界
Ⅳ. ①F249.1

中国版本图书馆 CIP 数据核字（2017）第 016287 号

全球劳动治理

出 版 人：葛海彦
出版统筹：贾宇琰
责任编辑：薛迎春
责任印制：尹　珺
出版发行：中央编译出版社
地　　址：北京西城区车公庄大街乙 5 号鸿儒大厦 B 座（100044）
电　　话：(010) 52612345（总编室）　　　(010) 52612336（编辑室）
　　　　　(010) 52612316（发行部）　　　(010) 52612317（网络销售）
　　　　　(010) 52612346（馆配部）　　　(010) 55626985（读者服务部）
传　　真：(010) 66515838
经　　销：全国新华书店
印　　刷：河北下花园光华印刷有限责任公司
开　　本：787 毫米×1092 毫米　1/16
字　　数：303 千字
印　　张：20.5
版　　次：2017 年 1 月第 1 版第 1 次印刷
定　　价：75.00 元

网　　址：www.cctphome.com　　　邮　　箱：cctp@cctphome.com
新浪微博：@中央编译出版社　　　微　　信：中央编译出版社(ID: cctphome)
淘宝店铺：中央编译出版社直销店(http://shop108367160.taobao.com)　　(010)55626985

凡有印装质量问题，本社负责调换，电话：(010) 55626985